VERÖFFENTLICHUNGEN
DES FORSCHUNGSINSTITUTS FÜR WIRTSCHAFTSPOLITIK
AN DER UNIVERSITÄT MAINZ

Herausgegeben von

Helmut Diederich   Otto Gandenberger
Walter Hamm   Erich Welter

Band 38

*Das Forschungsinstitut für Wirtschaftspolitik an der Universität Mainz hat ein doppeltes Ziel: Es möchte die Grundlagen der Ordnung der Wirtschaft — Geld, Eigentum und Wettbewerb — untersuchen und hofft, Verbesserungen der geltenden Ordnung vorschlagen zu können. Daneben will das Institut von dem gewonnenen Standpunkt aus zu aktuellen Spezialfragen der Wirtschaftspolitik Stellung nehmen. Es dient weder Interessenten noch Interessentenorganisationen. Die Ergebnisse der wissenschaftlichen Arbeit des Instituts einem breiteren Kreis zugänglich zu machen, ist der Sinn dieser Schriftenreihe.*

# GEMEINSCHAFTSUNTERNEHMEN UND WETTBEWERB

*Zur Beurteilung von Gemeinschaftsunternehmen in der Zusammenschlußkontrolle*

von

Dr. GÜNTHER M. ACKERMANN

DUNCKER & HUMBLOT · BERLIN

Gedruckt 1978 bei Buchdruckerei Bruno Luck, Berlin 65
Printed in Germany

ISBN 3 428 04105 4

# INHALTSVERZEICHNIS

Drittes Kapitel

*Beschränkung des Wettbewerbs zwischen den Gesellschaftern auf anderen Tätigkeitsgebieten: die marktübergreifenden Effekte der Zusammenarbeit*

*Zweiter Teil*

**Die Anwendung der vorgeschlagenen Kriterien auf ausgewählte Gemeinschaftsunternehmen**

Sechstes Kapitel

*Die Kraftwerk Union*

# ABKÜRZUNGSVERZEICHNIS

| | | |
|---|---|---|
| ACPS | = | Allis-Chalmers Power Systems Incorporated |
| ALKEM | = | Alpha-Chemie und Metallurgie GmbH |
| BBR | = | Babcock-Brown Boveri Reaktor GmbH |
| GHT | = | Gesellschaft für Hochtemperatur-Reaktortechnik mbH |
| GnV | = | Gesellschaft für nukleare Verfahrenstechnik mbH |
| GU | = | Gemeinschaftsunternehmen |
| HRB | = | Hochtemperatur-Reaktorbau GmbH |
| INB | = | Internationale Natrium-Reaktorbaugesellschaft mbH |
| INTERATOM | = | Internationale Atomreaktorbau GmbH |
| KRT | = | Kernreaktorteile GmbH |
| KWU | = | Kraftwerk Union AG |
| NRG | = | Nuklearrohr-Gesellschaft mbH |
| NUKEM | = | Nuklear-Chemie und Metallurgie GmbH |
| PPI | = | Pfaff Pietzsch Industrieroboter GmbH |
| RBG | = | Reaktor-Brennelemente GmbH |
| RBU | = | Reaktor-Brennelement Union GmbH |
| SUT | = | Sandvik Universal Tube GmbH |
| TU | = | Transformatoren Union AG |

# Einleitung

In der ersten Hälfte dieses Jahrhunderts war der Einfluß von Kartellen auf den Wettbewerb Gegenstand eingehender Erörterungen. Später verlagerte sich der Schwerpunkt der wettbewerbspolitischen Diskussion auf Formen und Folgen externen Unternehmenswachstums, und heute tritt eine andere Erscheinungsform in den Vordergrund, deren Auswirkungen auf den Wettbewerb bisher nicht hinreichend geklärt scheinen: Es häufen sich die Fälle, in denen mehrere Unternehmen sich in das Eigentum dritter Unternehmen teilen und diese gemeinsam leiten. Solche Gesellschaften im Besitz und unter der Leitung mehrerer anderer Unternehmen werden als Gemeinschaftsunternehmen (GU) oder im englischen Sprachgebrauch als joint ventures bezeichnet[1].

Die im folgenden verwendete Definition von GU zielt ab auf die besonderen Wesenszüge, die dieser Form der Zusammenarbeit anhaften, ohne daß sichergestellt wäre, daß eine so geschaffene Definition in jedem Grenzfall eine Entscheidung darüber erlaubt, ob ein GU vorliegt oder nicht[2].

GU sind durch mehrere Eigenschaften gekennzeichnet. Die erste ist der Tatbestand, daß GU von mehreren anderen Unternehmen[3], den Gesellschafterunternehmen oder Gesellschaftern, geleitet werden.

---

[1] Einen Einblick in die Vielzahl von GU in der Bundesrepublik Deutschland vermittelt unter anderem das Handbuch „wer gehört zu wem/Mutter- und Tochtergesellschaften von A bis Z", herausgegeben von der Commerzbank, 11. Auflage, o. O., 1975. In Teil A sind solche Gesellschaften ausgewiesen, bei denen größere Beteiligungen festzustellen waren. Inwieweit es sich dabei um GU handelt, ist anhand der unten genannten Definition zu überprüfen. Zur Verbreitung von GU unter deutschen Großunternehmen vergleiche Monopolkommission, Hauptgutachten 1973/75/Mehr Wettbewerb ist möglich, Baden-Baden 1976, S. 168 ff. Auch die Untersuchung der Energiewirtschaft dort bietet eine Fülle von Anschauungsmaterial über GU. (Vergleiche ebenda, S. 299 ff.) Die Ergebnisse der Monopolkommission konnten nur zu einem geringen Teil berücksichtigt werden, denn ihr Gutachten erschien zu einem Zeitpunkt, als diese Studie bereits weitgehend abgeschlossen war.

[2] Zur genaueren Abgrenzung von GU vergleiche vor allem Spilker, Hans-Martin, Die Vereinbarkeit von Gemeinschaftsunternehmen mit Artikel 85 EWG-Vertrag, Dissertation Frankfurt am Main 1971, S. 7 ff., insbesondere S. 19 ff.

Deshalb sollen an einem GU mehrere Gesellschafter in einer Weise beteiligt sein, die ihnen die Mitwirkung an der Leitung der gemeinsamen Tochter erlaubt oder zusichert. Die Frage, welche Anteile dazu im einzelnen notwendig sind, wird hier nicht eingehend erörtert, denn dabei geben auch die besonderen Umstände des jeweiligen Falles den Ausschlag. Außerdem wäre es notwendig, gesellschaftsrechtliche Fragen zu erörtern, was den Rahmen einer wirtschaftswissenschaftlichen Arbeit zu sprengen drohte[4].

Eine weitere wesentliche Eigenschaft von GU, wie sie unten Gegenstand der Erörterung sind, ist, daß die Gesellschafterunternehmen für die gemeinsame Tochter nur beschränkt haften[5, 6].

---

[3] Zum Begriff des „Unternehmens im Sinne des Gesetzes gegen Wettbewerbsbeschränkungen" vergleiche Gandenberger, Otto, Was ist ein Unternehmen?/Volkswirtschaftliche Überlegungen zum Gesetz gegen Wettbewerbsbeschränkungen, Veröffentlichungen des Forschungsinstituts für Wirtschaftspolitik an der Universität Mainz, Band 16, herausgegeben von Erich Welter, Heidelberg 1963.

[4] Das Gesetz gegen Wettbewerbsbeschränkungen sieht derzeit einen Beteiligungssatz von mindestens 25 Prozent des stimmberechtigten Kapitals vor, wenn gemeinsame Töchter als GU der Zusammenschlußkontrolle unterworfen werden sollen. Es wird jedoch bereits erwogen, diese Grenze niedriger anzusetzen, was der Verfasser für wettbewerbspolitisch angebracht hält. Vergleiche dazu im einzelnen den Abschnitt C. II.1 „Der Mindestbeteiligungssatz" im fünften Kapitel.

[5] GU werden deshalb meist in der Rechtsform der Aktiengesellschaft oder Gesellschaft mit beschränkter Haftung gegründet. Die Monopolkommission zählt aber auch offene Handelsgesellschaften zu den GU. (Vergleiche dieselbe, Mehr Wettbewerb ist möglich, S. 170.) Die Haftungsverhältnisse sprechen jedoch dagegen, Unternehmen dieser Rechtsform als die *typischen* GU zu bezeichnen.

[6] Unter den im folgenden verwendeten Begriff von GU fallen auch die sogenannten Funktionsgemeinschaften. Dieser Begriff geht auf Kleim zurück. Danach soll nur dann von einem GU gesprochen werden, wenn die gemeinsame Tochter alle Unternehmensfunktionen ausübt. Die anderen gemeinsamen Töchter bezeichnet Kleim als Funktionsgemeinschaften. Dazu zählen Gesellschaften, die für mehrere Unternehmen ein- oder verkaufen, aber auch Werbegemeinschaften und gemeinsame Töchter in der Forschung und Entwicklung. (Vergleiche Kleim, Hans Helmut, Gemeinschaftsunternehmen und Funktionsgemeinschaften im Verhältnis zum Gesetz gegen Wettbewerbsbeschränkungen, Köln usw. 1966, S. 18 ff.) Anders als Kleim bezeichnet die „Kooperationsfibel" auch solche gemeinsamen Töchter als GU, die nicht alle Unternehmensfunktionen wahrnehmen. (Bundesminister für Wirtschaft, Kooperationsfibel/Zwischenbetriebliche Zusammenarbeit im Rahmen des Gesetzes gegen Wettbewerbsbeschränkungen, Neuauflage, Bonn-Duisdorf 1976, S. 37.)

GU unterliegen nach der zweiten Novelle zum Gesetz gegen Wettbewerbsbeschränkungen der neugeschaffenen Zusammenschlußkontrolle[7]. Aus dieser Untersuchung sollen sich Kriterien ergeben, mit deren Hilfe wettbewerbsbeschränkende GU in der Zusammenschlußkontrolle verhindert werden können. Dieser Aufgabe ist der erste Teil der Studie gewidmet.

Im zweiten Teil wird der Versuch gewagt, die Ergebnisse des ersten Teils auf ausgewählte GU anzuwenden. Um Mißverständnissen vorzubeugen, sei betont, daß es um die exemplarische Anwendung der im ersten Teil gewonnenen Aussagen und Kriterien geht und nicht um die exemplarische Darstellung des wettbewerbsbeschränkenden Einflusses von GU. Um diesen eingehend zeigen zu können, wären andere GU als Beispiele wahrscheinlich geeigneter.

---

7 Zu den Bedingungen, unter denen dies der Fall ist, und der Vorgehensweise im Rahmen dieses Verfahrens vergleiche die Ausführungen des fünften Kapitels.

ERSTER TEIL

# Kriterien zur Beurteilung von Gemeinschaftsunternehmen

*Erstes Kapitel*

## Die Erfassung des Einflusses von Gemeinschaftsunternehmen auf den Wettbewerb

### A. Die vielfältigen Erscheinungsformen von Gemeinschaftsunternehmen

GU, wie sie oben definiert werden, entstehen, wenn sich mehrere Unternehmen an einer dritten Gesellschaft beteiligen. Die Gesellschafter grenzen die Aufgaben der gemeinsamen Tochter gegenüber den Gebieten ab, auf denen sie weiterhin als Unternehmer und unabhängig von ihren Mitgesellschaftern tätig bleiben wollen. Deshalb bedeutet die Schaffung eines GU — anders als beispielsweise eine Fusion — den Beginn einer *partiellen* Zusammenarbeit[1].

Diese kann in vielfacher Weise verwirklicht werden: Oft errichten die Gesellschafter ein GU, um ihre Versorgung mit Vorprodukten sicherzustellen. So haben drei Aktiengesellschaften, und zwar die Continental Gummi-Werke, Dunlop und Veith-Pirelli gemeinsam die Drahtcord Saar GmbH und Co KG gegründet, an der sie mit jeweils einem Drittel der Kommanditanteile beteiligt sind[2]. Die Gründer dieses GU stellen Reifen für Kraftwagen her und haben die gemeinsame Tochter geschaffen, um Vorprodukte für diese Tätigkeit zu erzeugen[3].

---

1 Das schließt nicht aus, daß die *partielle* Zusammenarbeit auf lange Sicht auch außerhalb des Gebietes, auf dem das GU tätig ist, Wettbewerbsbeschränkungen zwischen den Gesellschaftern zeitigt. Vergleiche dazu die Ausführungen im dritten Kapitel.

2 Vergleiche wer gehört zu wem, S. 193.

3 Vergleiche Frankfurter Allgemeine Zeitung Nr. 98 vom 27. April 1976, S. 19.

An der Deutsche Erdölversorgungsgesellschaft mbH (DEMINEX) sind mehrere deutsche Unternehmen beteiligt, die auf dem Mineralölmarkt tätig sind, wie VEBA-Gelsenberg, Wintershall und die Union Rheinische Braunkohlen Kraftstoff[4]. Die DEMINEX soll Erdöl- und Erdgasquellen erschließen, um die Abhängigkeit unseres Landes von einzelnen Lieferanten zu verringern und den deutschen Gesellschaften in ähnlicher Weise Zugang zu Energievorkommen zu verschaffen, wie ihn die internationalen Mineralölgesellschaften bereits haben. Dazu wird die DEMINEX vom deutschen Staat gefördert[5]. Einer ihrer Gesellschafter, die Union Rheinische Braunkohlen Kraftstoff, ist ebenfalls ein GU, denn Hoechst hat sich an diesem Unternehmen beteiligt, nachdem sich auch die BASF mit dem Erwerb der Wintershall Zugang zu Raffineriekapazitäten verschafft hatte[6].

Auch die „Arbeitsgemeinschaft meerestechnisch gewinnbare Rohstoffe" erfreut sich staatlicher Förderung. Sie erforscht die Lager von Rohstoffen auf den Weltmeeren. Beteiligt sind die Preussag, die Metallgesellschaft, die Rheinischen Braunkohlenwerke und die Salzgitter AG[7].

In Kanada sollen mehrere deutsche Stahlhütten und die Ruhrkohle AG zusammen mit der Italsider SpA das GU Elco Mining gegründet haben[8].

Oft übernehmen GU die Weiterverarbeitung und Verwertung solcher Produkte, die die Gesellschafter in den eigenen Unternehmen erzeugen. So haben 52 Kohlenzechen im Jahre 1926 die „Aktiengesellschaft für Kohleverwertung" als

---

[4] Vergleiche wer gehört zu wem, S. 162, in Verbindung mit dem Bericht des Bundeskartellamtes über seine Tätigkeit im Jahre 1975 sowie über Lage und Entwicklung auf seinem Aufgabengebiet (§ 50 GWB), Bonn 1976, S. 34 f.

[5] Vergleiche Handelsblatt Nr. 40 vom 26. Februar 1976, S. 2.

[6] Vergleiche Bericht des Bundeskartellamtes über seine Tätigkeit im Jahre 1975 sowie über Lage und Entwicklung auf seinem Aufgabengebiet (§ 50 GWB), S. 38 f., und wer gehört zu wem, S. 718 und 770.

[7] Vergleiche Steinert, Harald, Flotte auf Schatzsuche, in: Deutsches Allgemeines Sonntagsblatt Nr. 3 vom 19. Januar 1975, S. 11.

[8] Vergleiche Blick durch die Wirtschaft Nr. 301 vom 31. Dezember 1975, S. 5.

Kokereigas-Gesellschaft gegründet[9]. Die Ruhrgas AG — so lautet die Firma dieses GU seit 1929 — hat in den letzten Jahren auf dem Erdgasmarkt eine bedeutende Stellung erlangt. Als Gesellschafter sind heute vor allem Unternehmen aus der Stahlbranche beteiligt, weiterhin deutsche und ausländische Mineralölkonzerne und ein anderes GU, die Ruhrkohle AG[10].

Ebenfalls bereits seit Jahrzehnten bestehen die GU Telefunken und Osram, deren Aufgaben über die Zusammenarbeit in der Beschaffung oder die Weiterverarbeitung hinausgehen. Diese GU wurden unter Beteiligung der Rechtsvorgänger der beiden Elektrokonzerne AEG-Telefunken und Siemens ins Leben gerufen.

Die 1903 als „Gesellschaft für Drahtlose Telegraphie" gegründete Telefunken[11] hat sich in der Folgezeit zu einem bedeutenden Anbieter für Rundfunktechnik entwickelt. Mittlerweile ist sie ganz auf AEG übergegangen.

Siemens dagegen hat die Beteiligung erworben, die AEG-Telefunken an Osram gehalten hat[12]. Osram war geschaffen worden, um die Produktion von Glühlampen im Auftrag der Gesellschafter weiterzuführen, und verfügt auch heute noch über große Anteile auf dem Markt für Beleuchtungskörper[13].

Siemens und AEG-Telefunken haben auch in der Folgezeit GU gegründet[14]. 1969 begannen sie mit der Schaffung der

---

9 Vergleiche Handelsblatt Nr. 193 vom 15./16. Oktober 1976, S. 17.

10 Vergleiche wer gehört zu wem, S. 602, S. 84 und S. 286. Dabei handelt es sich meist um indirekte Beteiligungen über zwischengeschaltete GU.

11 Vergleiche Sawall, Edmund, Die Unternehmenskonzentration in der Elektroindustrie/Entwicklung, Stand, Motive und Organisationsformen, Dissertation Karlsruhe 1963, S. 66 f.

12 Vergleiche Bericht des Bundeskartellamtes über seine Tätigkeit im Jahre 1975 sowie über Lage und Entwicklung auf seinem Aufgabengebiet (§ 50 GWB), S. 37 f. Siemens besitzt 78,55 Prozent der Anteile an der Osram, die anderen liegen bei General Electric.

13 Vergleiche ebenda und zur Entstehungsgeschichte der Osram Sawall, E., S. 66 f., und Lenel, Hans Otto, Die Problematik der Kartelle und Syndikate, in: Die Konzentration in der Wirtschaft, herausgegeben von Helmut Arndt, 2. Auflage, Band 1, Berlin 1971, S. 224.

14 Die elektrotechnische Industrie scheint überhaupt eine Vorliebe für die Zusammenarbeit mit Hilfe von GU zu pflegen. So sei auf die Bosch-Siemens Hausgeräte GmbH verwiesen (vergleiche wer gehört zu wem,

Kraftwerk Union eine Zusammenarbeit auf dem Kraftwerkmarkt. Die Kraftwerk Union ist eines der beiden GU, auf die die Ergebnisse des ersten Teils dieser Untersuchung anzuwenden sind[15].

Oft werden GU aber auch errichtet, um neue Märkte zu erschließen. So hat der Pfaff-Konzern mit der Pietzsch-Gruppe ein GU gegründet, um Industrieroboter zu fertigen. Die Pfaff Pietzsch Industrieroboter GmbH ist das zweite GU, das in den Fallstudien im zweiten Teil dargestellt und beurteilt wird[16].

GU sind jedoch nicht nur im Bereich derart fortgeschrittener Technologien anzutreffen, wie sie etwa Kernkraftwerke oder Industrieroboter darstellen. Das zeigt ein GU, mit dessen Hilfe die „zu den führenden Unternehmen der deutschen Zuckerwirtschaft zählende Kölner Firma"[17] Pfeifer und Langen mit den Pfanni-Werken zusammenarbeitet. Das GU ist wie seine Gesellschafter auf dem Lebensmittelmarkt tätig — es stellt unter anderem Kartoffelchips und Gebäck her — und kann so die Kenntnisse und Mittel beider Gesellschafter zu seinem Vorteil verknüpfen. Gerade die Tatsache, daß sich die Ressourcen der Gesellschafter vorteilhaft ergänzen, scheint oft ein Motiv für die Zusammenarbeit in GU zu sein[18].

---

S. 106, und Spilker, H.-M., Anhang S. 9 f.) oder die EURO Hausgeräte GmbH, in der Bauknecht und Philips gemeinsam Hausgeräte herstellen, die sie unter eigenem Namen verkaufen. (Vergleiche wer gehört zu wem, S. 230, und Handelsblatt Nr. 20 vom 28. Januar 1977, S. 16.)

In der Datenverarbeitung besaß AEG-Telefunken zusammen mit Nixdorf ein GU (vergleiche wer gehört zu wem, 10. Auflage, S. 654), das mittlerweile eine reine Tochter von Siemens ist. Siemens arbeitete zeitweise mit Philips und CII in der Unidata zusammen.

15 Vergleiche dazu das sechste Kapitel.

16 Vergleiche dazu das siebente Kapitel.

17 Handelsblatt Nr. 114 vom 28. Juni 1976, S. 11.

18 Vergleiche zu den Motiven für die Gründung von GU Schaub, Dieter, Motive und Grundlagen einer Zusammenarbeit in Gemeinschaftsunternehmen, in: Wirtschaft und Wettbewerb, 21. Jahrgang, Düsseldorf 1971, S. 175 ff.

## B. Die Unterteilung in horizontale, vertikale und konglomerate Gemeinschaftsunternehmen

Die vorangehende Aufzählung von mehr oder weniger willkürlich herausgegriffenen GU deutet die mögliche Bandbreite der Erscheinungsformen an, in denen solche gemeinsamen Töchter auftreten können. Die Beurteilung dieser verschiedenen GU soll mit Hilfe von Kriterien möglich sein, die im folgenden erarbeitet werden.

Angesichts der Vielfalt von GU stellt sich die Frage, ob die Suche nach diesen Kriterien erleichtert wird, wenn man GU in verschiedene Gruppen einteilt. Diesen Weg hat beispielsweise Maurer gewählt. Auch er sieht seine Aufgabe darin, „allgemeingültige Maßstäbe zu entwickeln, anhand derer beurteilt werden kann, ob ein joint venture mit hoher Wahrscheinlichkeit den Wettbewerb wesentlich beeinträchtigen wird oder nicht"[19]. Dazu unterscheidet er drei Gruppen von GU, und zwar horizontale, vertikale und konglomerate GU.

Ein horizontales GU, wie Maurer es definiert, „stellt dasselbe Produkt her wie beide Eltern oder ein Elternteil oder bietet die gleichen gewerblichen Dienste an, und zwar entweder auf gleichem oder, was wahrscheinlicher ist, auf verschiedenem geographischen Markt"[20].

Ein vertikales GU dient nach Maurer „als Lieferquelle für die Eltern"[21] oder als gemeinsames Vertriebsunternehmen. Auch die gemeinsame Weiterverarbeitung wäre wohl hierunter zu fassen.

Ein konglomerates GU „wird auf einem anderen wirtschaftlichen Gebiet tätig als die Gesellschafterunternehmen, stellt also weder

---

[19] Maurer, Alfons, Die Gemeinschaftsunternehmen im amerikanischen Antitrustrecht, Stuttgart 1969, S. 7 ff.

[20] Maurer, A., S. 14.

Die Definitionen, die Maurer verwendet, sind hier nicht zu kritisieren. Es geht vielmehr um die daran anknüpfende Vorgehensweise dieses Autors und ihre Eignung im Hinblick auf das Ziel, allgemeingültige Kriterien zur Beurteilung von GU zu erhalten. Zu den Definitionen anderer Autoren für horizontale GU usw. vergleiche Tractenberg, Paul, Joint Ventures on the Domestic Front: A Study in Uncertainty, Antitrust Bulletin, Band 8, New York 1963, S. 797; Eckstein, Wolfram, Spezialisierung und Unternehmenswachstum, ohne Orts- und Jahresangabe, S. 14 ff.; Benisch, Werner, Kooperationsfibel, 4. Auflage, Bergisch Gladbach 1973, S. 275, und Spilker, H.-M., S. 26 ff.

[21] Maurer, A., S. 15.

die gleichen Produkte her wie ein Elternteil, noch bietet es die gleichen gewerblichen Dienste an. Die Eltern selbst stehen nicht in aktuellem Wettbewerb miteinander"[22].

Maurer untersucht jede der Gruppen darauf hin, ob sich Anhaltspunkte dafür ergeben, daß GU einer solchen Gruppe den Wettbewerb wesentlich beschränken. Diese Untersuchung erfolgt anhand einiger — von ihm so bezeichneter — „Theorien", das sind im wesentlichen die Argumente, mit deren Hilfe die US-Antitrustbehörden versucht haben, GU wegen des von ihnen ausgehenden wettbewerbsbeschränkenden Einflusses zu belangen[23].

Der Verfasser hält diesen Ansatz aus zwei Gründen für ungeeignet zur Lösung der Aufgabe, einen systematischen Beurteilungsrahmen für GU zu erstellen.

Auf der einen Seite gibt es Anhaltspunkte dafür, daß die oben genannten Gruppen nicht ohne weiteres alle denkbaren Arten von GU einschließen.

So geht Maurer, wie er im zweiten Satz seiner Definition für konglomerate GU andeutet, wohl davon aus, daß die Gesellschafter eines GU nur eine Leistung anbieten. Wäre diese Voraussetzung nicht erfüllt, dann könnten nämlich die Gesellschafter einer gemeinsamen Tochter auch dann in Wettbewerb untereinander stehen, wenn es sich weder um ein horizontales noch ein vertikales GU handelt. Die Annahme, daß die Gesellschafter eines GU Einproduktunternehmen sind, würde das Untersuchungsfeld unzulässig einschränken, so daß Auswirkungen der Zusammenarbeit auf das Verhalten der Gesellschafter im Wettbewerb miteinander nicht die gebührende Beachtung fänden. Die Beobachtung zeigt — und dazu sei auf die Beispiele verwiesen, die dieses Kapitel einleiten —, daß die Gesellschafter von GU oft außerhalb des Tätigkeitsgebietes des GU im Wettbewerb miteinander stehen, eben weil sie als Vielproduktunternehmen auf mehreren Märkten tätig sind[24].

Die Unterteilung in drei Gruppen von GU, das sind horizontale, vertikale und konglomerate gemeinsame Töchter, ist weiterhin wenig geeignet für die anstehende Aufgabe, weil nicht jedes GU

---

22 Ebenda.

23 Die dabei zum Nachweis einer Wettbewerbsbeschränkung angeführten Kausalketten gehen vor allem auf die wissenschaftliche Diskussion zurück.

24 Aus diesem Grunde werden im dritten Kapitel die möglichen „marktübergreifenden Effekte" einer Zusammenarbeit auf das Verhalten der Gesellschafter im Wettbewerb miteinander untersucht.

ohne weiteres einer dieser Gruppen zuzurechnen ist. Dies zeigen besonders solche GU, die mehr als zwei Gesellschafter haben, von denen einige beispielsweise in Liefer- und Leistungsbeziehungen und wieder andere im Wettbewerb mit dem GU stehen. Solche gemeinsamen Töchter lassen sich keiner Gruppe eindeutig zuordnen, wenn die oben angegebenen Definitionen zugrunde gelegt werden[25].

Auf der anderen Seite spricht gegen den von Maurer vorgeschlagenen Lösungsansatz, daß bei allen drei Gruppen Wettbewerbsbeschränkungen auftreten können, die nach den gleichen Kausalketten zu erklären sind. So sind Verminderungen des potentiellen Wettbewerbs zwischen Gesellschaftern auf dem Tätigkeitsgebiet des GU bei horizontalen, vertikalen und konglomeraten GU möglich[26].

Ähnliches gilt wahrscheinlich sogar für den aktuellen Wettbewerb in dem Sinne, daß Gesellschafter auf den unabhängigen Einsatz bisher verwendeter Aktionsparameter verzichten, weil sie einer gemeinsamen Tochter Aufgaben übertragen, die sie bis dahin selbst ausgeübt haben[27, 28]. Auch

---

[25] Vergleiche auch Eckstein, Wolfram, Typen von Gemeinschaftsunternehmen und Motive für ihre Gründung, Beilage des Betriebsberaters zu Heft 1/1972, Heidelberg 1972, S. 12. Mead gelangt mit einer genaueren Einteilung zu mehr als zehn verschiedenen Möglichkeiten, ohne daß sicher sein kann, daß davon alle denkbaren Fälle erfaßt sind. (Vergleiche Mead, Walter J., The Competitive Significance of Joint Ventures, in: Antitrust Bulletin, Band 12, New York 1967, S. 826 ff.)

[26] Das wird bereits aus der Vorgehensweise Maurers deutlich, der alle drei Gruppen anhand der „Theorie des potentiellen Wettbewerbs" auf mögliche Wettbewerbsbeschränkungen hin untersucht. (Vergleiche Maurer, A., S. 37 ff., 110 f. und 115 ff.)

[27] Dieser Weg zur Beschränkung des Wettbewerbs wird wie die davor genannte mögliche Einschränkung des potentiellen Wettbewerbs zwischen den Gesellschaftern im zweiten Kapitel beschrieben. Er ist bei allen drei Gruppen von GU möglich, auch wenn Maurer ihm keine Aufmerksamkeit widmet. Das hat seine Ursache möglicherweise darin, daß solche Beschränkungen des Wettbewerbs nach dem von ihm zugrunde gelegten US-Antitrustrecht weitgehend ausgeschlossen sind.

[28] Spilker trägt der Überlegung Rechnung, daß es für die Beurteilung von GU weniger auf dessen spätere Stellung zu seinen Gesellschaftern ankommt als vielmehr auf die durch die Gründung unmittelbar verursachte Veränderung der Marktstruktur. (Vergleiche Spilker, H.-M., S. 26 ff.) Er bezeichnet GU, durch welche aktueller oder potentieller Wettbewerb zwischen den Gesellschaftern auf dem Tätigkeitsgebiet des GU ausgeschaltet wird, als horizontale GU. Dieser Ansatz ist nicht zweckmäßig für die Lösung der anstehenden Aufgabe, denn er setzt Kenntnisse voraus, die

können sich Wettbewerbsbeschränkungen als Folge von marktübergreifenden Effekten der Zusammenarbeit bei allen drei Gruppen von GU ergeben[29].

Der Verzicht auf den von Maurer vorgeschlagenen Lösungsansatz schließt nicht aus, daß die Begriffe „horizontales", „vertikales" oder „konglomerates GU" im folgenden zur Erläuterung verwendet werden. Ein vertikales GU unterhält Liefer- und Leistungsbeziehungen mit den Gesellschaftern, und ein horizontales GU steht mit ihnen im Wettbewerb. Wenn keine dieser beiden Voraussetzungen erfüllt ist, soll im folgenden von einem konglomeraten GU gesprochen werden.

## C. Der Lösungsansatz in dieser Untersuchung

Auch die Untersuchung, die Mead durchgeführt hat, macht deutlich, daß eine Gruppenbildung, wie sie oben erörtert worden ist, nur wenig zur Beantwortung der Frage beiträgt, wie ein bestimmtes GU zu beurteilen ist. Obwohl er in dieser Studie zu mehr als zehn Gruppen von GU gelangt, kommt Mead zu dem Schluß, daß ein Urteil im einzelnen Falle letztlich nur aufgrund der besonderen Umstände getroffen werden kann, wobei die Struktur der betroffenen Märkte und ihre Veränderung in Rechnung zu stellen ist[30].

Um Kriterien zur Feststellung des wettbewerbsbeschränkenden Einflusses von GU zu finden, werden unten die wesentlichen Wege herausgearbeitet, auf denen GU den Wettbewerb beeinträchtigen können. Darauf aufbauend wird die Frage erörtert, wann zu erwarten ist, daß GU den Wettbewerb in der beschriebenen Weise beschränken.

Die Schaffung von GU kann die Zahl von Marktteilnehmern oder deren Verhalten beeinflussen. Dabei ist zwischen

---

erst Ergebnis einer eingehenden Untersuchung sein können. So ist es kaum möglich, von vornherein anzugeben, ob die Gesellschafter eines GU potentielle Wettbewerber auf dem relevanten Markt waren. (Vergleiche dazu die Ausführungen über gemeinsame Neuerrichtungen im folgenden Kapitel.)

[29] Vergleiche Maurer, A., S. 61 ff., 111 f. und 121. Maurer zieht zur Feststellung dieser Gefahr die „common meeting ground"-Theorie heran. Vergleiche zu dem Begriff der marktübergreifenden Effekte die Ausführungen im dritten Kapitel.

[30] Vergleiche Mead, W. J., S. 831 ff.

zwei Gruppen von Marktteilnehmern zu unterscheiden: Dies sind auf der einen Seite Unternehmen, die zum Kreis der Gesellschafter zählen, und auf der anderen außenstehende Unternehmen. Die erste Gruppe kann von der Gründung eines GU in doppelter Hinsicht betroffen sein.

So können die Gesellschafter einem GU Aufgaben übertragen, denen sie sich vor der Gründung der gemeinsamen Tochter unabhängig voneinander gewidmet haben oder denen sie nachgegangen wären, sofern die Gründung des GU unterblieben wäre. Die Untersuchung derartiger Veränderungen erfolgt im zweiten Kapitel.

Der Wettbewerb zwischen den Gesellschaftern kann aber auch außerhalb des Tätigkeitsgebietes des GU beeinträchtigt werden. Es ist nämlich nicht auszuschließen, daß die gemeinsame Leitung das Verhalten der Gesellschafter im Wettbewerb miteinander auf dritten Märkten beeinflußt. Solche Auswirkungen werden in dieser Untersuchung als marktübergreifende Effekte der Zusammenarbeit bezeichnet und sind im dritten Kapitel Gegenstand der Erörterung.

Außenstehende Unternehmen werden durch die Schaffung von GU oft in ihrer Entscheidungsfreiheit gehemmt. Der Gefahr solcher Fernwirkungen der Zusammenarbeit mehrerer Gesellschafter auf andere Unternehmen ist das vierte Kapitel gewidmet.

In allen drei Fällen sind sowohl Einschränkungen des aktuellen als auch des potentiellen Wettbewerbs möglich. Nur im zweiten Kapitel wird zwischen den Auswirkungen auf den aktuellen (Stichwort: gemeinsame Ausgliederung) und den auf den potentiellen Wettbewerb (Stichwort: gemeinsame Neuerrichtung) streng unterschieden. In den beiden folgenden Kapiteln verzichtet der Verfasser auf eine solche Trennung, weil dort jeweils nach den Ursachen gefragt wird, die zu Wettbewerbsbeschränkungen führen. Der Verfasser vertritt dabei die Ansicht, daß es letztlich die gleichen Ursachen sind, die in der genannten Weise den Wettbewerb beschränken, und versucht, diese Ursachen herauszuarbeiten.

Aus der Untersuchung der wesentlichen Auswirkungen auf die Marktstruktur in mehreren Teilschritten soll sich eine Liste *der* Kriterien ergeben, mit deren Hilfe GU wettbewerbspolitisch beurteilt werden können.

Selbstverständlich können die folgenden Aussagen nur dem derzeitigen Stand der Erkenntnisse und Erfahrungen über die Auswirkungen bestimmter wettbewerbspolitischer Tatbestände entsprechen und sind im Zeitablauf gegebenenfalls zu korrigieren. Das gleiche könnte im Hinblick auf den gewählten Lösungssatz gelten, falls sich zeigen sollte, daß mehr als drei Teilschritte notwendig sind[31].

Die Kriterien, die anzeigen, wann ein bestimmtes GU wettbewerbspolitisch bedenklich ist, sollten in die für GU geltenden Bestimmungen des Gesetzes gegen Wettbewerbsbeschränkungen eingehen. Ihre Zusammenfassung erfolgt im fünften Kapitel, das den theoretischen Teil damit abschließt.

## D. Zum Ausgangspunkt der Untersuchung

In den Vereinigten Staaten sind bereits früh Antitrustverfahren gegen joint ventures geführt worden. Die dabei gewonnenen Erfahrungen und Stellungnahmen sind *ein* Ausgangspunkt der folgenden Untersuchung[32].

Die wettbewerbspolitische Diskussion trägt einigen der Gefahren, die von GU ausgehen, bereits in anderem Zusammenhang Rechnung. Deshalb können Aussagen über die Folgen horizontaler, vertikaler und konglomerater Unternehmenszusammenschlüsse auch für die Beurteilung von GU herangezogen werden. Soweit dies möglich ist, liegt der Schwerpunkt der Erörterungen auf solchen Gesichtspunkten, die für GU im besonderen gelten.

Dagegen ist ein Rückgriff auf solche Parallelen zumindest im Hinblick auf eine der Gefahren, die von GU ausgehen, in

[31] Der Verfasser ist der Ansicht, daß der hier vorgetragene Lösungsansatz solche Korrekturen zu einzelnen Punkten verhältnismäßig einfach zuläßt, da dazu nicht das ganze Konzept zu ändern ist.

[32] Zu den US-Antitrustverfahren gegen joint ventures vergleiche vor allem Eckstein, W., Spezialisierung, und Maurer, A.

geringerem Maße möglich. Deshalb ist im dritten Kapitel eine mehr grundsätzliche Erörterung notwendig, um die Gefahr der dort so bezeichneten marktübergreifenden Effekte zu belegen.

Die Aussagen darüber, wie sich GU auf den Wettbewerb auswirken können, stützen sich vor allem auf Plausibilitätsüberlegungen. Von einigen Ausnahmen abgesehen, sind nämlich derzeit keine empirischen Arbeiten verfügbar, die Aussagen über Zusammenhänge erlauben, wie sie unten vermutet werden[33].

*Zweites Kapitel*

# Beschränkung des Wettbewerbs zwischen den Gesellschaftern auf dem Tätigkeitsgebiet des Gemeinschaftsunternehmens

## A. Die Wege zur Beschränkung des Wettbewerbs zwischen den Gesellschaftern auf dem Tätigkeitsgebiet des Gemeinschaftsunternehmens

GU können den Wettbewerb auf ihrem Tätigkeitsgebiet beschränken, wenn die Gesellschafter dort bisher unabhängig voneinander tätig waren und nun der gemeinsamen Tochter die Aufgabe übertragen, an ihre Stelle zu treten. Durch die Ausgliederung betrieblicher Funktionen wie Beschaffung, Produktion und Absatz sowie der dazu unterhaltenen Betriebsabteilungen werden GU in die Lage versetzt, die Tätigkeit mehrerer Gesellschafter fortzuführen.

---

[33] „Die theoretische und empirische Basis der Wettbewerbspolitik ist nach wie vor vergleichsweise schwach; ... Die Schlußfolgerung, daß jede Form der Wettbewerbspolitik unterbleiben müsse, solange nicht eine ausgearbeitete Wettbewerbstheorie und ausreichend faktische Informationen vorlägen, ist gleichwohl übereilt und nicht haltbar.

Plausibilitätsüberlegungen, Fakten und Logik ermöglichen durchaus die kritische Wertung von Vorschlägen und Maßnahmen sowie die Formulierung von Wahrscheinlichkeitsaussagen über zu erwartende Effekte bestimmter Praktiken und Maßnahmen. Eine negative Abgrenzung ist so in weiten Bereichen möglich." (Schmidbauer, Herbert, Allokation, Technischer Fortschritt und Wettbewerbspolitik, Tübingen 1974, S. 289 f.)

Dieser Sachverhalt ist im folgenden unter dem Stichwort „gemeinsame Ausgliederung" zu finden. Als Beispiel sei die gemeinsame Weiterführung von Produktionen genannt, welche die Gesellschafter bisher getrennt betrieben haben.

Oft werden GU jedoch in der Absicht gegründet, vereint solche Aufgaben anzugehen, die für die Gesellschafter Neuland sind. In der Regel errichtet das GU dazu zusätzliche Betriebsanlagen „auf der grünen Wiese". Deshalb soll in diesem Falle von „gemeinsamen Neuerrichtungen" gesprochen werden[1].

Diese beiden Wege zur Ausschaltung des Wettbewerbs zwischen den Gesellschaftern auf dem Tätigkeitsgebiet des GU sind gewissermaßen zwei Extremfälle, da im Falle der gemeinsamen Ausgliederung unterstellt wird, daß alle Gesellschafter die dem GU zugedachte Tätigkeit bereits ausgeübt haben und im Falle der gemeinsamen Neuerrichtung keiner der Gesellschafter.

Ein anderer Sachverhalt ergäbe sich, wenn einer der Gesellschafter aktueller Wettbewerber auf dem von dem GU zu bedienenden Markt gewesen wäre, ein zweiter dagegen potentieller Wettbewerber. Beispielsweise kann sich ein Unternehmen an der bereits bestehenden Tochtergesellschaft eines Konzerns beteiligen und damit in neue Bereiche vorstoßen. Eine solche Ausgangssituation ist nicht ausdrücklich Gegenstand der weiteren Erörterungen. Die aus den folgenden Ausführungen zu gewinnenden Kriterien ermöglichen jedoch auch die Beurteilung solcher Grenzfälle. Das gilt auch für GU, mit denen sich zwei Unternehmen ein neues Betäti-

---

1 Naegeli verwendet an Stelle des Begriffes „Gemeinsame Ausgliederung" den der „Teilfusion" und spricht von konsortialen Neugründungen statt von gemeinsamen Neuerrichtungen. (Vergleiche Naegeli, Eduard, Die Doppelgesellschaft als rechtliche Organisationsform der Kartelle, Konzerne und anderen Unternehmenszusammenschlüsse nach deutschem und schweizerischem Recht, 1. Band, 1. Teil, Zürich und Berlin 1936, S. 244 ff.) Der Begriff der Teilfusion hat Eingang in die Regierungsbegründung zur zweiten Novelle des Gesetzes gegen Wettbewerbsbeschränkungen gefunden. (Vergleiche Bundesregierung, Änderung des Gesetzes gegen Wettbewerbsbeschränkungen/Begründung zum Gesetzentwurf, Deutscher Bundestag, 6. Wahlperiode, Drucksache VI/2520, S. 27.) Auf diese Begriffe wird im folgenden verzichtet, denn sie dürften den oben beschriebenen Sachverhalt nicht genau erfassen oder zu Mißverständnissen Anlaß geben.

gungsfeld eröffnen, indem sie gemeinsam ein dort tätiges Unternehmen erwerben[2].

Der Wettbewerb zwischen den Gesellschaftern auf dem Tätigkeitsgebiet eines GU kann aber auch dann nachlassen, wenn die Gründer die Tätigkeit, die sie einem GU zugewiesen haben, auch in den eigenen Unternehmen weiterführen. Es handelt sich also weder um eine gemeinsame Ausgliederung noch um eine gemeinsame Neuerrichtung, wie sie oben definiert waren. Vielmehr stehen GU und die Gesellschafter im Wettbewerb miteinander. Dieser Fall wird deshalb als „Gründung horizontaler GU" bezeichnet.

## B. Die Auswirkungen gemeinsamer Ausgliederungen auf den Wettbewerb

### I. Die Darstellung der gemeinsamen Ausgliederung

GU, die durch gemeinsame Ausgliederungen entstehen, treten auf den ihnen zugewiesenen Beschaffungs- und Absatzmärkten unmittelbar die Nachfolge mehrerer Gesellschafter an[3]. Wahrscheinlich sparen die Gesellschafter dieses Tätigkeitsgebiet in der Folgezeit aus ihren eigenen Expansionsplänen aus und vermeiden so den Wettbewerb mit der gemeinsamen Tochter[4].

Diese Gefahr droht, wenn die Gesellschafter eines GU sich ein Wettbewerbsverbot auferlegen, das die gemeinsame Tochter vor Wettbewerbshandlungen seiner Gesellschafter schützen soll. Solche Wettbewerbsverbote schaffen demnach

---

[2] Im fünften Kapitel sind die Kriterien zusammengestellt, mit deren Hilfe GU zu beurteilen sind. Sie erlauben auch die Beurteilung solcher GU, die durch den gemeinsamen Erwerb eines dritten Unternehmens entstehen. Das wird im fünften Kapitel zu zeigen sein.

[3] „Im Gemeinschaftsunternehmen werden Funktionen und Tätigkeiten mehrerer Unternehmen organisatorisch verselbständigt und vergemeinschaftet." (Mestmäcker, Ernst-Joachim, Die Beurteilung der Unternehmenskonzentration nach den Wettbewerbsregeln des EWG-Vertrages, in: Die Konzentration in der Wirtschaft, 1. Band, S. 786.)

[4] Sofern es zwischen Gesellschaftern und GU dennoch zu Wettbewerbshandlungen kommt, sind die Ausführungen über horizontale GU im letzten Teil dieses Kapitels zu beachten.

*rechtliche* Schranken gegen einen Eintritt der Gesellschafter in den von dem GU bedienten Markt. Wenn Wettbewerbsverbote eine notwendige Bedingung wären, um das GU vor Wettbewerbshandlungen der Gesellschafter zu schützen, dann verspräche die Verhinderung dieser Klauseln einen intensiveren Wettbewerb. Vor dem Inkrafttreten der zweiten Novelle zum Gesetz gegen Wettbewerbsbeschränkungen bildeten solche Maßnahmen den Schwerpunkt der Aktionen des Bundeskartellamtes gegen GU[5].

Die Beteiligung an einem GU schafft aber auf der anderen Seite Barrieren *ökonomischer* Art, die die Gesellschafter von dem Tätigkeitsgebiet des GU fernhalten, denn die Beteiligung an dem GU verändert das Entscheidungsfeld.

Die Errichtung eigener Betriebsanlagen und der unabhängige Einsatz von Aktionsparametern im Wettbewerb mit dem GU können diesem nämlich schaden, falls die dadurch gewonnenen zusätzlichen Aufträge der Gesellschafter — wenn auch nur zu einem Teil — der gemeinsamen Tochter verlorengehen. Auch wenn sich ein Gesellschafter durch den Wettbewerb auf den ersten Blick eine Verbesserung seiner eigenen Lage versprechen könnte, hat er bei der Gesamtbeurteilung der Lage[6] einen wichtigen Gesichtspunkt in Rechnung zu stellen: Wenn er durch eigene Handlungen einem GU schadet, an dem er beteiligt ist, gefährdet er dessen Erträge und damit die Rentabilität seines Anteils am Gesellschaftskapital[7]. Außerdem beschwört er damit einen Konflikt mit

---

5 Vergleiche dazu etwa die Ausführungen im Bericht des Bundeskartellamtes über seine Tätigkeit im Jahre 1970 sowie über Lage und Entwicklung auf seinem Aufgabengebiet, Bonn 1971, S. 70. Auch heute weist das Bundesministerium für Wirtschaft noch auf die Bedeutung von Wettbewerbsverboten für die Beurteilung von GU hin. (Vergleiche Bundesminister für Wirtschaft, Kooperationsfibel, S. 38 f.)

6 Das erfordert der „Grundsatz der Vollständigkeit der Lagebeurteilung". (Grossekettler, Heinz, Macht, Strategie und Wettbewerb/Versuch einer prüfbaren Theorie des Unternehmerverhaltens, Dissertation Mainz 1972, S. 7.)

7 „Once the joint venture has been consummated, then entry by either $P_1$ or $P_2$ (also die Gesellschafter — Anmerkung des Verfassers) separately in direct competition with the interests of either the joint venture or the other parent is probably precluded. Competition with the joint venture is

den anderen Gesellschaftern herauf. „Schließlich mag die Aufnahme einer selbständigen Produktionstätigkeit nach der Beteiligung an der Gemeinschaftsanlage den Gründern gar nicht mehr möglich sein, da ihre Finanzkraft erschöpft ist[8]."

Diese Überlegungen sprechen dafür, daß die Gesellschafter eines GU es unterlassen werden, mit diesem in Wettbewerb zu treten, selbst wenn kein Wettbewerbsverbot vereinbart ist. Deshalb ist es zu begrüßen, daß GU heute weniger unter dem Gesichtspunkt überprüft werden, ob sich die Gesellschafter ein solches Verbot auferlegen.

Werden durch gemeinsame Ausgliederung bisher selbständig betriebene Tätigkeiten mehrerer Unternehmen zusammengefaßt, so ergibt sich eine Verringerung der Zahl der Alternativen für die Kunden und Lieferanten, die bisher mit den Gesellschaftern des GU in Geschäftsverbindung standen. Beteiligen sich n Gesellschafter durch gemeinsame Ausgliederung an einem GU, dann geht die Zahl der auf dem betroffenen Markt tätigen Unternehmen ceteris paribus um n — 1 Einheiten zurück[9].

Diese Einschränkung der Wahlfreiheit im Austauschprozeß findet ihren Niederschlag auch in einer Veränderung der Anteile auf dem relevanten Markt[10, 11]. Schließen sich beispiels-

unlikely, since any such parental entrant would be competing with its own profit share." (Mead, W. J., S. 831.)

[8] Wolff, Jürgen, Wettbewerbsbeschränkende Wirkungen der Gründung gemeinsamer Produktionsunternehmen und ihre Beurteilung nach den §§ 1, 23 GWB, in: Der Betriebsberater, 21. Jahrgang, Heidelberg 1966, S. 922.

[9] Voraussetzung dafür ist, daß die Gesellschafter die dem GU zugedachte Tätigkeit weitergeführt hätten, wenn es nicht zur Gründung des GU gekommen wäre, und daß sie auf dem von ihm zu bedienenden Markt nach seiner Errichtung nicht mehr tätig werden. Für die Erfüllung der zweiten Bedingung dürften die oben genannten rechtlichen oder ökonomischen Barrieren ausschlaggebend sein.

[10] Die Problematik der Marktabgrenzung wird in dieser Untersuchung nicht erörtert. Vergleiche dazu Kaufer, Erich, Die Bestimmung von Marktmacht/Dargestellt am Problem des relevanten Marktes in der amerikanischen Antitrustpolitik, Bern und Stuttgart 1967; Hoppmann, Erich, Die Abgrenzung des relevanten Marktes im Rahmen der Mißbrauchsaufsicht über marktbeherrschende Unternehmen, Baden-Baden 1974.

[11] Werden durch gemeinsame Ausgliederungen GU mit allen Unternehmensfunktionen wie Beschaffung, Produktion und Absatz geschaffen,

weise vier von zehn Anbietern zusammen, die bisher je 10 Prozent des Umsatzes auf dem relevanten Markt gehalten haben, so verändert die gemeinsame Ausgliederung die Verteilung grundlegend, wenn es dem GU gelingt, die ursprünglichen Geschäftsverbindungen seiner Gesellschafter weitgehend zu übernehmen.

Um Mißverständnissen vorzubeugen, sei wiederholt, daß die Frage nach den Folgen einer Ausschaltung des Wettbewerbs zwischen den Gesellschaftern auf dem Tätigkeitsgebiet des GU lediglich der erste Teilschritt in der Untersuchung des wettbewerbsbeschränkenden Einflusses von GU ist. Bei der Gesamtbeurteilung sind auch die in den beiden folgenden Kapiteln beschriebenen möglichen Auswirkungen in Rechnung zu stellen, die zusätzlich zu der hier beschriebenen Gefahr auftreten können. Eine Betrachtung, die nur die Auswirkungen auf *einem* Markt berücksichtigt, ist keineswegs ausreichend für die Beurteilung von GU, denn sie könnte lediglich den in diesem Kapitel beschriebenen Teil der Gesamtwirkung gemeinsamer Tochtergesellschaften erfassen.

Isoliert von den in den folgenden Kapiteln beschriebenen weiteren Gefahren können die Folgen einer Ausschaltung des Wettbewerbs zwischen den Gesellschaftern auf dem Tätigkeitsgebiet des GU, die sich durch eine gemeinsame Ausgliederung ergibt, den Auswirkungen von horizontalen Unternehmenszusammenschlüssen entsprechen[12].

---

so sind in der Regel mehrere Märkte betroffen, bei Ein- oder Verkaufsgesellschaften dagegen mag es unmittelbar nur ein Markt sein.

[12] „Legen die Gründerunternehmen Produktionen zusammen, bei denen sie bisher im Wettbewerb miteinander standen, so können die wettbewerbsbeschränkenden Folgen die gleichen wie bei einem horizontalen Zusammenschluß sein." (Klaue, Siegfried, u. a., Zur Problematik der Fusionskontrolle/Arbeitsunterlage für die Tagung des Arbeitskreises Kartellrecht im Bundeskartellamt Berlin vom 8./9. Oktober 1970, Frankfurt am Main 1971, S. 26.)

Das Ergebnis der oben beschriebenen gemeinsamen Ausgliederung läßt sich deshalb auch als „Effekt eines horizontalen Zusammenschlusses mit Hilfe von GU" bezeichnen.

## II. Die Beurteilung der gemeinsamen Ausgliederung unter wettbewerbspolitischen Gesichtspunkten

### 1. Überblick

Um die Ausschaltung aktuellen Wettbewerbs zwischen den Gesellschaftern auf dem Tätigkeitsgebiet des GU zu beurteilen, können Aussagen über die Auswirkungen horizontaler Konzentration allgemein herangezogen werden. Dies soll in den folgenden beiden Abschnitten versucht werden.

Wie im vierten Abschnitt zu zeigen ist, sprechen besondere Gesichtspunkte dafür, daß gemeinsame Ausgliederungen Folgen zeitigen, die den Zielen des Wettbewerbs weniger entsprechen, als das allgemein von horizontalen Unternehmenszusammenschlüssen erwartet wird.

### 2. Zu den Zielen des Wettbewerbs

In einer wettbewerbspolitischen Untersuchung empfiehlt es sich nämlich, das Urteil über GU anhand der Ziele des Wettbewerbs zu fällen[13]. Die umfangreiche Diskussion über diese Ziele kann jedoch nur im Überblick wiedergegeben werden[14].

Umstritten war in dieser Auseinandersetzung vor allem die These Kantzenbachs, wonach Wettbewerb nur ein Mittel zur Erreichung bestimmter ökonomischer Zielsetzungen sei[15]. Mittlerweile besteht aber weitgehende Übereinstimmung darüber, daß Wettbewerb jedenfalls nicht wegen dieses einen

---

[13] „Es kann festgestellt werden, daß jede Diskussion wettbewerbspolitischer Maßnahmen unabdingbar — bewußt oder unbewußt — von den Zielen des Wettbewerbs ausgeht und ausgehen muß." (Schmidbauer, H., S. 72.)

[14] Eingehender dargestellt ist die Diskussion über die Ziele des Wettbewerbs bei Schmidbauer, H. Vergleiche auch Schmidt, Ingo, US-amerikanische und deutsche Wettbewerbspolitik gegenüber Marktmacht/Eine vergleichende Untersuchung und kritische Analyse der Rechtsprechung gegenüber Tatbeständen des externen und internen Unternehmenswachstums sowie des Behinderungswettbewerbs, Berlin 1973, S. 30 ff., oder Schlecht, Otto, Wettbewerb als ständige Aufgabe, Tübingen 1975, S. 5 ff.

[15] Vergleiche Kantzenbach, Erhard, Die Funktionsfähigkeit des Wettbewerbs, Göttingen 1966, S. 12 ff., und derselbe, Das Konzept der optimalen Wettbewerbsintensität. Eine Erwiderung auf den gleichnamigen Besprechungsaufsatz von Erich Hoppmann, in: Jahrbücher für Nationalökonomie und Statistik, Band 181, Stuttgart 1967, S. 196.

Zieles allein gewünscht wird, sondern daß darüber hinaus die *Wettbewerbsfreiheit* als eigenständige Zielsetzung anzusehen ist. Dieser Auffassung scheint sich auch Kantzenbach angeschlossen zu haben[16].

In ökonomischer Hinsicht besteht die Zielsetzung des Wettbewerbs darin, für eine „ständige Verbesserung der Marktversorgung im Sinne einer besseren oder billigeren Belieferung der Kunden"[17] zu sorgen[18].

Die *Wettbewerbsfreiheit* umfaßt zwei Unterziele:

„— Eine relativ große Entscheidungsfreiheit der einzelnen Wirtschaftssubjekte (Unternehmen und Verbraucher) und

— eine relativ breite Streuung wirtschaftlicher Macht, worin das wirtschaftliche Äquivalent zu einer parlamentarischen Demokratie gesehen wird[19]."

Wettbewerb wird gewünscht, weil er im ökonomischen Bereich die Freiheit der Individuen sichert. Dabei ist zu unterscheiden zwischen der *formalen* Handlungsfreiheit und der *materialen* Entschließungsfreiheit.

„Die Freiheit des Individuums in seiner Lebensgestaltung als wesentliches gesellschaftspolitisches Ziel schließt notwendig ökonomische Freiheit mit ein, da die Verwendung wirtschaftlicher Güter

---

[16] Vergleiche Kantzenbach, Erhard, Konzentration als Problem der Konkurrenzwirtschaft, in: Die Konzentration in der Wirtschaft, 1. Band, S. 171 ff.

[17] Hamm, Walter, Wettbewerbspolitische Aspekte genossenschaftlicher Aktivität, in: Genossenschaften-Demokratie und Wettbewerb/Verhandlungsberichte und Diskussionsergebnisse der VII. Internationalen Genossenschaftswissenschaftlichen Tagung in Münster (1972), herausgegeben von Erik Boettcher und Harry Westermann, Tübingen 1972, S. 469.

[18] Dazu soll Wettbewerb auch die laufende Anpassung der Produktionskapazität an außerwirtschaftliche Daten und die rasche Durchsetzung technischen Fortschritts gewährleisten. Kantzenbach bezeichnet das als die beiden dynamischen Funktionen des Wettbewerbs und stellt sie den statischen Funktionen gegenüber. (Vergleiche Kantzenbach, E., Die Funktionsfähigkeit, S. 16 ff.) Nach Lenel sind dies jedoch lediglich Unterfunktionen der „möglichst zweckmäßigen Allokation der Produktionsfaktoren". Außerdem gäbe es statische Funktionen in einer sich ständig verändernden Wirtschaft nicht. (Lenel, Hans Otto, Walter Euckens ordnungspolitische Konzeption, die wirtschaftspolitische Lehre in der Bundesrepublik und die Wettbewerbstheorie von heute, in: Ordo Band 26, Stuttgart 1975, S. 72.)

[19] Schmidt, I., S. 34. Ähnlich auch Schmidbauer, H., (S. 37) zur gesellschaftspolitischen Funktion des Wettbewerbs.

zweifellos die ‚Lebenslage' beeinflußt. Ökonomische Freiheit ist eine Komponente der Freiheit im weiteren Sinne und damit ein Ziel an sich. Da Handlungsfreiheit der sozialen Einheiten konstitutives Element des Gesamtordnungsprinzips Wettbewerb ist, bedeutet *Schutz des Wettbewerbs* immer auch *Schutz der Handlungsfreiheit.* In diesem Sinne kann der Wettbewerb als Selbstzweck gedeutet werden.

Die formale Freiheit hat für ein Individuum nur dann Bedeutung, wenn es wirklich davon Gebrauch machen kann, d. h. wenn es unter mehreren Entscheidungs- und Handlungsmöglichkeiten auswählen kann. Die Unabhängigkeit und damit die materiale Freiheit eines Individuums ist um so größer, je mehr Auswahlmöglichkeiten es hat.

Andererseits ist die materiale Freiheit bzw. ökonomische Macht eines Individuums um so größer, je weniger Auswahlmöglichkeiten die Marktpartner haben. Der relativen Zunahme des Freiheitsspielraums eines Individuums steht notwendig die Verengung des Spielraums anderer Individuen gegenüber.

Die Sicherung der individuellen Freiheit als gesellschaftspolitische Aufgabe des Wettbewerbs muß dann verstanden werden als gegenseitige Abgrenzung individueller Freiheitsräume bzw. als Kontrolle und Beschränkung individueller ökonomischer Macht. *Wettbewerb* ist so *notwendiges Korrelat* der *einzelwirtschaftlichen Dispositionsfreiheit.*

Das gleichgerichtete Streben nach individueller ökonomischer Macht ... durch viele Mitglieder einer Marktseite schafft Wahlmöglichkeiten und damit Freiheit für die Marktgegenseite, verhindert also, daß individuelle Macht bestimmte Grenzen überschreitet. Individuelles Machtstreben ist der Kontrolle der Marktmitseite unterworfen (‚*Kontrolle von Interessen durch Interessen*')[20]."

Der Schutz der Handlungs- und Entscheidungsfreiheit und das Streben nach der bestmöglichen Marktversorgung sind deshalb die Ziele, anhand derer GU zu beurteilen sind.

Auch wenn Einigkeit über die duale Zielsetzung des Wettbewerbs besteht, sind nicht alle strittigen Fragen der Diskus-

---

[20] Schmidbauer, H., S. 38 f. Zugleich kann der Wettbewerb eine relativ breite Streuung wirtschaftlicher Macht bewirken: „Indem der Wettbewerb wirtschaftlichen Machtstellungen entgegenwirkt, trägt er dazu bei zu verhindern, daß Personen politischen Einfluß erhalten ..., die nicht zu den verfassungsmäßigen politischen Willensträgern gehören, denen also weder durch die Verfassung noch durch Gesetz diese Macht ausdrücklich zugesprochen wird." (Ebenda, S. 39.)

sion geklärt. Offen ist die Stellung der beiden Ziele zueinander.

Der Frage, ob es einen Konflikt zwischen den beiden Zielsetzungen des Wettbewerbs geben kann, kommt entscheidende Bedeutung für die Vorgehensweise bei der Beurteilung wettbewerbspolitischer Tatbestände zu. Wenn sie verneint werden kann, bedarf es lediglich der Wettbewerbsfreiheit als Maßstab, um solche Vorgänge zu beurteilen. Abgesehen von den Fällen, in welchen beispielsweise horizontale Zusammenschlüsse sehr kleiner Unternehmen dem neu geschaffenen größeren Unternehmen erst die Freiheit zum Vorstoß verschaffen, wären solche Zusammenschlüsse als wettbewerbspolitisch bedenklich anzusehen. Wird ein Zielkonflikt dagegen für möglich gehalten, so kann eine Abwägung zwischen der Zielsetzung der Wettbewerbsfreiheit und der einer möglichst guten und billigen Marktversorgung notwendig werden.

Hoppmann schließt einen Konflikt zwischen beiden Zielen aus. Er untermauert seinen Standpunkt damit, daß Verminderungen der Wettbewerbsfreiheit nicht nur langfristig ein Nachlassen der Anstrengungen mit sich führten und damit auch die Güte der Marktversorgung in Frage stellten. Auch kurzfristig sei mit einer Beschränkung der Wettbewerbsfreiheit auch die gute und billige Marktversorgung gefährdet, da außenstehende Unternehmen am Vorstoß gehemmt würden und wichtige Verfahren nicht zum Zuge kämen. Hoppmann betont dabei vor allem die Bedeutung des Wettbewerbs als Entdeckungsverfahren im Hayekschen Sinn[21, 22]. Nur in „Ausnahmebereichen" könne es zu einem Dilemma zwischen beiden Zielen kommen, in diesen Bereichen sei Wettbewerb aber nicht möglich[23]. Andere Stellungnahmen halten dagegen einen solchen Konflikt zwischen den beiden Zielsetzungen des Wettbewerbs für nicht ausgeschlossen, und zwar auch in den Bereichen, die dem Wind des Wettbewerbs ausgesetzt sind, also in den „Nicht-Ausnahmebereichen"[24].

---

21 Vergleiche Hayek, Friedrich August von, Der Wettbewerb als Entdeckungsverfahren, Kiel 1968.

22 So auch Hamm, W., Wettbewerbspolitische Aspekte genossenschaftlicher Aktivität, S. 469 f.

23 Hoppmann, Erich, Zum Problem einer wettbewerbspolitisch praktikablen Definition des Wettbewerbs, in: Grundlagen der Wettbewerbspolitik, Herausgeber: Hans K. Schneider, Berlin 1968, S. 22.

24 Vergleiche Kantzenbach, E., Das Konzept, S. 198; Schmidt, I., S. 44; Wessels, Theodor, Zur volkswirtschaftlichen Problematik der Unter-

### 3. Zur Beurteilung der horizontalen Konzentration im allgemeinen anhand der Ziele des Wettbewerbs

#### *a) Grundsätzliches*

In dem einen oder anderen Fall kann horizontale Konzentration die Wettbewerbsfreiheit in einer Weise erhöhen, daß sie wettbewerbspolitisch unbedenklich ist[25]. Zusammenschlüsse können jedoch auch nicht unbegrenzt zugelassen werden, denn sonst würde der Handlungsspielraum der beteiligten Unternehmen zu stark ausgedehnt und die Wahlfreiheit der Marktgegenseite eingeschränkt. Auch die Erreichung des zweiten Ziels des Wettbewerbs ist dann möglicherweise in Frage gestellt, weil so der Druck des Wettbewerbs nachläßt und Anstrengungen der Marktteilnehmer für eine Verbesserung der Versorgung nicht mehr sicher sind. Außerdem kommen neue Verfahren möglicherweise in geringerem Maße zum Durchbruch, weil die Zahl der Marktteilnehmer ceteris paribus geringer ist. Damit kann auch die Zahl derer kleiner sein, die sich mit Neuerungen befassen, und schließlich mag Neuerern der Zugang erschwert werden.

#### *b) Zur These von der Vorteilhaftigkeit wachsender Unternehmensgrößen*

Stellungnahmen, die wettbewerbspolitische Bedenken gegen Unternehmenszusammenschlüsse und dadurch entstandene zu große Marktanteile anmelden, fordern oft Widerspruch heraus. Dieser stützt sich meist auf die These, mit der Größe eines Unternehmens nehme auch dessen Leistungsfähigkeit zu [26]. Die Wiedergabe der Auseinandersetzung über

---

nehmenskonzentration und der Fusion von Unternehmungen, in: Jahrbücher für Nationalökonomie und Statistik, Band 184, Stuttgart 1970, S. 360 ff.

[25] Vergleiche etwa Hoppmann, Erich, Zum Schutzobjekt des GWB/Die sogenannten volkswirtschaftlichen Erkenntnisse und ihre Bedeutung für die Schutzobjektdiskussion, in: Wettbewerb als Aufgabe/Nach zehn Jahren Gesetz gegen Wettbewerbsbeschränkungen, Bad Homburg v. d. H., Berlin und Zürich 1968, S. 91.

[26] Die Zunahme des Marktanteils ist keine notwendige Voraussetzung, ohne die Unternehmen nicht wachsen könnten. (Vergleiche Lenel, Hans Otto, Ursachen der Konzentration unter besonderer Berücksichtigung der

diese These im einzelnen würde den Rahmen dieser Studie sprengen[27]. So kann nur ein Überblick angestrebt werden.

Besteht zwischen den Veränderungen der Ausbringungsmenge eines Unternehmens und der damit einhergehenden Veränderung der Stückkosten ein Zusammenhang, der die Überlegenheit großer Unternehmen in der Höhe der Produktionskosten belegt und es damit ratsam erscheinen ließe, horizontale Konzentration als Mittel zur Wahrnehmung solcher Kostenvorteile zu dulden?

Die Untersuchungen über die Stückkosten sprechen nicht eindeutig für eine mit der Unternehmensgröße wachsende Leistungsfähigkeit. Die „Befragung von Fachleuten und ‚case studies' führten zu der Aussage, daß die Voraussetzung der zu prüfenden Hypothese, eine fallende langfristige Stückkostenkurve, nicht gegeben ist"[28]. Vielmehr bewirkten „die begrenzten Möglichkeiten der Betriebsleitung"[29], daß die Stückkosten ab einer bestimmten Ausbringungsmenge wieder anstiegen[30]. Nur eingehende Branchenuntersuchungen könnten Auskunft darüber geben, bei welcher Betriebsgröße im

---

deutschen Verhältnisse, 2. Auflage, Tübingen 1968, S. 350 f.) Selbst wenn die These, größere Unternehmen seien generell leistungsfähiger, bestätigt wäre, so hieße das demnach nicht, daß damit generell auch eine Erhöhung von Marktanteilen gerechtfertigt werden könnte. Oft dürfte aber mit der Größe eines Unternehmens auch dessen Anteil auf dem Markt zunehmen.

27 Dazu sei auf andere Veröffentlichungen verwiesen. Die Argumente, welche oft zugunsten der horizontalen Konzentration vorgebracht werden, sind bereits Gegenstand der Erörterung über die Ursachen der Konzentration gewesen, und das in einer Zeit, in der es hierzulande noch keine Zusammenschlußkontrolle gab. (Vergleiche Lenel, H. O., Ursachen, S. 57 ff.) In der Diskussion anläßlich der Einführung einer Kontrolle von Unternehmenszusammenschlüssen war eine erneute Auseinandersetzung mit solchen Argumenten notwendig. Die folgenden Ausführungen bauen vor allem auf einer aus diesem Anlaß entstandenen Zusammenfassung auf. (Vergleiche Klaue, S., u. a., S. 11 ff.)

28 Klaue, S., u. a., S. 13.

29 Lenel, H. O., Ursachen, S. 59.

30 Die betriebswirtschaftlichen Vorteile enden da, „wo die Kosten der Organisation die Einsparungen in der Produktion und im Absatzbereich und den eventuellen Mehrgewinn durch die bessere Beherrschung des Marktes eingeholt haben". (Neumann, Manfred, Konzentration und Kooperation — Betriebswirtschaftlich notwendig? — Volkswirtschaftlich bedenklich!, in: Jahrbuch der Absatz- und Verbrauchsforschung, 20. Jahrgang, Berlin 1974, S. 80 f.)

einzelnen Falle die niedrigsten Stückkosten zu erwarten seien[31].

Nach den Hearings des Subcommittee on Antitrust and Monopoly des US-amerikanischen Senats über die wirtschaftliche Konzentration läßt sich eine Überlegenheit größerer Unternehmen auch nicht anhand des „survivor-approach" oder anhand von Gewinnvergleichen eindeutig belegen[32].

Horizontale Konzentration wird auch damit gerechtfertigt, daß der technische Fortschritt größere Unternehmen voraussetze oder daß — umgekehrt — große Unternehmen diesen in besonders starkem Ausmaß hervorbrächten. Auch diese Argumente sind hier nicht im einzelnen zu erörtern[33].

Die wissenschaftlich fundierten Stellungnahmen deuten jedoch darauf hin, daß kein eindeutiger Zusammenhang zwischen Unternehmensgröße und technischem Fortschritt besteht.

Damit ist keineswegs sicher, daß die Leistungsfähigkeit eines Unternehmens mit seiner Größe zunimmt. Im einzelnen Falle ist ein solcher Zusammenhang allerdings auch nicht auszuschließen.

---

31 Vergleiche Lenel, H. O., Ursachen, S. 83, und Klaue, S., u. a., S. 13. Die zuletzt genannte Veröffentlichung gibt einen Überblick über bereits durchgeführte Branchenuntersuchungen.

32 Vergleiche Klaue, S., u. a., S. 15. Ebenso: „Wenngleich alle drei Erhebungsmethoden mit gewissen Unsicherheitsmomenten behaftet sind, so stimmen die Ergebnisse bei allen drei Methoden insofern überein, als der oft behauptete generelle Zielkonflikt zwischen der Realisierung von economies of scale und der Aufrechterhaltung wirksamen Wettbewerbs nicht besteht, wohl aber in bestimmten Produktionsbereichen gegeben sein kann." (Schmidt, I., S. 76 f.)

33 Vergleiche zur Diskussion über diese Frage Schmidbauer, H.; Klaue, S., u. a.; Lenel, H. O., Ursachen, S. 81 f.; derselbe, Unternehmensverflechtungen in der EWG, Frankfurt am Main 1972, S. 63 ff.; Bergmann, Ulrich H., Unternehmensgröße und technischer Fortschritt, Köln 1972; Jüttner-Kramny, Lioba, Zur Bedeutung der Unternehmensgrößen für den technischen Fortschritt, Köln usw. 1970; Tabbert, Jörg, Unternehmensgröße, Marktstruktur und technischer Fortschritt/Eine empirische Untersuchung für die Bundesrepublik Deutschland, Dissertation Frankfurt am Main 1974; Röper, Burkhardt (Herausgeber), Technischer Fortschritt und Unternehmensgröße, Düsseldorf 1973; Scherer, Frederick M., Marktstruktur, know-how für das Marketing und die technologische Lücke, in: Ordo Band 19, Düsseldorf und München 1968, S. 168, und Neumann, M., S. 81 f.

### c) *Stellungnahme zur „Dilemmathese"*

Vor der Beurteilung von GU ist es notwendig, zu der Frage Stellung zu nehmen, ob ein Konflikt zwischen den beiden Zielen des Wettbewerbs möglich ist.

Nach den oben genannten Untersuchungen ist nicht auszuschließen, daß Unternehmen unter bestimmten Bedingungen an Leistungsfähigkeit gewinnen, wenn sie größer werden.

Vor die Aufgabe gestellt, Kriterien zur Beurteilung von GU anzugeben, sieht sich der Verfasser nicht in der Lage, ein solches Dilemma von vorneherein auszuschließen. Das ergibt sich bereits aus der Notwendigkeit der Abgrenzung zwischen „Ausnahmebereichen" und „Wettbewerbsbereichen". In Ausnahmebereichen ist, wie oben festgestellt, ein Dilemma möglich.

Deshalb ist nicht auszuschließen, daß die betroffenen Unternehmen bei einem Zusammenschluß für sich in Anspruch nehmen, es bestehe in dem konkreten Falle sehr wohl ein Dilemma, das heißt, ihre Branche wäre nach Hoppmann ein Ausnahmebereich. Mit großer Wahrscheinlichkeit werden sich die betroffenen Unternehmen auch so verhalten[34]. Die Aufgabe wettbewerbspolitischer Instanzen ist in diesem Falle die *Abgrenzung* zwischen „Ausnahmebereichen" und „Wettbewerbsbereichen". Dagegen setzt die Behauptung, es gäbe kein Dilemma, eine solche Abgrenzung bereits voraus[35].

Deshalb wird es oft notwendig sein, bei der Erörterung der Auswirkung von Konzentrationsprozessen von der Hypothese auszugehen, daß ein Konflikt zwischen den beiden

---

[34] Das Forschungsinstitut für Wirtschaftspolitik an der Universität Mainz, in dem auch diese Arbeit entstanden ist, hat sich wiederholt mit der Behauptung auseinandersetzen müssen, die „Besonderheiten einer bestimmten Branche" (Scheib) wiesen darauf hin, daß — mehr oder weniger — ein Ausnahmebereich gegeben sei. (Vergleiche Scheib, Hans H., Branchenbesonderheiten/Falsche und richtige wirtschaftspolitische Argumente [Veröffentlichungen des Forschungsinstituts für Wirtschaftspolitik an der Universität Mainz, Band 22, Herausgeber: H. Diederich, W. Hamm, E. Welter], Heidelberg 1967, oder Rosenkranz, Ulrich, Staatliche Preisaufsicht in der Kraftverkehrsversicherung, Band 34 der oben genannten Reihe, Berlin 1974.)

[35] Das hat Hoppmann den Vorwurf eingetragen, seine Thesen zur Ablehnung der sogenannten „Dilemmathese" seien tautologisch formuliert. (Vergleiche Tolksdorf, Michael, Hoppmanns neoklassische Wettbewerbstheorie als Grundlage der Wettbewerbspolitik, in: Jahrbücher für Nationalökonomie und Statistik, Band 183, Stuttgart 1969, S. 61 ff.)

Zielen des Wettbewerbs möglich ist. Dann wäre zwischen beiden Zielen des Wettbewerbs abzuwägen, wobei die im folgenden Abschnitt dargelegten Überlegungen zu beachten sind.

Diese Vorgehensweise wird auch der folgenden Überlegung gerecht: Wer unterstellt, daß es Bereiche gibt, in denen *Wettbewerb* nicht möglich ist — das sind die Ausnahmebereiche —, aber auch Bereiche sieht, in denen ein *Dilemma* nicht möglich ist, wird kaum mit vollkommener Sicherheit ausschließen können, daß zwischen diesen beiden Feldern Grenzfälle existieren. In diesem Übergangsbereich wäre ein Konflikt zwischen den beiden Zielen des Wettbewerbs dann — in mehr oder weniger großem Ausmaß — möglich. Wenn die betroffenen Unternehmen nicht beanspruchen, für sie träfen die Gegebenheiten eines Ausnahmebereichs zu, so werden sie ihre Branche zumindest als einen solchen Grenzbereich darstellen, um Einschränkungen der Wettbewerbsfreiheit als das adäquate Mittel zur Verbesserung der Marktversorgung durchsetzen zu können.

### *d) Bei der Abwägung zu beachtende gesamtwirtschaftliche Gesichtspunkte*

Eine Abwägung zwischen den beiden Zielsetzungen des Wettbewerbs kann also notwendig werden. Dabei sind die folgenden Überlegungen zu beachten: Die Verfechter der These, größere Unternehmen seien kleineren Unternehmen überlegen, unterlassen es, den besonderen Charakter ihrer Argumente offen darzulegen. Tatsächlich rechtfertigen sie das Unternehmenswachstum und die damit möglicherweise einhergehende Konzentration mit einzelwirtschaftlichen Vorteilen[36].

Wettbewerbspolitisch sind jedoch die gesamtwirtschaftlichen Auswirkungen der horizontalen Konzentration ausschlaggebend. Gerade wenn die Duldung von Wettbewerbsbeschränkungen verlangt wird, weil so Kosten einzusparen

---

36 Die Betroffenen wollen Dritte dazu veranlassen, „die eigenen einzelwirtschaftlichen Vorteile auch als gemeinwirtschaftliche Vorteile anzusehen". (Bott, Helmut, Zwischenbetriebliche Kooperation und Wettbewerb, Dissertation Köln 1967, S. 31.)

seien, muß eingehend geprüft werden, welche Folgen sich daraus für die Gesamtwirtschaft ergeben können.

Deshalb sind folgende Gesichtspunkte zu beachten, wenn eine Abwägung unumgänglich scheint:

Kosteneinsparungen können auf gesamtwirtschaftlich bedenkliche Ursachen zurückgehen. Wenn sie beispielsweise aus einer „Ausbeutung" der Marktgegenseite herrühren, so dürfen sie Beschränkungen des Wettbewerbs nicht rechtfertigen[37].

Gesamtwirtschaftlich weniger bedenkliche Vorteile wachsender Unternehmensgrößen, die von den betroffenen Unternehmen als Rechtfertigung für eine Konzentration vorgebracht werden, setzen nicht immer *die* Beschränkung des Wettbewerbs voraus, welche die Unternehmen geduldet wissen wollen. Sie wären oft auch ohne Wettbewerbsbeschränkungen zu erreichen[38].

Wo Wettbewerbsbeschränkungen auch von einer höheren Warte aus für notwendig gehalten werden, ist zu verhindern, daß mit dem Wettbewerb in einem Bereich auch der in anderen Bereichen beschränkt wird. Deshalb sind beispielsweise Zusammenschlüsse von Vielproduktunternehmen nicht damit zu rechtfertigen, daß auf einem ihrer Tätigkeitsgebiete durch die Zusammenarbeit weitreichende economies of scale realisiert werden können[39].

---

[37] „Bei den Kostenersparnissen wäre zu prüfen, ob es sinnvoll und möglich ist, in solche, die produktionswirtschaftlichen Ursprungs sind, und in solche zu trennen, die nur aus der größeren machtmäßigen Potenz erwachsen." (Wittmann, Waldemar, Diskussionsbeitrag, in: Die Konzentration in der Wirtschaft/Verhandlungen auf der Tagung des Vereins für Sozialpolitik/Gesellschaft für Wirtschafts- und Sozialwissenschaften in Bad Kissingen 1960, Herausgeber: Fritz Neumark, Berlin 1961, S. 281.)

[38] Vergleiche Hamm, W., Wettbewerbspolitische Aspekte genossenschaftlicher Aktivität, S. 470.

[39] Deshalb wird in dieser Arbeit auch die Forderung vertreten, die Beurteilung von GU in mehreren Teilschritten zu vollziehen. Auf den ersten Blick sind GU nämlich in einem solchen Falle ein geeignetes Mittel, um die economies of scale wahrzunehmen, ohne den Wettbewerb in allen Bereichen beschränken zu müssen. Wie im dritten Kapitel ausgeführt, spricht jedoch viel dafür, daß der Wettbewerb zwischen den Gesellschafterunternehmen auf anderen Tätigkeitsgebieten selbst dann leidet, wenn die Zusammenarbeit vertraglich begrenzt ist.

Weiterhin ist zu verhindern, daß Wettbewerbsbeschränkungen in einem Bereich auch solche in anderen verursachen, indem die auf einem Markt errungene Macht auch dort eingesetzt wird, so zum Beispiel über Kopplungs- oder Reziprozitätsgeschäfte[40].

Bei der Beurteilung solcher Beschränkungen der Wettbewerbsfreiheit, die angeblich die Marktversorgung verbessern, ist den Auswirkungen auf beiden Marktseiten Rechnung zu tragen.

Weiterhin ist darauf zu achten, daß der Rationalisierungserfolg und die dazu hingenommene Wettbewerbsbeschränkung in einem angemessenen Verhältnis zueinander stehen, denn ein einmaliger Rationalisierungserfolg kann keine Beschränkung des Wettbewerbs auf Dauer rechtfertigen.

Aus gesamtwirtschaftlicher Sicht besteht möglicherweise ein Anlaß zur Duldung von Wettbewerbsbeschränkungen unter der Bedingung, daß die Marktversorgung billiger und besser wird. Deshalb muß die Weitergabe der erzielten Vorteile den Ausschlag geben[41].

Wenn die Wettbewerbsfreiheit aber zu weitgehend ausgeschaltet wird, besteht für die betreffenden Unternehmen kein Zwang, Kosteneinsparungen weiterzugeben. Langfristig

---

40 Im vierten Kapitel ist zu zeigen, daß die Stellung der Gesellschafter auf dritten Märkten zugunsten eines GU eingesetzt werden kann und dann möglicherweise Wettbewerbsbeschränkungen auf dessen Tätigkeitsgebiet verursacht.

41 Vergleiche Giesel, Harald B., Unternehmenswachstum und Wettbewerb, Baden-Baden 1975, S. 188 f. Wenn die Peitsche des Wettbewerbs fehlt, werden die Anbieter nicht mehr zu Anstrengungen und zur Weitergabe der dadurch erreichten Verbesserungen gezwungen. So weist eine Untersuchung verschiedener regionaler Biermärkte in Deutschland darauf hin, daß Preise dort, wo der Wettbewerb durch Konzentration beschränkt ist, höher sind als auf anderen regionalen Teilmärkten. (Vergleiche Bußmann, Ludwig, Der Einfluß der Konzentration auf Preise und Gewinne, Köln 1965.)

Untersuchungen in den Vereinigten Staaten, unter anderem von Bain und H. M. Mann, ergaben eine höhere Gewinnrate in solchen Wirtschaftszweigen, in denen die ersten acht Unternehmen zusammen Marktanteile von mehr als 70 Prozent hielten. (Vergleiche Klauss, Gerd, Die Bestimmung von Marktmacht/Eine Untersuchung von Machtkriterien unter Berücksichtigung der Zusammenschlußkontrolle des „Gesetzes gegen Wettbewerbsbeschränkungen" in der Bundesrepublik Deutschland, Berlin 1975, S. 148 ff.)

werden dann sogar die Anstrengungen nachlassen, solche Vorteile wahrzunehmen oder den technischen Fortschritt zu forcieren.

Selbst wenn sich die dem Wettbewerb mehr oder weniger entzogenen Unternehmen altruistisch verhielten, sich weiter um Einsparungen bemühten und diese weitergäben, wäre immer noch zu befürchten, daß die Duldung zu weitgehender Wettbewerbsbeschränkungen zu einer schlechten Marktversorgung führt. Diese Befürchtung ist zum Beispiel deshalb berechtigt, weil die überragende Stellung eines Unternehmens den Markteintritt solcher potentieller Konkurrenten erschwert, die im Besitze neuer Verfahren sind und damit zu noch niedrigeren Kosten produzieren können[42].

So kann horizontale Konzentration die Eignung des Wettbewerbs als Entdeckungsverfahren in zweifacher Weise verringern. Auf der einen Seite senkt sie ceteris paribus ohnehin die Zahl der Marktteilnehmer und damit möglicherweise die Zahl der Neuerer. Auf der anderen Seite kann die Bereitschaft der potentiellen Wettbewerber gebremst werden, die in den betreffenden Markt eindringen wollen. Horizontale Konzentration erhöht außerdem die Wahrscheinlichkeit, daß die Konkurrenten auf dem betroffenen Markte zusammenarbeiten[43].

Das sind schwerwiegende Nachteile von horizontalen Zusammenschlüssen, die der Verbesserung der Marktversorgung dienen sollen. Sie würden vielleicht weniger wahrscheinlich, wenn bei der Entscheidung über die Duldung von Wettbewerbsbeschränkungen der folgende Sachverhalt Beachtung fände: Wenn sich der Staat eine rationale Verhaltensweise als Maxime setzt, so wäre von seinen Institutionen eine Untersuchung darüber zu verlangen, ob der Wettbewerb auf den betroffenen Märkten durch kompensatorische Maßnahmen wieder verstärkt werden kann. Letztere könnten den Zwang zu Anstrengungen verstärken, die Weitergabe einzelwirtschaftlicher Vorteile wahrscheinlicher

---

42 Vergleiche Klaue, S., u. a., S. 25.

43 „die zunehmende Konzentration des Angebots (fördert) tendenziell die Entwicklung der für eine Marktkontrolle entscheidenden Interessensymmetrie und des Gruppenbewußtseins." (Schmidt, I., S. 82.) Zu den Voraussetzungen für solche Verhaltensweisen vergleiche auch Krusche, Dieter, Marktverhalten und Wettbewerb/Eine Untersuchung zum Gesetz gegen Wettbewerbsbeschränkungen, Berlin 1961, S. 35 ff.

machen und den Marktzugang erleichtern. Ein Mittel, um diese Ziele zu erreichen, wäre die Öffnung nationaler Märkte, die durch staatlich gesetzte Normen schwer zugänglich oder gar verschlossen waren, oder die Beseitigung anderer unter staatlichem Einfluß entstandener Hemmnisse für den Wettbewerb.

Nun mag man einwenden, daß es ohnehin Aufgabe der Wettbewerbspolitik ist, solche Wettbewerbsbeschränkungen zu unterbinden. Nach aller Erfahrung schließt das jedoch nicht aus, daß dennoch beispielsweise Zugangsbeschränkungen bestehen.

Gerade die Aufforderung, eine Zusammenarbeit mehrerer Unternehmen zu dulden, weil diese die Marktversorgung verbessern könne, wäre ein willkommener Anlaß, die betroffenen Märkte eingehender zu untersuchen. Wie oben ausgeführt, kann nämlich auch eine Kooperation, die mit der genannten Begründung gewünscht wird, den Wettbewerb beschränken. Wenn aber im gleichen Zuge andere Wettbewerbsbeschränkungen beseitigt würden, bräuchten weniger Zweifel darüber zurückzubleiben, ob die Zusammenarbeit auf lange Sicht tatsächlich zu einer besseren Marktversorgung führt. Dadurch würde möglicherweise auch der Gefahr vorgebeugt, daß der Zugang neuer Verfahren als Folge der Wettbewerbsbeschränkung über die Maßen erschwert und so eine wenig wettbewerbsintensive Marktstruktur konserviert wird[44].

### 4. Besonderheiten der horizontalen Konzentration durch gemeinsame Ausgliederungen

#### *a) Die Schwierigkeiten der gemeinsamen Leitung eines Unternehmens durch mehrere Gesellschafter*

Da GU von mehreren anderen Unternehmen gemeinsam geleitet werden, besteht die Notwendigkeit, Entscheidungen

---

[44] So wäre auch einer Gefahr Rechnung zu tragen, die sich aus einer einmaligen Abgrenzung zwischen Ausnahme- und Wettbewerbsbereichen ergäbe. Technischer Fortschritt hat möglicherweise zur Folge, daß in Branchen, welche irgendwann einmal zum Ausnahmebereich erklärt worden sind, wieder Wettbewerb möglich ist. Aus einer einmaligen, für alle

zwischen einer Mehrzahl von Eignern abzustimmen. Auseinanderstrebende Vorstellungen über die Aufgaben und die Tätigkeit bilden gegebenenfalls ein *Konfliktpotential* zwischen den Gesellschaftern[45]. Allein das kann sich effizienzmindernd auswirken[46].

Entscheidungen über Kapitalerhöhungen bei dem GU können darüber hinaus verzögert werden, wenn einem der Gesellschafter die erforderlichen Mittel fehlen, er aber auf die Beteiligung an der Kapitalzuführung nicht verzichten will, weil sein prozentualer Anteil am Eigenkapital sonst zurückginge.

Stehen die Gesellschafter im Leistungsaustausch mit der gemeinsamen Tochter, so bildet die Festsetzung der Verrechnungspreise weiteren Konfliktstoff[47].

Es besteht demnach ein dauernder Zwang zu Übereinkünften zwischen mehreren Gesellschaftern, um die erfolgreiche Geschäftstätigkeit des GU zu gewährleisten. Das untermauert die Feststellung des Präsidenten eines US-amerikanischen joint ventures: „A joint venture is like a marriage. If both

Zeiten geltenden Abgrenzung kann sich eine Verzögerung solcher Entwicklungen ergeben.

45 „Die Notwendigkeit der friedlichen Zusammenarbeit einerseits und das individuelle Bestreben, aus der Kooperation einen möglichst großen eigenen Vorteil — auch auf Kosten der übrigen Teilnehmer — zu erlangen andererseits, kennzeichnen die Interessenkonflikte. Nur wenn dieser Koalitionskonflikt in einer für alle beteiligten Partner zufriedenstellenden Weise beigelegt ist, kann eine erfolgreiche Kooperation auf Dauer existieren und erfolgreich sein." (Harms, Volker, Interessenlagen und Interessenkonflikte bei der zwischenbetrieblichen Kooperation, Würzburg und Wien 1973, S. 14 f.) Vergleiche zu den Schwierigkeiten der Leitung von GU auch Spilker, H.-M., S. 35 ff., und die dort angegebene Literatur.

46 Es ist deshalb fraglich, ob GU tatsächlich ein „besonders effizientes" Mittel sind, um Innovationen zu beschleunigen, wie es eine PROGNOS-Studie andeutet. (Vorstudie der PROGNOS AG, bearbeitet von Wilhelm Nahr und Gotthold Zubeil, Zur Problematik öffentlicher Förderung von Forschung und Entwicklung über Kapitalbeteiligungsgesellschaften und über „joint ventures" öffentlicher Institutionen und Unternehmen mit industriellen Unternehmen in der Privatwirtschaft, 2. Auflage, Bonn 1974, S. 52.)

47 Vergleiche Mead, W. J., S. 832 f., und zur Festlegung solcher Verrechnungspreise Arbeitskreis Hardach, Gemeinschaftsunternehmen, in: Schmalenbachs Zeitschrift für betriebswirtschaftliche Forschung, Neue Folge 21. Jahrgang, Köln und Opladen 1969, S. 20 ff.

partners don't want to make it work, it won't[48]." Das mag ein wichtiger Grund dafür sein, daß die Zusammenarbeit oft vorzeitig endet[49].

Wenn Anlaß zu der Befürchtung besteht, daß ein GU ohne nachhaltigen Erfolg bleibt, ist es möglich, daß die Gesellschafter nur widerstrebend auf Tätigkeiten verzichten, die einem GU übertragen werden sollen. Eine derartige Verhaltensweise wäre plausibel, wenn die Gesellschafter der Auffassung sind, daß das GU die übertragenen Aufgaben schlecht weiterführen wird. Diese Erwartung und die sich daraus möglicherweise ergebenden Verhaltensweisen machen es der gemeinsamen Tochter dann erst recht schwer, erfolgreich zu arbeiten[50].

Weiterhin ist nicht auszuschließen, daß Gesellschafter versuchen, in ein GU vor allem solche Aktiva einzubringen, die für sie selbst von geringerem Nutzen sind[51]. Zwischen den Gesellschaftern könnte sich ein „Wettbewerb" der Art ergeben, daß sie bei der Bewertung eingebrachter Betriebsanlagen oder Rechte auch noch einen möglichst hohen Ansatz des Wertes der eigenen Sacheinlage anstreben, dagegen eine zu großzügige Bewertung der Einlagen der Partner zu verhindern trachten.

---

48 Matthews, David L., in einem Interview, abgedruckt in Business Week, October 24, 1964, S. 51, zitiert nach Mead, W. J., S. 830.

49 GU „waren ... in der Regel nicht von durchschlagendem Erfolg begleitet." (Neumann, M., S. 80.) Ein Beispiel unter vielen ist die gescheiterte Kooperation einiger Hersteller von EDV-Anlagen in dem GU Unidata. (Vergleiche dazu Rösner, Andreas, Die Wettbewerbsverhältnisse auf dem Markt für elektronische Datenverarbeitungsanlagen in der Bundesrepublik Deutschland, unveröffentlichtes Gutachten des Forschungsinstituts für Wirtschaftspolitik an der Universität Mainz, Mainz im März 1976, S. 226 ff. Eine überarbeitete Fassung dieser Studie wird in Kürze im gleichen Verlag erscheinen.)

50 So „entsteht ein circulus vitiosus — man zögert, weil andere scheiterten, und scheitert, weil man zögerte". (Endress, Ruth, Strategie und Taktik der Kooperation/Grundlagen der zwischen- und innerbetrieblichen Zusammenarbeit, Berlin 1975, S. 25.)

51 Ähnliches gilt auch für die Überlassung von Mitarbeitern: „Parents may slough off their less effective technical personnel onto the joint venture. The economic incentive for this behavior is that only part ... of the cost of inefficiency in the joint venture is borne by each parent." (Mead, W. J., S. 825, Anmerkung 15.)

### *b) Die Eignung von Gemeinschaftsunternehmen für die Beschränkung des Wettbewerbs*

Zweifel darüber, daß GU in besonderer Weise zur Verbesserung der Marktversorgung beitragen, sind auch aus einem weiteren Grund berechtigt. Solche Auswirkungen sind auch dann *nicht* zu erwarten, wenn GU mit dem Ziel gegründet werden, den Wettbewerb auszuschalten. Möglicherweise sind gerade sie ein gut geeignetes Mittel, „die gemeinsamen Vorteile zu wahren, d. h. eine gemeinsame Bestrafung dadurch zu umgehen, daß man die Konkurrenz gemeinsam ausschaltet"[52].

Das Verbot von Kartellen hat Anreize geschaffen, auf andere Formen der Kooperation auszuweichen, indem etwa ganze Produktionszweige zusammengefaßt werden. Die dazu notwendige Ausgliederung von Betriebsanlagen und der Zwang, die Tätigkeit auf bestimmten Absatz- und Beschaffungsmärkten zugunsten der gemeinsamen Tochter aufzugeben, mögen die Bereitschaft zur Beteiligung an GU einschränken. Andererseits kann aber die Möglichkeit, den Wettbewerb auf diese Weise einzuschränken, den Widerstand in den beteiligten Unternehmen mindern, vor allem, wenn die Chance gesehen wird, eine Ausschaltung des Wettbewerbs auf Dauer zu erreichen. Andere Wettbewerbsbeschränkungen können nämlich von geringerer Stabilität sein.

Angesichts der Entwicklung zu Mehrproduktunternehmen fällt es vielen Großunternehmen oft auch verhältnismäßig leicht, auf Produktion und Absatz einzelner Güter zugunsten eines GU zu verzichten. Oft bedienen sich Großunternehmen einer dezentralen Aufbauorganisation, so daß die Entscheidungen über den Einsatz von Aktionsparametern in Tochtergesellschaften getroffen werden. Wegen dieser Gegebenheiten ist die Vermutung berechtigt, daß der Widerstand gegen eine weitgehende Aufgabe der Tätigkeit zugunsten eines durch gemeinsame Ausgliederung zu schaffenden GU erheblich zurückgegangen ist.

---

[52] Grossekettler, H., Macht, Strategie und Wettbewerb, S. 231.

Nicht nur die besonderen Schwierigkeiten bei der gemeinsamen Leitung des dritten Unternehmens sprechen demnach dagegen, von GU besonders vorteilhafte Auswirkungen auf die Marktversorgung zu erwarten. Skepsis ist vielmehr auch deshalb am Platze, weil GU aus der Zielsetzung „der Lösung oder Vermeidung von möglichen Konflikten im Wettbewerb"[53] entstehen können.

### 5. Schlußfolgerungen für die Beurteilung von gemeinsamen Ausgliederungen

Um den Gefahren der horizontalen Konzentration zu begegnen und zugleich solche Unternehmenszusammenschlüsse zuzulassen, die den Zielen des Wettbewerbs entsprechen, unterliegen solche Vorgänge der Zusammenschlußkontrolle.

Weil diese Kontrolle aber in unternehmensinterne Entscheidungsprozesse eingriffe, wurde auch schon vorgeschlagen, auf eine Zusammenschlußkontrolle zu verzichten und statt dessen gegebenenfalls den Mißbrauch der durch Konzentration entstehenden Macht zu ahnden[54].

Die Problematik der Mißbrauchsaufsicht kann hier nur kurz angedeutet werden. Auch sie greift in Entscheidungen der Unternehmer ein.

Weiter bleibt zu fragen, nach welchem Maßstab beurteilt werden kann, ob ein Mißbrauch vorliegt, wenn beispielsweise kein Wettbewerbspreis als Vergleichsbasis festzustellen ist. Selbst wenn überhöhte Gewinne oder die „Produktion von Kosten" durch die Mißbrauchsaufsicht verhindert werden können, bliebe immer noch der entscheidende Nachteil, daß sie nicht die Offenhaltung der betroffenen Märkte gewährleistet[55]. Damit wird die Funktion des Wettbewerbs als Entdeckungsverfahren entscheidend beeinträchtigt.

---

[53] Mestmäcker, Ernst-Joachim, Über Mitbestimmung und Vermögensverteilung/Alternativen zur Umverteilung von Besitzständen, Tübingen 1973, S. 23.

[54] Vergleiche Hirsch, Hans, Systemfehler im Konzept der Fusionskontrolle, in: Wirtschaft und Wettbewerb, 23. Jahrgang, Düsseldorf 1973, S. 322.

[55] „Mißbrauchskontrolle ist stets eine Krücke und nicht etwa ein gesundes Bein staatlicher Wettbewerbspolitik. Mit ihrer Hilfe mag es zwar gelingen, daß die mächtigen Unternehmen ihre Stellung nicht durch das Fordern zu hoher Preise ausnutzen, wenn man von der Gefahr des ‚Kostenmachens' solcher Unternehmen einmal absieht; Mißbrauchskontrolle könnte jedoch schwerlich die gleichen Eintrittsbedingungen für potentielle Konkurrenten schaffen, die bestünden, wenn die wirtschaftliche Macht der

Aus diesen Gründen dürfte kein Weg an einer Kontrolle horizontaler Unternehmenszusammenschlüsse vorbeiführen, wenn die Aufgabe, den Wettbewerb zu sichern, ernst genommen wird. Das sollte auch für gemeinsame Ausgliederungen gelten, die *einen* Weg zur horizontalen Konzentration darstellen.

Ein wesentliches Indiz für den wettbewerbsbeschränkenden Einfluß einer gemeinsamen Ausgliederung ist die *Summe der Marktanteile,* die die Gesellschafter vor der Gründung auf sich vereinigt hatten, denn die Gefahr ist nicht von der Hand zu weisen, daß dem GU die Übernahme der ursprünglichen Anteile von den Gesellschaftern gelingt. Diese Summe sollte deshalb unter einer „wettbewerbsbeschränkenden Schwelle" bleiben. Deren Höhe ist jedoch nur schwer in allgemeingültiger Weise festzulegen:

„Der Marktanteil (das ist in diesem Falle die Summe der ursprünglichen Anteile der Gesellschafter — Anmerkung des Verfassers) muß einerseits so gewählt werden, daß Irrtümer minimiert werden, andererseits muß er hoch genug sein, um seine Funktion als Filter ausüben zu können. Kann man diesen Marktanteil auch nicht angeben, so besteht auf jeden Fall ein Bereich, der die oben gesetzten Bedingungen erfüllt. Die obere Grenze dieses Bereichs dürfte bei 15 bis 20 Prozent liegen, wobei der Marktanteil alternativ vor und nach der Fusion (also in diesem Zusammenhang der gemeinsamen Ausgliederung — Anmerkung des Verfassers) zu berücksichtigen ist[56]."

Auch andere Stellungnahmen sprechen im Zusammenhang mit horizontaler Konzentration für einen Marktanteil, der 20 Prozent nicht überschreiten sollte: „Any merger of competitors who together constitute 20 percent or more of a market is prima facie illegal[57]."

Nach dem Gesetz gegen Wettbewerbsbeschränkungen ist dagegen bei einem Marktanteil eines Unternehmens von einem Drittel, beziehungsweise wenn höchstens drei Unternehmen 50 Prozent oder höchstens fünf zwei Drittel der Marktanteile halten, zu vermuten, daß eine marktbeherr-

---

Anbieter erst gar nicht entstanden wäre." (Gutowski, Armin, Konglomerate Unternehmensgröße und wirtschaftliche Macht, Tübingen 1971, S. 31 f.)

[56] Klaue, S., u. a., S. 33.

[57] Kaysen, Carl, and Turner, Donald F., Antitrust Policy/An Economic and Legal Analysis, Cambridge/Mass. 1965, S. 133.

schende Stellung besteht (Paragraph 22 Absatz 3 Nr. 1 und 2 GWB). Das geltende Recht dürfte demnach weniger streng sein, als es die oben genannten Autoren verlangen. Ob ein härteres Durchgreifen am Platze wäre, ist hier nicht zu beurteilen. Dazu werden „weitere ökonomische Studien zur Spezifizierung der Vorstellungen über Marktmacht und Wettbewerbsergebnis ... gerade für die Bundesrepublik Deutschland ... benötigt, denn die bisherigen Resultate können eher als ein Anfang als das Endstadium der Untersuchung ... betrachtet werden“[58].

Der Anteil der Gesellschafter auf dem Markt, den das GU bedient, ist aber nur *ein* Anhaltspunkt für den wettbewerbsbeschränkenden Einfluß einer gemeinsamen Ausgliederung. Entscheidende Bedeutung kommt außerdem der Marktphase zu, da dem Prozeßcharakter des Wettbewerbs Rechnung zu tragen ist: „Ein hoher Marktanteil allein ist lediglich eine notwendige, jedoch keinesfalls eine hinreichende Bedingung für das Vorhandensein von Anbietermacht[59].“ Das spricht dafür, gemeinsame Ausgliederungen in den frühen Marktphasen eher zu dulden. Wenn dem vorstoßenden Wettbewerber jedoch eine monopolähnliche Stellung zugebilligt wird, so ist allerdings dafür Sorge zu tragen, daß der Versuch des nachstoßenden Wettbewerbs, solche Stellungen wieder abzubauen, nicht zu sehr erschwert wird. Im vierten Kapitel stehen deshalb Hemmnisse dieser und anderer Art[60] im Mittelpunkt der Erörterung. Marktanteile und Marktphase sind damit nur erste Anhaltspunkte, die besonders *der* Gefahr Rechnung tragen, daß ein GU den Wettbewerb zwischen den Gesellschaftern auf seinem Tätigkeitsgebiet ausschaltet.

---

[58] Klauss, G., S. 172: Nach den von Klauss interpretierten Untersuchungen sind ungünstige Auswirkungen vor allem dann zu erwarten, wenn die Stellung der branchenstärksten Unternehmen durch Konzentration gestärkt wird. (Ebenda, S. 171 f.)

[59] Gutowski, Armin, Wettbewerb in Theorie und Praxis/Die Bedeutung des potentiellen Wettbewerbs und ihre Konsequenzen für die Wettbewerbspolitik, insbesondere die Fusionskontrolle, in: Die Aussprache, 20. Jahrgang, o. O. 1970, S. 111. Zur Bedeutung der Marktphase bei der Beurteilung zum Beispiel von Konzentrationsvorgängen vergleiche Heuß, Ernst, Allgemeine Markttheorie, Tübingen und Zürich 1965, S. 262 ff.

[60] Es geht dort allgemein um Hemmnisse für aktuelle und potentielle Konkurrenten, für den vorstoßenden und den verfolgenden Wettbewerb.

Vielleicht weisen die beteiligten Unternehmen nach, daß in der betreffenden Branche Konflikte zwischen den beiden Zielen des Wettbewerbs gegeben sind. Dem könnte man nachgeben, wenn es Wege gibt, die wettbewerbsbeschränkenden Auswirkungen der Konzentration zu kompensieren. Dabei wäre vor allem der Bedeutung des offenen Marktzugangs Rechnung zu tragen. Daß solche Maßnahmen nicht ausgeschlossen sind, soll in einer der beiden Fallstudien im zweiten Teil angedeutet werden.

## C. Die gemeinsame Neuerrichtung

### I. Die Beschränkung potentiellen Wettbewerbs durch gemeinsame Neuerrichtungen

Die ursprünglichen Marktanteile der Gesellschafter bieten einen — mehr oder weniger sicheren — Anhaltspunkt für die Beurteilung gemeinsamer Ausgliederungen, da das GU an die Stelle mehrerer aktueller Marktteilnehmer tritt.

Auf einem weit schwierigeren Gebiet bewegt sich ein außenstehender Beobachter dann, wenn der Einfluß *gemeinsamer Neuerrichtungen* zu würdigen ist, denn die Gesellschafter stoßen mit solchen Töchtern gemeinsam in Bereiche vor, auf denen sie vordem noch nicht tätig waren. Gemeinsame Neuerrichtungen erhöhen ceteris paribus die Zahl der Wettbewerber auf dem relevanten Markt, so daß man auf den ersten Blick geneigt ist, solche GU gutzuheißen, sofern sie nicht wegen der unten zu erörternden weiteren Gefahren bedenklich sind[61].

Bei näherem Zusehen ist jedoch festzustellen, daß auch gemeinsame Neuerrichtungen Wettbewerb zwischen den Gesellschaftern auf dem Tätigkeitsgebiet des GU ausschalten

[61] Da die Untersuchung sich hier im *ersten* Stadium befindet, sind endgültige Aussagen noch nicht möglich. Hier steht nur *die* Frage zur Erörterung, ob GU wegen der Ausschaltung des Wettbewerbs zwischen den Gesellschaftern hinsichtlich des Tätigkeitsgebiets des GU bedenklich sind. Bei der Beurteilung eines GU ist auch den beiden im dritten und vierten Kapitel beschriebenen Gefahren Rechnung zu tragen.

können, allerdings anders als bei gemeinsamen Ausgliederungen keinen aktuellen sondern potentiellen Wettbewerb.

Die Auswirkungen von gemeinsamen Neuerrichtungen auf den potentiellen Wettbewerb sind mittels eines Vergleichs festzustellen. Dazu muß die Intensität des Wettbewerbs, die sich nach dem Tätigwerden des GU ergibt, der Situation gegenübergestellt werden, die sich ergeben hätte, wenn das GU nicht entstanden wäre.

Im folgenden sei vorausgesetzt, daß es jeweils zwei Gesellschafter sind, die ein GU gründen[62]. Dann kann eine gemeinsame Neuerrichtung den potentiellen Wettbewerb beschränken, wenn *beide* Gesellschafter den Eintritt in den relevanten Markt gewagt hätten, sofern die Gründung der gemeinsamen Tochter unterblieben wäre.

Nach der Gründung des GU werden sie mit großer Wahrscheinlichkeit auf den Alleingang verzichten, sei es aus dem Grund, daß sie für diesen Bereich ein Wettbewerbsverbot zum Schutze des GU vereinbart haben, sei es wegen der oben genannten ökonomischen Marktzugangsschranken, die sich die Gesellschafter mit der Beteiligung an einem GU in den Weg legen[63].

Gemeinsame Neuerrichtungen mit dem Ergebnis, daß *ein* GU an die Stelle *mehrerer* Gesellschafter tritt, sind demnach den gemeinsamen Ausgliederungen in der Wirkung ähnlich, denn auch diese verringern ceteris paribus die Zahl der aktuellen Marktteilnehmer.

Ähnlich wie bei gemeinsamen Ausgliederungen wäre in dem hier dargestellten Falle zu fragen, ob ein solches GU wettbewerbspolitisch unbedenklich ist. Dies wäre zu bejahen, wenn erst die Zusammenarbeit den Gesellschaftern die Chance gäbe, Vorstöße auf dem betreffenden Markt zu wagen. Bei dem Vergleich der beiden möglichen Wettbewerbssituationen bleibt deshalb neben der Frage, wie viele der Gesellschafter den Markteintritt auch im Alleingang

[62] Für GU mit mehr als zwei Gesellschaftern gelten die Aussagen in analoger Weise.

[63] Vergleiche Abschnitt B. I. in diesem Kapitel, wo auf die rechtlichen und ökonomischen Marktzugangsschranken hinzuweisen war, die durch gemeinsame Ausgliederungen entstehen.

gewagt hätten, noch zu untersuchen, welche Bedeutung den Gesellschaftern in diesem Falle zugekommen wäre und welche das GU andernfalls wahrscheinlich gehabt hätte.

Vergleicht man die Intensität des Wettbewerbs nach der Gründung eines GU mit derjenigen, welche sich ohne seine Schaffung ergeben hätte, so kann sich auch dann ein ungünstiges Urteil über die Errichtung von GU ergeben, wenn nur *einer* der Gesellschafter den Alleingang gewagt hätte. Anlaß zu Bedenken wäre unter dieser Bedingung gegeben, wenn einerseits von dem GU als aktuellem Wettbewerber der gleiche Einfluß ausgegangen wäre wie von dem „mutigeren" der beiden Gesellschafter und wenn andererseits der weniger mutige Gesellschafter als einziger vor dem Markte stehender potentieller Wettbewerber gegolten hätte. Als solcher hätte er das Verhalten seiner aktuellen Konkurrenten nämlich zugunsten der Marktgegenseite beeinflussen können:

„The presence of a potential entrant—waiting in the wings and capable of moving into the market may be an indispensable source of protection for purchasers and ultimately the consuming public. Its readiness to enter the market whenever the existing manufacturers charge excessive prices, limit production, or fail to exploit economic opportunities ... can act as a spur to insure the competitive vigor of those already in the market[64]."

Wenn der zweite Gesellschafter der einzige potentielle Wettbewerber war, dann geht dieser Einfluß durch seine Beteiligung an dem GU unter, war er nur einer unter vielen, so kann auch nach der Schaffung dieses GU ausreichend potentieller Wettbewerb bestehen bleiben. Unter der oben genannten Voraussetzung ist also auch die Marktform oder -struktur des potentiellen Wettbewerbs in Rechnung zu stellen: „The

[64] Brief for the United States before the Supreme Court of the United States, United States of America v. Penn-Olin Chemical Company et al., March, page 25, zitiert nach Backman, Jules, Joint Ventures in the Chemical Industry, in: Antitrust Bulletin, Band 10, New York 1965, S. 11. (Vergleiche zu dem Verfahren gegen das GU Penn-Olin auch die Ausführungen unten.) Ähnlich auch Gutowski: „Es ist durchaus möglich, daß sich Oligopolisten oder sogar Monopolisten so verhalten müssen, als befänden sie sich in vollständiger Konkurrenz, wenn nur genügend Unternehmen existieren, die ihr Angebot ohne nennenswerte Investitionen jederzeit auf die Produkte dieser Oligopolisten oder Monopolisten umstellen können." (Gutowski, Armin, Wettbewerb in Theorie und Praxis, S. 111.)

fewer the potential entrants, the greater the cost in potential competition as two or more combine[65]." Sogar unter der Bedingung, daß keiner der Gesellschafter den Markteintritt im Alleingang gewagt hätte, kann eine gemeinsame Neuerrichtung den potentiellen Wettbewerb verringern. Dies wäre der Fall, wenn der Einfluß des GU als aktueller Wettbewerber geringer wäre als *der* Druck, den der potentielle Wettbewerb auf das Marktgeschehen ausübt, und wenn dieser Druck nach der Schaffung des GU wegfiele, weil nur seine Gesellschafter als potentielle Wettbewerber galten.

### II. Die Schwierigkeiten des Nachweises von Beschränkungen des potentiellen Wettbewerbs

Die oben aufgezeigten Wettbewerbsbeschränkungen waren als denkbare Möglichkeit genannt, und es wurden Bedingungen abgeleitet, unter denen sie auftreten können. Ihr Nachweis bereitet im konkreten Falle jedoch erhebliche Schwierigkeiten.

Um die erste dieser Möglichkeiten exemplarisch herauszugreifen: Wie läßt sich klären, ob die Gesellschafter den Alleingang gewagt hätten, sofern die Gründung des GU unterblieben wäre?

Es ist nicht die Regel, daß ein Unternehmen, welches sich zur Erschließung neuer Märkte an einem GU beteiligt, bereit oder in der Lage ist, dies auch im Alleingang zu versuchen. Möglicherweise halten die Gesellschafter ihre Kräfte für unzureichend, um diesen Versuch getrennt zu wagen[66]. Selbst wenn beide Alternativen im Entscheidungsfeld der Planung enthalten sind, so wäre nach dem Verzicht auf die Gründung eines GU nur dann zu erwarten, daß jeder den Markteintritt im Alleingang wagt, wenn die Renditen beider Alternativen

---

[65] Mead, W. J., S. 838.

[66] Diese Situation mag beispielsweise vorliegen, wenn ein GU „auf einem erstarrten Markt mit hohen Zugangsschranken, die auf einen hohen Kapitalbedarf zurückgehen, als neuer Wettbewerber auftritt". (Klaue, S., u. a., S. 26.) „Kooperation und Konzentration sind durchaus geeignet, Markteintrittshindernisse zu überwinden und eine übermäßige Gruppendisziplin zu beseitigen." (Eickhof, Norbert, Kooperation, Konzentration und funktionsfähiger Wettbewerb, Tübingen 1975, S. 44.)

ungefähr übereinstimmen. Liegt der Zukunftserfolgswert der Beteiligung an einem GU dagegen über dem eines Alleinganges, so können Investitionen in ganz anderen Bereichen vorgezogen werden für den Fall, daß die Gründung eines GU unterbleibt. So kann die gemeinsame Tochter schon deshalb rentabler sein, weil ihre Marktmacht größer ist als die der Gesellschafter im Alleingang und zwar wegen der „Ausschaltung des Wettbewerbs mit dem im joint venture verbundenen Unternehmen"[67].

Die Befragung der beteiligten Unternehmen, ob sie auch den Alleingang gewagt hätten, ist ein ungeeignetes Mittel, da nicht immer zu erwarten ist, daß die Antworten die tatsächlichen Absichten widerspiegeln. Diese Erwartung ist gerechtfertigt, wenn die befragten Unternehmen wissen, daß an ihre Auskünfte, je nach deren Inhalt, bestimmte Folgen geknüpft sind. Würden sie zugeben, daß sie den Markteintritt auch unabhängig voneinander gewagt hätten, so ergäbe sich als Folge, daß ihr GU einer strengeren Behandlung unterworfen wäre, als wenn sie behaupteten, sie wären nie und nimmer zu einem Alleingang in der Lage gewesen. Deshalb besteht die Gefahr, daß die Auskünfte weniger von der Bereitschaft, die tatsächlichen Absichten mitzuteilen, bestimmt sind, als vielmehr vom Willen, ungünstige Auflagen der Fragesteller zu vermeiden[68].

Eckstein hält es für zweckmäßig, auf betriebswirtschaftliche Kriterien zurückzugreifen, und zwar auf die Kriterien, welche von den betroffenen Unternehmen angewendet werden, wenn es um die Entscheidung über Investitionen der hier angesprochenen Art geht[69]. Die erwartete Rendite eines Alleingangs wäre dann mit der für Investitionen festgelegten Mindestrendite zu vergleichen. Sofern erstere über der Mindestrendite liege, sei davon auszugehen,

---

[67] Maurer, A., S. 43. Dort sind weitere Einflußgrößen genannt, die ein GU rentabler machen können als die getrennte Aufnahme der Tätigkeit durch mehrere Gesellschafter.

[68] Die Antworten sind dann von intentionellem Charakter, das heißt sie werden strategisch zielgerichtet erteilt, weil die Befragten eine Interdependenz zwischen dem Inhalt der erteilten Auskunft als Aktion und den dadurch verursachten Reaktionen — also den Maßnahmen der Wettbewerbsbehörden — vermuten. (Vergleiche zu intentionellen Prognosen Schmidt, Kurt, und Wille, Eberhard, Die mehrjährige Finanzplanung in Wunsch und Wirklichkeit, Tübingen 1970, S. 20.) Dann kann es die Intention der Befragten sein, die Preisgabe bestimmter Pläne einzuschränken. (Zum Begriff der Preisgabe von Informationen im *Parallelprozeß* vergleiche Gandenberger, Otto, Konkurrenzinformation und Wettbewerb, in: Jahrbücher für Nationalökonomie und Statistik, Band 188, Stuttgart 1973, S. 14 ff.)

[69] Vergleiche Eckstein, W., Spezialisierung, S. 79.

daß ein Unternehmen den Alleingang wagen würde. Da es auch zu diesem Vergleich notwendig ist, die Mindestrenditen zu erfragen, welche die Unternehmen für erforderlich halten, besteht wiederum die Gefahr, daß die Auskünfte so erteilt werden, wie es dem Interesse der Befragten entspricht.

Ein außenstehender Beobachter kann also nicht mit hinreichender Sicherheit feststellen, ob die Gesellschafter auch getrennt in den relevanten Markt eingedrungen wären, wenn sie nicht das GU gegründet hätten. Wie oben beschrieben, können gemeinsame Neuerrichtungen den potentiellen Wettbewerb jedoch sogar dann beschränken, wenn die Gesellschafter den Alleingang nicht gewagt hätten. Auch wenn hinreichend sicher feststünde, daß nur einer der Gesellschafter anstelle des GU tätig geworden wäre, bliebe demnach zu fragen, ob ein bestimmtes GU nicht auf einem anderen Wege potentiellen Wettbewerb zwischen den Gesellschaftern beschränkt.

Die anderen Kausalketten, nach denen GU eine solche Wirkung zeitigen können, sind einleitend dargestellt. Sie haben jedoch fast den Charakter von Gedankenexperimenten. Die Feststellung und der Nachweis solcher theoretisch möglicher Wettbewerbsbeschränkungen bereiten im einzelnen Falle erhebliche Schwierigkeiten. Dazu ist der — zu diesem Zeitpunkt unbekannte — Einfluß des GU auf die Wettbewerbsintensität mit der Bedeutung zu vergleichen, die den Gesellschaftern als aktuellen oder potentiellen Wettbewerbern zugekommen wäre und die durch die gemeinsame Neuerrichtung eines GU untergeht. In diesen Vergleich gehen die Gegebenheiten des aktuellen und potentiellen Wettbewerbs auf einem bestimmten Markt ein und die Bedeutung der Gesellschafter beziehungsweise des GU für beide Formen des Wettbewerbs.

Die Problematik des Vergleichs wird nicht geringer dadurch, daß der Einfluß eines vor dem Markt verharrenden potentiellen Wettbewerbers darin begründet ist, daß die aktuellen Marktteilnehmer erwarten, ersterer könne den Markteintritt wagen. Befragungen außenstehender Unternehmen dürften wenig geeignet sein, den tatsächlichen Einfluß festzustellen, da auch deren Antworten intentionell sein können, das heißt von dem Wunsch bestimmt, damit bestimmte Ziele zu erreichen[70]. Demnach sind Vermutungen darüber notwendig, welche Aktionen die aktuellen Marktteilnehmer von einem Dritten erwarten, und darüber, ob sie durch diese Erwartung zu Reaktionen gezwungen werden, die der Marktgegenseite nützen. Dabei ist in Rechnung zu stellen, daß der Begriff „potentieller Wettbewerber" eine ganze Spanne verschiedener Möglichkeiten umfaßt. Diese reicht von dem einen Grenzfall, in dem der Markteintritt unmittelbar bevorsteht, bis zu dem anderen Grenzfall, daß ein Unternehmen keinesfalls in der Lage ist, diesen Schritt zu wagen[71].

Daß andererseits der Einfluß, der von dem GU als aktuellem Marktteilnehmer ausgehen wird, keineswegs sicher ist, wurde oben bereits angedeutet. Das Antitrustverfahren gegen das GU Penn-Olin[72] zeigt die Schwierigkeiten auf, die

---

[70] So im Zusammenhang mit einer anders gelagerten Problemstellung: „Würde die Frage, ob ein aktueller Anbieter in seinem Marktverhalten unter dem Einfluß potentieller Konkurrenz steht, hauptsächlich von der subjektiven Aussage dieses Anbieters abhängig gemacht, ... (so) könnte jedes Unternehmen, das mit dem Vorwurf der Marktbeherrschung konfrontiert ist, geltend machen, daß es sich in seinem Marktverhalten dem Wettbewerbsdruck potentieller Konkurrenz von außen ausgesetzt fühlt, ohne daß dies objektiv nachprüfbar wäre." (Klauss, G., S. 210.)

[71] Um Anhaltspunkte dafür zu schaffen, wann potentieller „Wettbewerb bei Betrachtung der marktbeherrschenden Stellung eines Wettbewerbers ... zu berücksichtigen ist", hat Bartholomeyczik den Begriff des „aktuell-potentiellen Wettbewerbers" vorgeschlagen. (Bartholomeyczik, Horst, Wann aktualisiert sich der potentielle Wettbewerb für die Rechtsanwendung, in: Wirtschaft und Wettbewerb, 21. Jahrgang, Düsseldorf 1971, S. 769.) Dies ist ein potentieller Wettbewerber, der bereits sehr handgreiflich zu verstehen gibt, daß er den Markteintritt beabsichtigt, und der damit Reaktionen der aktuellen Konkurrenten verursacht. Aus dem Spektrum verschiedener „Intensitäten" des potentiellen Wettbewerbs wird damit lediglich ein Fall herausgegriffen, der allerdings sehr bedeutsam ist.

[72] Vergleiche zu diesem GU und dem Antitrustverfahren im Zusammenhang mit seiner Gründung Markert, Kurt, Gemeinschaftsunternehmen und Antitrustrecht, Außenwirtschaftsdienst des Betriebsberaters, Heidelberg 1964, S. 241 ff.; Eckstein, W., Spezialisierung, S. 71 ff.; Maurer, A., S. 20 ff. und S. 41 ff.; Mead, W. J., S. 833 f.; Borchert, Manfred, Wettbewerbspolitische Kriterien von diversifizierten Unternehmungszusammenschlüssen, in: Wirtschaft und Wettbewerb, 20. Jahrgang, Düsseldorf 1970, S. 264 f., und Pitofsky, Robert, Joint Ventures under the Antitrust Laws: Some Reflection on the Significance of Penn Olin, in: Harvard Law Review, Band 82, Cambridge/Mass. 1968 - 1969, S. 1007 ff.

sich ergeben, wenn einer gemeinsamen Neuerrichtung Wettbewerbsbeschränkungen nachgewiesen werden sollen.

Pennsalt und Olin gründeten 1960 das joint venture Penn-Olin, um Natriumchlorat herzustellen und im Südosten der USA abzusetzen. Pennsalt produzierte diese chemische Verbindung bereits und vertrieb sie, so auch auf dem relevanten geographischen Markt im Südosten. Vor der Gründung von Penn-Olin lagen auf dem Gesamtmarkt der USA zwei Unternehmen mit Anteilen von 46 und 36 Prozent vor der Pennsalt. Olin hatte dieses Produkt zeitweise für den eigenen Verbrauch selbst gefertigt, später aber von anderen Unternehmen bezogen.

Nach einer Verhandlung durch mehrere Instanzen bestätigte der Supreme Court schließlich, daß die Gründung der Penn-Olin nicht als Wettbewerbsbeschränkung im Sinne der Section 7 Clayton Act anzusehen sei[73]. Ungünstige Auswirkungen als Folge der Ausschaltung des Wettbewerbs zwischen den Gesellschaftern auf dem Tätigkeitsgebiet der Penn-Olin waren demnach nicht in ausreichendem Maße nachzuweisen[74].

### III. Schlußfolgerungen für die Beurteilung gemeinsamer Neuerrichtungen

Die Schwierigkeiten bei der Beurteilung gemeinsamer Neuerrichtungen liegen vor allem darin begründet, daß die Frage, ob die Gesellschafter eines solchen GU auch den Alleingang gewagt hätten, nicht mit hinreichender Sicherheit zu beantworten ist. Außerdem darf nicht erwartet werden, daß ein Außenstehender objektive Angaben darüber erhält, welche Bedeutung den Unternehmen, die an einer solchen Neuerrichtung beteiligt sind, zugekommen wäre, falls sie auf die Gründung des GU verzichtet hätten.

Angesichts dieser Situation könnte der Vorschlag gemacht werden, gemeinsame Neuerrichtungen ohne Kontrolle zuzulassen. Wer sich dafür einsetzt, könnte dies damit begrün-

---

[73] Zu dem Instanzenweg in diesem Verfahren vergleiche vor allem die ausführliche Darstellung bei Eckstein, W., Spezialisierung, S. 71 ff.

[74] Möglicherweise handelt es sich bei diesem Verfahren aber nur um den im Prinzip richtigen Versuch, hier nur am falschen Objekt. Einige Gegebenheiten sprechen gerade im Fall Penn-Olin dafür, daß seine Gründung den Wettbewerb nicht allzu stark beschränkt hat (vgl. Borchert, M., S. 265). Darauf ist hier nicht weiter einzugehen.

den, daß es sich bei gemeinsamen Neuerrichtungen um einen Vorgang ähnlich dem des internen Wachstums handle[75].

Diese Vorgehensweise ließe einen wesentlichen Gesichtspunkt außer acht. Mit gemeinsamen Neuerrichtungen wachsen mehrere Unternehmen *gemeinsam*; gerade die Beteiligung mehrerer macht die oben genannten Wettbewerbsbeschränkungen möglich[76], und es ist nicht auszuschließen, daß sie von erheblichem Gewicht sind. Deshalb bliebe für die Freistellung gemeinsamer Neuerrichtungen allenfalls die Rechtfertigung, daß der Spatz in der Hand — in diesem Fall das GU — im Zweifelsfalle mehr wert sei als die Taube auf dem Dach — das wären die Gesellschafter als potentielle Wettbewerber[77].

Eine generelle Untersagung verbietet sich von selbst angesichts der möglichen wettbewerbsbelebenden Wirkungen von GU, die vor allem dann gegeben sein können, wenn die Gesellschafter zum Alleingang überhaupt nicht in der Lage wären.

Wenn gemeinsame Neuerrichtungen beurteilt werden, ist deshalb den vorteilhaften Auswirkungen mancher GU Raum zu lassen. Zugleich muß die Gefahr bekämpft werden, die dem potentiellen Wettbewerb droht, wenn zwei Unternehmen zum Eintritt in einen Markt fähig sind, die beiden sich aber absprechen und ein GU schaffen, um den Wettbewerb untereinander zu vermeiden[78].

Welche Kriterien sind geeignet, um gemeinsame Neuerrichtungen mit wettbewerbsbeschränkenden Auswirkungen

---

75 „Bei internem Unternehmenswachstum ist das wettbewerbspolitische Instrument der Mißbrauchsaufsicht anzuwenden." (Giesel, H. B., S. 228.) Inneres Wachstum vollzieht sich durch „Vergrößerung der bestehenden Betriebe" und „Errichtung neuer Betriebe". (Lenel, H. O., Ursachen, S. 352.) Die *Gemeinschaft* der Gesellschafter wächst durch gemeinsame Neuerrichtungen in dieser Weise, da im GU neue Kapazitäten erstellt werden; man könnte demnach von einem „gemeinsamen internen Wachstum" sprechen.

76 „A hazard to competition arises . . . when a second firm is involved as a parent in the joint venture." (Mead, W. J., S. 829.)

77 „I would give more weight to the bird in hand than to two in the bush." (Backman, J., S. 9.)

78 „Preclusion of entry by either parent separately may in fact be one of the objectives considered in formation of the joint venture. Where two firms are known to be interested in entering the joint venture's field of activity, one firm may intentionally involve the other as a partner in order to preclude later competition." (Mead, W. J., S. 831 f.)

zu verhindern? Einige Vorschläge wurden in dem vorhergehenden Abschnitt geprüft, der Verfasser kam jedoch zu einem ablehnenden Urteil.

Wahrscheinlich wären weitergehende Untersuchungen notwendig, um geeignete Kriterien zu erhalten. Abgesehen von den Veröffentlichungen zu dem GU Penn-Olin befassen sich die Stellungnahmen zum potentiellen Wettbewerb vor allem mit einer grundlegend anderen Frage: Unternehmen, die der Marktbeherrschung verdächtigt werden, weisen den Verdacht oft mit der Begründung zurück, dieser Sachverhalt sei nicht gegeben, da der potentielle Wettbewerb ihn verhindere. Der potentielle Wettbewerb dient in diesem Falle also als Schutzbehauptung von Unternehmen, die große Marktanteile halten[79]. Auch dabei bleibt aber *die* Frage ungeklärt, „wie die potentielle Konkurrenz in ihrer Markteindringungsfähigkeit gemessen werden sollte, um auch wettbewerbspolitisch bzw. wettbewerbsrechtlich greifbar zu sein"[80]. Um beurteilen zu können, ob potentieller Wettbewerb besteht, sollten nach Klauss die Bedingungen für den Marktzugang untersucht werden. Anhaltspunkte könnten dabei unter anderem die näheren Umstände der letzten Zutritte zu dem relevanten Markt bieten[81].

Möglicherweise ist die Untersuchung des Marktzugangs und seiner Veränderung durch GU geeignet, um schwerwiegende Beschränkungen des potentiellen Wettbewerbs durch gemeinsame Neuerrichtungen zu verhindern. Diese Frage ist im vierten Kapitel eingehender zu überprüfen.

---

[79] Zu Veröffentlichungen, die sich vorwiegend unter diesem Gesichtspunkt mit dem potentiellen Wettbewerb befassen, vergleiche Bartholomeyczik, H., S. 764 ff.; Freitag, Dieter, Wirksamer Wettbewerb und potentielle Konkurrenz, in: Wirtschaft und Wettbewerb, 21. Jahrgang, Düsseldorf 1971, S. 294 ff.; Klauss, G., S. 205 ff., und Gutowski, A., Wettbewerb in Theorie und Praxis, S. 110 ff. Zu einem anderen Gesichtspunkt, nämlich der Frage, wie Unternehmenszusammenschlüsse den potentiellen Wettbewerb vermindern können, vergleiche Blair, John M., Economic Concentration/ Structure, Behavior and Public Policy, New York usw. 1972, S. 47 f. Auch Blair weist dabei auf die Schwierigkeiten hin, die bei dem Versuch auftreten, solche Wettbewerbsbeschränkungen nachzuweisen.

[80] Klauss, G., S. 206.

[81] Vergleiche ebenda, S. 212. Ähnlich: Freitag, D., S. 305.

Oft werden GU mit der Aufgabe gegründet, bestimmte Projekte der Forschung und Entwicklung gemeinsam durchzuführen, ohne daß sie auf kurze Sicht auf anderen Märkten als denen für die Beschaffung dazu notwendiger Güter und Dienste tätig würden. Bei solchen GU droht aber die Gefahr, daß die Gesellschafter die Ergebnisse dieser Forschungstätigkeit wiederum gemeinsam verwerten. Käme es nicht zu der Zusammenarbeit in Forschung und Entwicklung, so bestünde dagegen eine größere Wahrscheinlichkeit dafür, daß die beteiligten Unternehmen unabhängig voneinander Verfahren entwickeln, die sie im Wettbewerb miteinander einsetzen. Deshalb sind GU mit Aufgaben in der Forschung und Entwicklung wie gemeinsame Neuerrichtungen daraufhin zu überprüfen, ob sie zukünftigen aktuellen oder potentiellen Wettbewerb ausschalten.

## D. Die Gründung horizontaler Gemeinschaftsunternehmen

### I. Horizontale Gemeinschaftsunternehmen als gemeinsame Ausgliederungen oder Neuerrichtungen auf einem Teilmarkt

Wenn mehrere Hersteller eines Produktes im Wettbewerb miteinander stehen und eine gemeinsame Tochter gründen, die wiederum das gleiche Erzeugnis anbietet, so wird letztere als horizontales GU bezeichnet. Ein Beispiel dafür ist das GU „Sidmar“[82], das von mehreren europäischen Stahlerzeugern gegründet wurde.

Möglicherweise versuchen die Gesellschafter, dem horizontalen GU einen abgegrenzten Teilmarkt zuzuweisen, etwa

---

[82] Vergleiche Spilker, H.-M., Anhang S. 2 f., und Wolff, Jürgen, Die wettbewerbsrechtliche Zulässigkeit von Verträgen über die gemeinsame Errichtung von Produktionsanlagen durch mehrere Unternehmen, Dissertation Bochum 1965, S. 167 f. Wolff bezeichnet dieses GU als Sidemar, ebenso Wolfgang Harms (Harms, Wolfgang, Konzerne im Recht der Wettbewerbsbeschränkungen, Köln usw. 1968, S. 270). In neueren Presseveröffentlichungen wird aber von der Sidmar gesprochen. (So in der Frankfurter Allgemeinen Zeitung Nr. 293 vom 18. Dezember 1975, S. 13.) Die Sidmar ist mittlerweile „von dem Stahlriesen Arbed in Luxemburg übernommen“ worden. (Handelsblatt Nr. 5 vom 8. Januar 1976, S. 10.)

einen bestimmten regionalen Markt. Dort können sie im Wettbewerb miteinander gestanden haben, und dieser wird durch die auf diesen Markt beschränkte gemeinsame Ausgliederung ausgeschaltet. Wenn sie dort keine aktuellen Wettbewerber waren, so haben sie vielleicht den Markteintritt jeweils im Alleingang erwogen und verzichten auf diesen Schritt nach der gemeinsamen Gründung eines horizontalen GU. In beiden Fällen kann die Schaffung der gemeinsamen Tochter eine Beschränkung des Wettbewerbs *auf dem regionalen Teilmarkt* bedeuten. Diese Auswirkungen wären anhand der Kriterien zu beurteilen, die für gemeinsame Ausgliederungen oder Neuerrichtungen gelten.

Jedoch dürften zumindest in den Randgebieten aktuelle oder potentielle Wettbewerbsbeziehungen zwischen den Gesellschaftern sowie zwischen ihnen und dem GU bestehen bleiben.

Dort fehlt dem GU mit großer Wahrscheinlichkeit die Freiheit, Vorstöße gegen die Gesellschafter zu wagen: „Die Annahme, daß das Gemeinschaftsunternehmen seinen Absatz zum Nachteil oder gegen den Willen der Gesellschafter erweitern wird, kann somit ausgeschlossen werden[83]."

### II. Die Auswirkungen horizontaler Gemeinschaftsunternehmen auf den Wettbewerb zwischen den Gesellschaftern

Die gemeinsame Leitung eines GU, das im Wettbewerb mit seinen Gesellschaftern steht, kann aber auch Auswirkungen auf das Verhalten der Gesellschafter selbst im Wettbewerb miteinander zeitigen. Das ist vor allem auf *dem* Markt zu erwarten, auf dem sie Konkurrenten des GU sind.

Die Gesellschafter bestimmen gemeinsam die Geschäftspolitik des GU. Wenn sie mit ihrem GU in oligopolistischem Reaktionszusammenhang stehen, werden sie dabei *die* Aktionsparameter berücksichtigen, die sie selbst einzusetzen gedenken. Ihre Partner, die anderen Gesellschafter, erhalten dann in mehr oder weniger großem Ausmaß Kenntnis von diesen Plänen. „Zumindest führt das Gemeinschaftsunter-

[83] Spilker, H.-M., S. 46.

nehmen somit zu einer intensiven Information über die beiderseitige Geschäftspolitik[84]." Die „Preisgabe" von Konkurrenzinformationen in dieser Weise kann den Wettbewerb zwischen den Gesellschaftern hemmen[85].

Weiter ist zu befürchten, daß sich aus der Tätigkeit eines horizontalen GU Absprachen zwischen den Gesellschaftern ergeben, die den Markt betreffen, auf dem sie gemeinsam mit dem GU tätig sind, und die angrenzenden Märkte. Aus der Bedeutung des GU kann sich nämlich eine Verpflichtung für die Gesellschafter ergeben, die bei der Planung der Geschäftspolitik des horizontalen GU zugrunde gelegten eigenen Absichten auch einzuhalten[86]. Die Hohe Behörde der Europäischen Gemeinschaft für Kohle und Stahl führte so zu dem GU Sidmar aus: „... es ist unvermeidbar, daß bei der Ausübung der gemeinschaftlichen Kontrolle, zum Beispiel der Festsetzung der Preise des kontrollierten Unternehmens, die kontrollierenden Unternehmen ihre eigenen Preise für die gleichen oder ähnlichen Produkte berücksichtigen und gegebenenfalls alle Preise aufeinander abstimmen (Gruppeneffekt)[87, 88]." Es ist also zu befürchten, daß horizontale GU ihre Gesellschafter veranlassen, den Einsatz von Aktionsparametern untereinander zu koordinieren, wo sie miteinander und mit einem GU im Wettbewerb stehen. Dort können das GU und seine Gesellschafter eine Gruppe bilden, wodurch sich die Wahlfreiheit der Marktgegenseite auf dem relevanten Markt verringert.

Es ist jedoch fraglich, ob die Rückwirkungen aus der gemeinsamen Leitung des dritten Unternehmens, die sich für

---

84 Spilker, H.-M., S. 47.

85 Vergleiche Gandenberger, O., Konkurrenzinformation und Wettbewerb. Auf die nachteiligen Auswirkungen des „Preisgabeeffektes" für den Wettbewerb ist im folgenden Kapitel ausführlich einzugehen.

86 Vergleiche Spilker, H.-M., S. 47 f.

87 Hohe Behörde der Europäischen Gemeinschaft für Kohle und Stahl, 11. Gesamtbericht über die Tätigkeit der Gemeinschaft (1. 2. 1961 - 31. 1. 1962), Luxemburg 1962, S. 349.

88 Auch Kaysen und Turner sehen dann eine besonders große Wahrscheinlichkeit für eine Abstimmung von Aktionsparametern zwischen den Gesellschaftern, wenn das GU die gleichen Güter produziert wie seine Gesellschafter. (Vergleiche Kaysen, C., and Turner, D. F., S. 138.)

das Verhalten der Gesellschafter ergeben, exakt auf den Bereich beschränkt bleiben, auf dem zwischen Gesellschaftern und GU Wettbewerb herrscht. Vielmehr dürften sich auch Auswirkungen ergeben, die über diese Grenze hinausgehen.

Da solche marktübergreifenden Effekte der Zusammenarbeit im folgenden Kapitel zu erörtern sind, sei auf die Ausführungen dort verwiesen. Die unten genannten Kausalketten, nach denen marktübergreifende Effekte zu erwarten sind, führen wahrscheinlich auch bei horizontalen GU zu Wettbewerbsbeschränkungen, und das vor allem insoweit, als die Gesellschafter auf dritten Märkten gleiche oder ähnliche Leistungen anbieten wie das GU auf seinem Teilmarkt.

### III. Eingreifkriterien im Falle horizontaler Gemeinschaftsunternehmen

Möglicherweise lassen sich für die Gründung eines horizontalen GU Argumente vorbringen, die darauf hinauslaufen, daß die gemeinsame Errichtung dieses GU eine Verbesserung der Marktversorgung erlaubt. Tatsächlich erzielte Einsparungen werden auch in diesem Falle der Marktgegenseite nur dann zugute kommen, wenn wesentlicher Wettbewerb bestehen bleibt. GU, an denen sich alle Anbieter bestimmter Leistungen beteiligen, bieten keine Gewähr mehr dafür, daß Kosteneinsparungen weitergegeben werden.

Langfristig können die Bemühungen um Einsparungen überhaupt nachlassen, wenn der Wettbewerb in der beschriebenen Weise zu stark beschränkt ist. Schließlich sind ungünstige Auswirkungen auf den Marktzugang zu befürchten, wenn der überwiegende Teil der Anbieter eines bestimmten Gutes den Einsatz von Aktionsparametern abstimmt. Deshalb sind horizontale GU auch im Lichte der Zielsetzung, daß der Wettbewerb eine möglichst gute und billige Marktversorgung herbeiführen soll, bedenklich, wenn die Marktanteile der Gesellschafter insgesamt zu groß sind. Dies ist der Fall, wenn die Anbieter des betreffenden Gutes, die außerhalb des GU stehen, wesentlichen Wettbewerb nicht mehr gewährleisten können[89].

*Drittes Kapitel*

# Beschränkung des Wettbewerbs zwischen den Gesellschaftern auf anderen Tätigkeitsgebieten: die marktübergreifenden Effekte der Zusammenarbeit

## A. Die Gefahr marktübergreifender Effekte

### I. Problemstellung

Im folgenden ist der Frage nachzugehen, ob sich aus einer partiellen Zusammenarbeit marktübergreifende Effekte ergeben, das sind Beschränkungen des Wettbewerbs zwischen den Gesellschaftern außerhalb des gemeinsamen Betätigungsfeldes. Diese Gefahr ergibt sich, weil die gleichen Gesellschafter, die mit Hilfe eines GU zusammenarbeiten, oft auf dritten Märkten in aktuellem oder potentiellem Wettbewerb miteinander stehen. Unter dieser Bedingung ist nicht auszuschließen, daß sich die partielle Kooperation auch außerhalb des abgegrenzten Tätigkeitsgebietes darauf auswirkt, wie sich die Gesellschafter als Wettbewerber untereinander im Parallelprozeß verhalten[1].

Marktübergreifende Effekte haben keineswegs nur dann Bedeutung, wenn GU zu beurteilen sind, denn ähnliche Auswirkungen sind auch bei anderen Formen der Kooperation möglich[2].

---

[89] Zur Frage des „Schwellenwertes", ab dem ein Marktanteil den Wettbewerb verhindern kann, sei auf die Ausführungen über gemeinsame Ausgliederungen verwiesen.

[1] Mead sieht sogar die Gefahr, daß Unternehmen, die möglicherweise oder tatsächlich in Liefer- und Leistungsbeziehungen miteinander stehen, durch die Zusammenarbeit in einem GU dazu veranlaßt werden, auch im Austauschprozeß die Bande enger zu knüpfen und damit außenstehende Unternehmen davon auszuschließen. (Vergleiche Mead, W. J., S. 836 f.) Die Erörterung der Gefahr marktübergreifender Effekte ist allerdings vor allem *den* Auswirkungen gewidmet, welche von der gemeinsamen Leitung des dritten Unternehmens auf das Verhalten der Beteiligten im Parallelprozeß ausgehen.

Es kann kaum Verwunderung erregen, daß der scheinbare Widerspruch zwischen Rivalität einerseits und Kooperation andererseits den Verdacht oder die Befürchtung aufkommen läßt, die Zusammenarbeit auf einem Gebiete werde nicht ohne Folgen auf das Verhalten im Wettbewerb gegeneinander auf anderen Märkten bleiben.

Im Gegenteil wäre es gewagt zu unterstellen, daß ein Unternehmer, der auf einem Markte in spürbarem Wettbewerb mit einem anderen Anbieter steht, sich leichten Herzens dazu entschließen könnte, mit diesem Widersacher ein GU zur Erschließung eines bestimmten Marktes zu schaffen, es sei denn, daß er sich von der Zusammenarbeit bereits Rückwirkungen der Art verspricht, daß der Wettbewerb mit dem Partner auf dem umkämpften Markt vermindert wird. Die Hoffnung, als Folge der Zusammenarbeit werde auch der Wettbewerb auf dritten Märkten nachlassen, kann also ein Motiv für die Beteiligung an einem GU sein.

Ebensowenig ist es natürlich auszuschließen, daß GU geschaffen werden, um Absprachen auf anderen Märkten zu ergänzen, und damit auf eine Beschränkung des Wettbewerbs angelegt sind[3]. In den folgenden Erörterungen geht es jedoch mehr um Fälle, in denen sich solche Gesellschafterunternehmen zur Gründung eines GU zusammenfinden, die auf anderen Märkten im Wettbewerb miteinander stehen, ohne dort bereits wettbewerbsbeschränkende Absprachen getroffen zu haben[4].

---

[2] So stellt zum Beispiel Hoppmann fest, daß Beschränkungen des Wettbewerbs auf Auslandsmärkten durch Exportkartelle auch auf den Binnenmarkt übergreifen können. Seine Untersuchung „zeigte, ... daß ein Abwehr-Exportkartell bei gemischter Inlands-Export-Produktion unvermeidbar auch zu einer zusätzlichen Wettbewerbsbeschränkung durch Kartellierung des Inlandsabsatzes führen muß". (Hoppmann, Erich, Wettbewerbspolitik und Exportkartelle, in: Jahrbücher für Nationalökonomie und Statistik, Band 173, Stuttgart 1961, S. 375.)

[3] Lenel vermutet, daß die elektrotechnische Industrie den Wettbewerb durch verschiedene Instrumente beschränkt hat, unter anderem auch durch die Gründung von GU. (Vergleiche Lenel, H. O., Die Problematik der Kartelle und Syndikate, S. 206.)

[4] Auf GU, die der Ergänzung weiterer Wettbewerbsbeschränkungen dienen, ist im letzten Abschnitt dieses Kapitels einzugehen.

## II. Der Aufbau der Untersuchung marktübergreifender Effekte

Die Veröffentlichungen über den Einfluß von GU auf den Wettbewerb berücksichtigen fast ausnahmslos auch Auswirkungen, die sich aus der Zusammenarbeit in einem GU auf das Verhalten der Gesellschafter im Wettbewerb miteinander auf Drittmärkten ergeben[5].

Die möglichen negativen Wirkungen auf den Wettbewerb als Folge der Zusammenarbeit — also die in dieser Arbeit so bezeichneten marktübergreifenden Effekte — lassen sich vereinfacht in zwei Kategorien einteilen:

1. Es wird als möglich angesehen,

— daß als Folge der Zusammenarbeit der Wille zum Wettbewerb miteinander sinkt[6],

— daß die Kooperation im GU zu stillschweigenden Übereinkünften („tacit conventions") über das Verhalten auf anderen Märkten führt oder

— daß die Gesellschafterunternehmen sogar direkte Absprachen („outright agreements") treffen[7].

2. Schließlich ist auch die strategische Bedeutung von GU für die Verhaltensweise der Gesellschafter zu beachten. Vielproduktunternehmen, die auf einem bestimmten Gebiet kooperieren, auf anderen Märkten aber im Wettbewerb mit ihrem Partner stehen, können dessen Aktionen im Wettbewerb mit Reaktionen in bezug auf das GU beantworten.

Nun wird aber auch der Einwand erhoben, daß marktübergreifende Effekte der Zusammenarbeit „nur eine Möglichkeit, keine höchstwahrscheinliche Gefahr"[8] sind. Deshalb sollen

---

[5] Vergleiche statt vieler Henrichs, Helmut, Sect. 7 Clayton Act und die sogenannten „joint ventures": Die Behandlung von Gemeinschaftsunternehmen im Antitrustrecht, in: Wirtschaft und Wettbewerb, 16. Jahrgang, Düsseldorf 1966, S. 33; Kaysen, C., and Turner, D. F., S. 138. Dagegen Backman: „Anticompetition behavior should not be inferred in all markets because of a business relationship in one market." (Backman, J., S. 23.)

[6] So etwa Wyzansky in United States v. Minnesota Mining & Mfg. Co., 92 F. Supp. 947 (D. Mass. 1950), zitiert bei Pitofsky, R., S. 1031 f., und Spilker, H.-M., S. 54.

[7] Vergleiche Pitofsky, R., S. 1030.

[8] Maurer, A., S. 63.

im folgenden Überlegungen darüber angestellt werden, welche Bedingungen das Auftreten marktübergreifender Effekte begünstigen.

Empirische Untersuchungen über marktübergreifende Effekte liegen bisher nicht in genügendem Ausmaß vor[9]. Aus diesem Grund wird diese Gefahr im folgenden vor allem durch Plausibilitätsüberlegungen untermauert.

Es ist jedoch nicht sicher, daß die folgenden Ausführungen alle Kausalketten erfassen, auf denen die Zusammenarbeit in einem Bereich marktübergreifende Effekte zeitigen kann. Vielmehr bietet es sich an, diese Frage in weiteren Untersuchungen zu vertiefen.

Die möglichen marktübergreifenden Effekte horizontaler GU, also solcher gemeinsamer Töchter, die im Wettbewerb mit ihren Gesellschaftern stehen, sind im letzten Abschnitt des vorangehenden Kapitels angedeutet. Bei der Erörterung der ersten beiden der im folgenden dargestellten Kausalketten wird zwischen den beiden weiteren Gruppen von GU unterschieden, also zwischen GU, die in Liefer- und Leistungsbeziehungen mit den Gesellschaftern stehen („vertikale GU") und konglomeraten GU, das sind solche, für die diese Voraussetzung nicht gilt, die aber auch nicht mit ihren Gesellschaftern im Wettbewerb stehen.

## B. Die verschiedenen Ursachen marktübergreifender Effekte

### I. Die Erweiterung des Reaktionszusammenhanges durch GU

#### 1. Gemeinschaftsunternehmen als Sanktionsmittel

Es sei von der Voraussetzung ausgegangen, daß die Gesellschafter eines GU auf dritten Märkten in aktuellem oder potentiellem Wettbewerb miteinander stehen. Hierbei ergibt sich die Frage, ob GU unter dieser Voraussetzung nicht als Pfand oder Geisel dienen können, mit deren Hilfe *ein* Ge-

---

[9] Vergleiche dazu die Ausführungen im Abschnitt B III 3 „Die Empirische Fundierung der Ergebnisse von Mead".

sellschafter das Wohlverhalten seines Mitgesellschafters auf *dritten* Märkten erzwingen kann.

Einem Unternehmen kann besonders an dem Fortbestehen eines GU gelegen sein, und der andere Gesellschafter mag über Mittel verfügen, um die Tätigkeit des GU erheblich zu erschweren. Der Gesellschafter, der starkes Interesse am Wohlergehen des GU zeigt, hat in dieser Lage Anlaß, seinem Partner im Wettbewerb auf dritten Märkten mit Vorsicht zu begegnen, um ihn nicht herauszufordern. Andernfalls verstößt er gegen das „Rationalitätsgebot, ... das die Einbeziehung des gesamten ‚strategischen Feldes' in die Planung unternehmerischer Entscheidungen erfordert"[10]. Der „Grundsatz der Vollständigkeit der Lagebeurteilung" als Maxime für das Unternehmerverhalten schreibt nämlich vor, „sich im Rahmen einer ‚Lagebeurteilung' einen Überblick über die Gesamtheit der gegnerischen Handlungsmöglichkeiten zu verschaffen"[11], bevor Entscheidungen gefällt werden. Diesem Grundsatz wäre nicht Genüge getan, ließe ein Unternehmer unter den oben genannten Bedingungen außer acht, daß sein Partner Aktionen auf dritten Märkten mit Reaktionen bestrafen kann, die die Tätigkeit des GU erschweren.

Zu beachten ist, daß es dabei nicht der ausdrücklich ausgesprochenen Drohung des „Geiselnehmers" bedarf, um ein GU in der beschriebenen Weise als Pfand oder Geisel wirken zu lassen. Vielmehr genügt es, wenn ein Gesellschafter Grund zu der Annahme sieht, daß ein aktueller oder potentieller Konkurrent als Mitgesellschafter mit einem GU ein Pfand in der Hand hat, mit dem dieser das Verhalten seiner Partner steuern kann.

### 2. Die Eignung vertikaler Gemeinschaftsunternehmen als Pfand

Ein *vertikales* GU kann in der folgenden Situation als Pfand geeignet sein: Zwei Gesellschafter beziehen Vorprodukte von der gemeinsamen Tochter oder beliefern das

10 Gandenberger, O., Konkurrenzinformation und Wettbewerb, S. 13.

11 Grossekettler, H., Macht, Strategie und Wettbewerb, S. 7.

GU. Da Alternativen fehlen, sei eines der beiden Unternehmen auf den Leistungsaustausch mit dem GU angewiesen. Eine vorübergehende oder endgültige Unterbrechung der Tätigkeit der gemeinsamen Tochter bedeute für diesen Gesellschafter eine erhebliche Verschlechterung seiner Ertragslage.

Dem zweiten Gesellschafter komme eine Schlüsselstellung für die Arbeit des GU zu, denn er besitze Produktionsfaktoren, die für den Prozeß der Leistungserstellung in dem GU notwendig sind. Auch für deren Bezug böten sich entweder keine ausreichenden Alternativen an oder der zweite Gesellschafter könne das GU am Bezug aus anderen Quellen hindern. Diese Voraussetzungen können zum Beispiel gegeben sein, wenn ein Gesellschafter Besitzer eines Patentes ist, das der Arbeit des GU zugrundeliegt. Ein Unternehmen, das nur ein Produkt herstellt und auf den Bezug eines bestimmten Vorprodukts angewiesen ist, dürfte aber auch dann von dem stärkeren Partner abhängig sein, wenn dieser das Vorprodukt allein erzeugte.

Soweit der Lieferant zugleich Konkurrent des Abnehmers auf dem eigenen Markt ist — wenn also nach Corwin D. Edwards von „disproportionaler vertikaler Integration“[12] zu sprechen ist —, muß erwartet werden, daß der Lieferant seine Stellung gegenüber dem Abnehmer-Konkurrenten so ausnutzt, daß diese Haltung nicht ohne Folgen auf den Wettbewerb miteinander bleiben wird. Auf dem von beiden bedienten Markt begegnet man dem vertikal integrierten Konkurrenten unter diesen Bedingungen wahrscheinlich mit Vorsicht.

Arbeiten dagegen zwei *Vielproduktunternehmen* in einem GU zusammen, das auf der Grundlage des Patentes aus dem Besitz *eines* Gesellschafters Vorprodukte herstellt, die beide Gesellschafter zu dem gleichen Endprodukt weiterverarbeiten, stellt sich die Situation anders dar. In dem oben beschriebenen Fall zweier Einproduktunternehmen wären im Hinblick auf die von ihnen erzeugten Leistungen auch dann Beschränkungen des Wettbewerbs zu erwarten, wenn das Vorprodukt nicht in einem GU, sondern von dem Besitzer des Patentes allein hergestellt würde. Im Wettbewerb zwischen

---

[12] Vergleiche Edwards, Corwin D., Maintaining Competition/Requisites of a Governmental Policy, New York, Toronto, London 1949, S. 98.

Vielproduktunternehmen ist aber zu befürchten, daß auch der Wettbewerb auf anderen Märkten eingeschränkt wird. Der Gesellschafter, der besonders am Weiterbestehen eines GU interessiert ist, kann sich nämlich auch auf dritten Märkten zu Zugeständnissen gegenüber dem Partner veranlaßt sehen, obwohl zwischen der gemeinsamen Tochter und den für die Bedienung dieser Märkte tätigen Betriebsabteilungen keine Liefer- und Leistungsbeziehungen bestehen[13].

### 3. Die Eignung konglomerater Gemeinschaftsunternehmen als Pfand

Ein konglomerates GU kann ebenfalls als Pfand dienen. Ein Geschäftspartner habe wesentliche Teile seines Kapitals in der gemeinsamen Tochter gebunden, sein Partner dagegen verfüge über bedeutende Aktiva, die er nicht in die gemeinsame Tochter eingebracht hat. Wenn das zweite Unternehmen darüber hinaus seinen Einfluß geltend machen kann, um das GU in Schwierigkeiten zu bringen, ist es in der Lage, den Mitgesellschafter zu einem bestimmten Verhalten zu veranlassen.

Weiterhin ist es nicht auszuschließen, daß ein Gesellschafter auf die Erträge des GU angewiesen ist. Sein Partner, für den das nicht zutrifft, kann alle Hebel in Bewegung setzen, um zu verhindern, daß die gemeinsame Tochter Gewinne ausweist, oder um zumindest deren Ausschüttung zu unterbinden.

Besonderes Interesse am Fortbestehen eines GU mag auch dann bestehen, wenn mit seiner Hilfe Tätigkeiten zusammen-

---

[13] „Die Beziehungen zwischen zwei Unternehmen werden durch die Strafen bestimmt, die sie einander durch das Entziehen von Belohnungen oder durch absolute Schädigungen zufügen zu können glauben. ... Bestehen zwischen zwei Unternehmen A und B nicht nur auf einem, sondern auf mehreren Operationsfeldern Beziehungen, so werden die Beziehungen auf allen Operationsfeldern von der Verletzlichkeit von A in bezug auf B und von der Verletzlichkeit von B in bezug auf A bestimmt. Will man das Verhalten auf einem einzelnen Operationsfeld erklären, so darf man deshalb nicht nur die dort relevanten Strafmöglichkeiten betrachten. Es ist vielmehr so, daß eine Schwachstelle, die Unternehmen A gegenüber Unternehmen B auf dem Feld $X_1$ hat, sein Verhalten auch auf allen anderen Feldern $X_2 \dots X_n$ beeinflußt." (Grossekettler, H., Macht, Strategie und Wettbewerb, S. 240.)

gefaßt worden waren, aufgrund derer die Gesellschafter bis dahin in heftigem Wettbewerb miteinander standen[14]. Scheidet ein Gesellschafter aus dem GU aus, kann sein Partner unter bestimmten Umständen[15] zu befürchten haben, daß der Ausscheidende ihm nun, am Neubeginn der Auseinandersetzungen, mit seiner Schlagkraft überlegen ist.

## II. Die Informationswirkungen von Gemeinschaftsunternehmen

### 1. Die Institutionalisierung des Preisgabeeffektes durch vertikale Gemeinschaftsunternehmen

Die Zusammenarbeit in der Leitung eines GU kann zur Folge haben, daß die Gesellschafter eher von bedeutenden Veränderungen in den Unternehmensbereichen der Mitgesellschafter erfahren, als das ohne die gemeinsame Kontrolle der Fall wäre. Bei der Wahrnehmung der Aufgaben im GU können nämlich für alle Beteiligten Anzeichen zutage treten, die auf Vorhaben der anderen Gesellschafter hindeuten.

Die gemeinsame Erstellung von Vorprodukten in einem *vertikalen* GU kann die Planungen der beteiligten Unternehmen so miteinander verketten, daß sie sich über die Mengen einigen müssen, die sie von dem GU beziehen. Dies ist zum Beispiel der Fall, wenn in einem GU Küchengeräte hergestellt werden, die von den Gesellschaftern in Verbindung mit anderen Geräten als Kücheneinrichtung oder auch als Einzelstücke abgesetzt werden. Aufgrund besonderer Gegebenheiten sei eine Fertigung außerhalb des GU oder ein Bezug von Dritten ausgeschlossen. Unter dieser Voraussetzung müßte sich ein Unternehmen, das eine Expansion plant, mit den anderen Gesellschaftern verständigen, wenn die Kapazitäten des GU bisher ausgelastet waren und nicht erhöht werden beziehungsweise keine Veränderung der Be-

---

[14] Dieser Gesichtspunkt der Zusammenarbeit, bei dem es um die Aufgabe oder Einschränkung der Tätigkeit der Gesellschafter zugunsten eines GU geht, wurde im vorangehenden Kapitel erörtert.

[15] Entscheidend ist vor allem, daß die Gesellschafter kein Wettbewerbsverbot vereinbart haben.

zugsquoten vorgesehen war. Dadurch würden die Absatzplanungen der Gesellschafter koordiniert[16]. Gingen die Leistungen des GU in festen Relationen in die Produkte der Gesellschafter ein, die im Wettbewerb miteinander stehen, wirkten derartige Übereinkünfte in Richtung auf Mengenabsprachen zwischen den Gesellschaftern.

Die anderen Gesellschafter, die zugleich Konkurrenten sind, erfahren somit — je nach den besonderen Gegebenheiten des einzelnen Falles mehr oder weniger sicher — von den geplanten Vorstößen eines Gesellschafters. Es besteht somit die Gefahr, daß der „Preisgabeeffekt"[17] von Konkurrenzinformationen durch vertikale GU gewissermaßen „institutionalisiert" wird.

Dadurch kann der Vorstoß des einen Gesellschafters verhindert werden: Konkurrenzinformationen beeinflussen den Empfänger, in diesem Falle die Mitgesellschafter, die von geplanten Aktionen ihres Partners erfahren und dadurch zu Reaktionen veranlaßt werden. Solche Informationen haben also einen Orientierungseffekt. Sie können jedoch zugleich einen Preisgabeeffekt herbeiführen, der wettbewerbspolitisch nachteilig ist. Gerade die Befürchtung, daß die Mitgesellschafter sehr frühzeitig von solchen Plänen erfahren und sofort reagieren, kann nämlich Anlaß sein, einen Vorstoß zu unterlassen:

„Bis Konkurrent B eine Aktion des A ... (zum Beispiel die Erhöhung der Ausbringung — Anmerkung des Verfassers) erfährt, kann eine mehr oder weniger lange Reaktionsspanne vergehen.

---

16 „... in den Aufgabenbereichen, die an den Verbund ausgegliedert und kollektiv wahrgenommen werden, entstehen neue Abhängigkeiten und Anpassungsnotwendigkeiten, die Rückwirkungen auf die gesamte Betriebswirtschaft haben können." (Harms, Volker, S. 13.) Vergleiche auch Spilker, H.-M., S. 51, oder Mead, W. J., S. 832 f.

Die Rückwirkungen aus der Zusammenarbeit ansonsten selbständiger Unternehmen auf einer Stufe des güterwirtschaftlichen Teilbereichs auf die anderen Stadien dieses Teilbereichs sind in der wettbewerbspolitischen Literatur am Beispiel des Verkaufssyndikats erörtert, das auch in die Leistungserstellung oder Beschaffung der Gesellschafter fortwirkt. (Vergleiche Martin, Ursula, Die volkswirtschaftliche Bedeutung und rechtliche Zulässigkeit von Verkaufssyndikaten, Berlin 1971, S. 35.)

17 Vergleiche Gandenberger, O., Konkurrenzinformation und Wettbewerb, S. 14 ff.

Diese Reaktionsspanne — kybernetisch: die ‚Totzeit' des Systems — begünstigt wettbewerbliche Aktionen, insbesondere den vorstoßenden Wettbewerb. Denn je länger die Reaktionsspanne, um so größer der Vorsprungsgewinn, den ein Unternehmer durch Wettbewerbshandlungen erzielen kann, um so größer folglich auch der Anreiz für jeden einzelnen Marktteilnehmer, solche Wettbewerbsvorstöße zu unternehmen[18]."

In dem beschriebenen Falle wird die Reaktionsspanne aber durch den Preisgabeeffekt verkürzt, der durch die Tätigkeit des vertikalen GU entsteht. „Damit wird der Anreiz der strategisch verbundenen Konkurrenten, Wettbewerbshandlungen vorzunehmen, vermindert oder beseitigt, der in der Erwartung eines Vorsprungsgewinns bestand[19]."

Die „Institutionalisierung" des Preisgabeeffekts durch vertikale GU ist besonders auf lange Sicht gefährlich: Soweit für Veränderungen der Produktqualität auch Änderungen der im GU erzeugten Vorprodukte notwendig sind, muß einerseits erwartet werden, daß die Partner von diesen Neuerungen vorzeitig erfahren. Das Bewußtsein dieser Möglichkeit kann aber andererseits wiederum den vorstoßenden Wettbewerb hemmen, weil befürchtet wird, daß die Spanne zu kurz sein könne, in der andere Unternehmen, nämlich die Partner im GU, eine Qualitätsänderung nachahmen.

Ähnliches gilt auch für die gemeinsame Durchführung bestimmter Forschungs- und Entwicklungsarbeiten, die den Tätigkeiten dienen sollen, welche in den Gesellschafterunternehmen weitergeführt werden. Abgesehen davon, daß auch in diesem Fall Übereinkünfte über die Tätigkeit des GU und damit über die zukünftigen Produktionsprogramme der Gesellschafter notwendig sein können[20], droht auch hier die

---

[18] Gandenberger, O., Konkurrenzinformation und Wettbewerb, S. 16 f.

[19] Ebenda, S. 17.

[20] „Das Kernproblem einer reinen Joint Venture-Forschungsstelle liegt hingegen in der langfristigen Ausrichtung ihrer Forschungsarbeiten, da sie ja immer ‚zwei Herren zu dienen hat', und dies zur gleichen Zeit und im selben Ausmaß. Unabhängig vom produktionstechnischen Verhältnis, in welchem die Partner zueinander stehen, setzt dies für die beteiligten Unternehmen voraus, daß sie auch die eigene langfristige Planung gegenseitig abstimmen. Hieraus ergeben sich aber fast zwangsläufig Absprachen und Kooperationen auf weiteren Unternehmensgebieten. Dies bedeutet aber gleichzeitig eine Einschränkung der unternehmerischen Handlungsfreiheit,

Demnach scheint die frühere Zusammenarbeit feststellbare Folgen für das Verhalten der beteiligten Unternehmen im Wettbewerb miteinander gehabt zu haben, und zwar noch zu einem Zeitpunkt, als die gemeinsame Tätigkeit bereits beendet war. Die Kooperation hatte also Auswirkungen auf einen „zeitlich nachgelagerten"[29] Markt.

Spilker glaubt daraus die Schlußfolgerung ziehen zu können, daß GU ganz allgemein Folgen auf anderen Märkten hätten[30]. Gerade das dürfte durch die Arbeit von Mead jedoch nicht belegt sein, denn er stellt nach dem Vergleich verschiedener regionaler Märkte fest, „that bidding partnerships in other areas had no significant effect on bidding in Alaska"[31]. Auf der einen Seite hatte also die Zusammenarbeit mehrerer Unternehmen selbst dann noch Folgen für das Verhalten der beteiligten Unternehmen im Wettbewerb miteinander, als die Kooperation bereits beendet war[32]. Auf der anderen Seite waren aber bei einem regional begrenzten GU keine Auswirkungen ähnlicher Art auf einem anderen geographischen Markt nachzuweisen.

### 3. Die empirische Fundierung der Ergebnisse von Mead

Mead gesteht selbst zu, daß die Ergebnisse seiner Untersuchung nicht signifikant sind, „since the sample size is small"[33]. Deshalb sind zu den von Mead dargestellten Zusammenhängen weitere Untersuchungen notwendig[34]. Ande-

joint bidding arrangements gewonnenen Erkenntnisse im Hinblick auf die Frage aus, welche Folgen die Zusammenarbeit in GU zeitigen kann.

29 Ebenda.

30 Vergleiche ebenda.

31 Mead, W. J., S. 842.

32 Für die Beurteilung von Arbeitsgemeinschaften zur Erstellung von Bauleistungen ist die Aussage wichtig, daß selbst die zeitlich begrenzte Zusammenarbeit Auswirkungen auf das Verhalten im Wettbewerb miteinander zu einem späteren Zeitpunkt haben kann.

33 Mead, W. J., S. 842, Anmerkung 37.

34 Das gilt auch für die Frage der marktübergreifenden Effekte allgemein. Derartige Untersuchungen werden jedoch nicht einfach sein. Fast unüberwindbare Schwierigkeiten bereitet schon die Beantwortung der Frage, ob ein Unternehmer darauf verzichtet, in einen bestimmten Markt

rerseits ist es gerade wegen der Gefahr der marktübergreifenden Effekte von GU für die langfristige Entwicklung des Wettbewerbs nicht zu rechtfertigen, diesen Gesichtspunkt bei wettbewerbspolitischen Überlegungen unbeachtet zu lassen, nur weil diese Gefahr heute nicht empirisch signifikant belegt werden kann. Das würde den Anforderungen an eine präventive Wettbewerbspolitik nicht gerecht. Deshalb soll die Möglichkeit marktübergreifender Effekte durch Plausibilitätsüberlegungen verdeutlicht werden.

### 4. Die Plausibilität der Aussagen von Mead und die Schlußfolgerungen

Mead hatte festgestellt, daß sich die Beteiligung an „joint bidding arrangements" noch nach Beendigung dieser Tätigkeit auf den Wettbewerb auf dem betroffenen Markt auswirkte, daß aber die Zusammenarbeit in einem Fördergebiet keine vergleichbaren Folgen auf anderen regionalen Teilmärkten hatte.

Die Schlußfolgerung, mit der er diesen scheinbaren Widerspruch auflöst, ist von Bedeutung für die hier anstehende Frage nach dem Einfluß einer partiellen Zusammenarbeit auf das Verhalten der beteiligten Unternehmen.

Mead sieht die Erklärung darin, daß für die Abgabe der Gebote auf den verschiedenen regionalen Teilmärkten jeweils andere Mitarbeiter verantwortlich waren. Die Entscheidungsbefugnis in der Aufbauorganisation der beteiligten Unternehmen kann so niedrig angesiedelt sein, daß die Gebote letztlich nicht von der gleichen Person festgelegt werden. Dann sind wegen der Zusammenarbeit auf *einem Markt* keine Folgen für den Wettbewerb auf anderen Märkten zu erwarten, wenn einzelne Personen dort den Ausschlag für das Verhalten im Wettbewerb geben.

Vielleicht erfolgt die Abgabe der Gebote als ein „persönlicher Wettstreit" der beauftragten Mitarbeiter. Das Gebot

einzudringen, weil er an einem GU beteiligt ist und ein anderer Gesellschafter bereits auf diesem Markte tätig ist oder die Aufnahme dieser Tätigkeit beabsichtigt.

eines Beteiligten dürfte den anderen bekannt werden[35]. Unter diesen Umständen könnte die Zurückhaltung verschiedener Bieter gegenüber anderen damit erklärt werden, daß aus der Zeit der Zusammenarbeit persönliche Beziehungen bestehen und daß ein Überbieten als ein Verstoß gegen Regeln angesehen wird, die im Freundeskreis gelten[36].

### 5. Die Intensität der Zusammenarbeit

Persönliche Kontakte können marktübergreifende Effekte zeitigen, wie die vorangehenden Ausführungen darlegen. GU setzen in der Regel eine sehr intensive Zusammenarbeit der Gesellschafter voraus. Anlässe für persönliche Kontakte in den Verhandlungen und Beratungen zwischen den Anteilseignern bieten sich deshalb in großer Zahl[37].

So können gerade GU zu marktübergreifenden Effekten führen.

### 6. Die besonderen Vorteile einer Kooperation auf dritten Märkten als eine die marktübergreifenden Effekte verstärkende Größe

Persönliche Kontakte, die sich aus dem Zusammentreffen von Mitarbeitern aus verschiedenen Gesellschafterunternehmen in dem GU ergeben, können schon allein marktübergreifende Effekte zeitigen. Solche Auswirkungen werden noch wahrscheinlicher, wenn eine weitere Einflußgröße hinzukommt.

Auf einem Markt seien nur zwei Anbieter tätig; die Dypolisten gründeten nun zu irgendeinem Zeitpunkt ein GU,

---

[35] Vergleiche zu diesem Gesichtspunkt Gandenberger, O., Konkurrenzinformation und Wettbewerb, S. 10 ff.

[36] Wenn die Beteiligten sich nur deshalb zurückhalten, weil ihr Überbieten den „befreundeten" Mitbewerbern nicht bekannt werden darf, wäre daran zu denken, den „Preisgabeeffekt" der Konkurrenzinformation bei der Abgabe der Gebote in irgendeiner Weise auszuschalten.

[37] Wie oben beschrieben, bleiben GU sogar oft ohne Erfolg, weil ihre Leitung laufend Konfliktstoff liefert und das intensive Bemühen voraussetzt, diese Spannungen gemeinsam zu beseitigen. (Vergleiche Abschnitt B.II.4.a. „Die Schwierigkeiten der gemeinsamen Leitung eines Unternehmens durch mehrere Gesellschafter" im zweiten Kapitel.)

um auf einem Markte tätig zu werden, der in keiner Verbindung zu ihrer bisherigen Tätigkeit stehe.

Dann ist zu befürchten, daß die beiden Unternehmen sich der Chance bewußt werden, gemeinsam die Marktverhältnisse zu ihren Gunsten auszunutzen, ohne sich weiterhin im Wettstreit miteinander allzusehr anzustrengen.

Zwar könnten sich derartige Absprachen auch ohne die Schaffung von GU ergeben, doch kann gerade die Notwendigkeit des Zusammenkommens und des Miteinanders in Fragen der Kapitalbeschaffung, der Bewertung von Sacheinlagen und so weiter zu zusätzlichen Anreizen für eine Absprache über gemeinsame Strategien führen. Aus diesem Grunde sind gerade solche GU bedenklich, an denen Gesellschafter beteiligt sind, deren Anteile auf einem anderen Markt so groß sind, daß sie ihn beherrschten, würden sie auch dort zusammenarbeiten[38].

## C. Schlußfolgerungen

### I. Zum Charakter der durch marktübergreifende Effekte möglicherweise verursachten Wettbewerbsbeschränkungen

Marktübergreifende Effekte einer Zusammenarbeit drohen vor allem dann, wenn die Kooperationspartner auf dritten Märkten in oligopolistischer Reaktionsverbundenheit stehen.

Wenn die Gesellschafter nur auf Märkten tätig sind, auf denen diese Reaktionsverbundenheit fehlt, so sehen sie wahrscheinlich keinen Widerspruch zwischen einer Zusammenarbeit auf einem Markt und dem Wettbewerbsverhältnis auf dem anderen. Selbst wenn ein solcher Widerspruch empfunden würde, dürften Be-

[38] GU zwischen solchen Gesellschaftern können außerdem einen verhältnismäßig unauffälligen Treffpunkt und Koordinationsstelle für die Festlegung von Absprachen zwischen Konkurrenten darstellen. Darin könnte sogar ein Motiv für die Gründung von GU gesehen werden. Ähnliche Gefahren sieht Hoppmann: „Sofern die im Exportkartell zusammengeschlossenen Unternehmen bei diesen anderen Erzeugnissen einen marktbeherrschenden Marktanteil haben, kann durch Vereinbarung bestimmter Kalkulationsschemata, Verrechnungsmethoden usw. indirekt auch eine zusätzliche Preis- und/oder Mengenregulierung bei diesen anderen Erzeugnissen vorgenommen werden." (Hoppmann, E., Wettbewerbspolitik und Exportkartelle, S. 376.)

schränkungen des Wettbewerbs als Folge marktübergreifender Effekte auf polypolistischen Märkten mit geringerer Wahrscheinlichkeit zu erwarten sein, denn es ist bei einer solchen Marktform für einen Teilnehmer kaum möglich, zugunsten eines anderen zurückzustecken, ohne die eigene Existenz zu gefährden. Sollte er tatsächlich Zugeständnisse machen wollen und können, dürfte sich seine Hilfe nur in einem ganz geringen Ausmaß zugunsten eines bestimmten Unternehmens auswirken.

Wenn vor marktübergreifenden Effekten der Zusammenarbeit gewarnt wird, so darf nicht der Schluß gezogen werden, daß zu erwarten ist, zwei Vielproduktunternehmen würden als Folge der Zusammenarbeit in GU den Einsatz aller Aktionsparameter auf anderen Märkten abstimmen. In großen, stark diversifizierten Unternehmen werden sich solche Übereinkünfte vielleicht weniger in Absprachen über bestimmte Preise und so weiter niederschlagen. Eher ist zu befürchten, daß die GU solche Aktionsparameter abstimmen, deren Koordinierung nur die Mitwisserschaft weniger Mitarbeiter voraussetzt[39]. Diese Überlegung spricht dafür, daß die zu befürchtenden marktübergreifenden Effekte vor allem *strategische* Entscheidungen berühren, wie die über bedeutende Kapazitätsveränderungen oder über den Eintritt in weitere Märkte, und gerade das ist wettbewerbspolitisch sehr bedenklich.

In der wettbewerbspolitischen Literatur wird die Auffassung vertreten, daß große Konglomerate den Wettbewerb untereinander weitgehend zu vermeiden suchen und eine Politik des „live and let live" betreiben[40]. Haager sieht die Gefahr, daß es „gar nicht zu einem Zusammentreffen zweier

39 Allzu viele Mitwisser können aus zwei Gründen ungelegen sein: Einmal wächst mit ihrer Zahl die Gefahr, daß die Absprachen bekannt werden. Außerdem kann man sich vorstellen, daß es nicht der Förderung des Ansehens der Vorgesetzten dient, wenn ihre untergeordneten Mitarbeiter erfahren, daß sie sich in wettbewerbsbeschränkende Absprachen einlassen.

40 „... there is an incentive to live and let live, to cultivate a cooperative spirit, and to recognize priorities of interest in the hope of reciprocal recognition." (Edwards, Corwin D., Conglomerate Bigness as a Source of Power, in: Business Concentration and Price Policy/A Conference of the Universities-National Bureau Committee for Economic Research, Princeton 1955, S. 335.) Vergleiche auch Blair, J. M., S. 48 ff.

Konglomerate auf einem Markte kommen (wird), da schon vorher eine ‚allocation of fields' vereinbart wurde"[41].

Wenn dies gilt, ist die Gefahr noch größer, sobald die betreffenden Unternehmen durch GU verbunden sind. Das „Clearing" der Interessen könnte vor allem auch dazu führen, daß neue Märkte wiederum nur über GU betreten werden, obwohl die Gesellschafter diesen Schritt auch im Alleingang hätten vollziehen können[42].

## II. Kriterien zur Einschränkung von marktübergreifenden Effekten der Zusammenarbeit

GU können als Folge von marktübergreifenden Effekten der Zusammenarbeit den Wettbewerb zwischen den Gesellschaftern auch auf dritten Märkten beschränken. Deshalb sind auch GU solcher Gesellschafter bedenklich, die außerhalb des GU im Wettbewerb miteinander stehen und dort wesentliche Marktanteile halten.

Wie schon bei der gemeinsamen Ausgliederung soll hier die Frage unbeachtet bleiben, wie groß die Summe der Anteile beider Gesellschafter auf irgendeinem dritten Markt genau sein darf, damit ein GU nicht bedenklich ist. Da es sich hier um mehr mittelbare Auswirkungen handelt, dürfte eine mildere Behandlung gerechtfertigt sein, verglichen mit der von gemeinsamen Ausgliederungen.

Angesichts der Gefahr marktübergreifender Effekte scheint es zumindest angebracht, GU solcher Gesellschafter zu verhindern, denen es möglich wäre, dritte Märkte zu beherrschen, wenn sie sich entschlössen, auch dort den Wettbewerb

---

41 Haager, Klaus, Die konglomerate Konzentration als Problem der Wettbewerbspolitik, Dissertation Marburg 1971, S. 100.

42 Untersuchungen in den Vereinigten Staaten haben gezeigt, daß bestimmte Branchen von einem ganzen Netz von GU überzogen sind, die die Struktur der betroffenen Märkte grundlegend verändert haben. (Vergleiche Fusfeld, Daniel R., Joint Subsidiaries in the Iron and Steel Industry, American Economic Review Band 48, Stanford 1958, Papers and Proceedings of the Seventieth Annual Meeting of the Economic Association S. 578, und Dixon, Paul Rand, Joint Ventures: What is their Impact on Competition?, in: Antitrust Bulletin, Band 7, New York 1962, S. 397 ff.) Über Verflechtungen durch GU in der Petroleumindustrie berichtet Shepherd (Shepherd, William G., Market Power and Economic Welfare/An Introduction, New York 1970, S. 135 f.) Zu GU in der Glasindustrie vergleiche Dixon, Paul R., S. 397 ff.

gegeneinander aufzugeben und statt dessen zusammenzuarbeiten. Dabei ist auch dem potentiellen Wettbewerb zwischen den Gesellschaftern auf Tätigkeitsgebieten außerhalb des GU Rechnung zu tragen, was wiederum wesentlich schwerer fallen dürfte als die Bannung der Gefahren, die sich auf dritten Märkten für den aktuellen Wettbewerb zwischen den Gesellschaftern ergeben.

Bei der Beurteilung eines GU ist also auch in Rechnung zu stellen, ob seine Gesellschafter auf dritten Märkten im Wettbewerb miteinander stehen. Wenn dieser Forderung in der Praxis entsprochen wird, dann werden möglicherweise auch die folgenden Wettbewerbsbeschränkungen verhindert. GU können, wie Lenel vermutet, der Schlußstein in einem Gewölbe von mehreren Wettbewerbsbeschränkungen sein[43]. Ohne das GU als letzte Wettbewerbsbeschränkung wäre das ganze Gewölbe auf Dauer möglicherweise instabil. Ebenso ist es denkbar, daß ein GU als Faustpfand gegründet wird, um das Verhalten im Wettbewerb auf dritten Märkten zu regeln, da man nach Grossekettler „über den Austausch solcher Faustpfänder ... die Interessen harmonisieren kann“[44].

Nach beiden Überlegungen kann ein GU die Haupt- oder Nebenaufgabe haben, Beschränkungen des Wettbewerbs auf dritten Märkten aufrechtzuerhalten oder herbeizuführen.

Der Verfasser fordert, solche GU zu verhindern, deren Gesellschafter auf dritten Märkten über wesentliche Marktanteile verfügen oder potentielle Wettbewerber sind. Wenn dieser Vorschlag verwirklicht wird, würde nicht nur die Wahrscheinlichkeit von Wettbewerbsbeschränkungen zwischen solchen Gesellschaftern vermindert, die in erster Linie andere als wettbewerbsbeschränkende Ziele anstreben[45]. Den

43 Vergleiche Lenel, H. O., Die Problematik der Kartelle und Syndikate, S. 206.

44 Grossekettler, H., Macht, Strategie und Wettbewerb, S. 241.

45 Auf diesen Annahmen bauen im wesentlichen die bisherigen Ausführungen über marktübergreifende Effekte der Zusammenarbeit auf. Vielleicht entspricht es nicht den Tatsachen, wenn man unterstellt, daß die Unternehmer sich nur in geringem Maße von strategischen Überlegungen leiten lassen. Die Ausführungen oben sollen aber gerade zeigen, daß Maßnahmen, die marktübergreifende Effekte verhindern, auch solche Wett-

Unternehmen, die solche Ziele bewußt verfolgen, würde außerdem eine Möglichkeit zu ihrer Erreichung genommen.

*Viertes Kapitel*

# Wettbewerbsbeschränkende Auswirkungen von Gemeinschaftsunternehmen auf außenstehende Unternehmen im Parallelprozeß

## A. Einschränkungen der Entscheidungsfreiheit Außenstehender

Damit Vorstöße zustandekommen, die ihrerseits Wettbewerbsprozesse auslösen, ist auf der einen Seite der Wille zum Wettbewerb, der „spirit of competition", notwendig. Auf der anderen Seite muß aber auch die Fähigkeit bestehen, diesen Willen in die Tat umzusetzen[1]. Der Schutz der Entscheidungsfreiheit von aktuellen oder potentiellen Marktteilnehmern ist deshalb eine besonders wichtige Aufgabe der Wettbewerbspolitik.

Abgesehen von den im zweiten und dritten Kapitel erörterten Auswirkungen können GU auch dann zur Beschränkung des Wettbewerbs beitragen, wenn sie die Entscheidungsfreiheit außenstehender Unternehmen über Gebühr beeinträchtigen und damit deren Fähigkeit vermindern, Aktionsparameter unabhängig einzusetzen.

Im folgenden ist der Frage nachzugehen, auf welchen Wegen GU „Hemmnisse"[2] verursachen können, die die ge-

---

bewerbsbeschränkungen weniger wahrscheinlich machen, die auf strategischen Überlegungen beruhen.

[1] „Ohne die Freiheit zur Initiative kommt kein Prozeß in Gang, ohne die zur Imitation kommt der Prozeß zum Erliegen, erfährt keine Ausdehnung." (Giesel, H. B., S. 35, Anmerkung 86.)

[2] Grossekettler definiert Hemmnisse im Investitionswettbewerb als „Menge aller beobachtbaren Tatbestände, von denen man vermuten kann, daß sie die Investitionskalküle der potentiellen Investoren eher negativ beeinflussen und deshalb dazu beitragen, daß ein objektiver Beobachter eher mit niedrigeren als mit höheren Investitionen rechnet". (Grossekettler, Heinz, Die Wachstumselastizität des Angebots/Eine mikroökono-

nannten ungünstigen Folgen zeitigen. Dabei wird nicht von einer bestimmten Marktform ausgegangen. Im Mittelpunkt des Interesses stehen auch nicht die *absoluten* Hemmnisse, sondern solche Wettbewerbsbeschränkungen, die subjektiv die Bereitschaft zum unabhängigen Einsatz von Aktionsparametern vermindern, ohne die Freiheit, sie zu verwenden, objektiv auszuschließen. Um Hemmnisse zu schaffen, bedarf es auch nicht der ausdrücklichen Absicht bisheriger Marktteilnehmer, Einfluß auf die Entscheidungen von Konkurrenten zu nehmen[3].

GU können auf das Verhalten *aktueller* Marktteilnehmer wirken, sie sind aber auch geeignet, Marktzugangsschranken gegen *potentielle* Wettbewerber zu schaffen. Da es darum geht, die möglichen Ursachen für Hemmnisse herauszuarbeiten, und die Vermutung naheliegt, daß es im wesentlichen die gleichen Gründe sind, derentwegen ungünstige Auswirkungen entweder auf aktuelle oder potentielle Konkurrenten zu befürchten sind, wird unten nicht streng zwischen diesen beiden Gruppen von Wettbewerbern unterschieden. Maßgebend dafür, ob ein Hemmnis vorliegt, ist allein, daß die Entscheidungsfreiheit potentieller oder aktueller Marktteilnehmer vermindert wird, sei es mit oder ohne Absicht.

Die Entscheidungsfreiheit außenstehender Unternehmen kann beeinträchtigt werden, wenn ein Anbieter eine überragende Stellung auf einem Markt hat. Letztere kann darauf zurückgehen, daß mehrere Unternehmen im Rahmen einer gemeinsamen Ausgliederung bedeutende Marktanteile auf ein GU übertragen haben.

Solche gemeinsamen Ausgliederungen können also *unmittelbar* zur Verschlechterung der Situation der Marktgegenseite führen, wenn an der Stelle mehrerer Gesellschafter nur noch *ein* GU tätig

---

mische Analyse der Programmsteuerung des Kapazitätswachstums durch den Investitionswettbewerb alter und neuer Anbieter, unveröffentlichte Habilitationsschrift, Mainz 1974, S. 91.) Die folgende Untersuchung bezieht sich nicht nur auf Einschränkungen im Einsatz des Aktionsparameters „Investitionen", es geht vielmehr um die Suche nach Hemmnissen für den unabhängigen Einsatz von Aktionsparametern allgemein.

[3] Zu den verschiedenen Gruppen möglicher Hemmnisse vergleiche Grossekettler, H., Die Wachstumselastizität, S. 93 ff.

ist. Das war im zweiten Kapitel zu zeigen. Die Zusammenfassung großer Marktanteile kann darüber hinaus *mittelbar* die Zahl der Alternativen gering halten, weil die entstandene überragende Stellung außenstehende Unternehmen im unabhängigen Einsatz von Aktionsparametern hemmt. Der Marktanteil der Gesellschafter ist deshalb ein Kriterium für die Beurteilung von gemeinsamen Ausgliederungen, wie bereits im zweiten Kapitel ausgeführt wurde. Hier sollen weitere Kriterien zur Erfassung des wettbewerbsbeschränkenden Einflusses von GU gesucht werden.

## B. Die Stellung der Gesellschafter auf anderen Märkten als Ursache von Hemmnissen auf dem Markt des Gemeinschaftsunternehmens

### I. Vertikale Gemeinschaftsunternehmen

Es sei vorausgesetzt, daß sich zwei Konkurrenten dazu entschließen, ihre Erzeugnisse, die sie bisher an Dritte verkauft haben, mit Hilfe eines neuerrichteten vertikalen GU selbst weiterzuverarbeiten. Diese Entscheidung und ihre Ausführung können in mehrfacher Weise Auswirkungen zeitigen, die die Erreichung der Ziele des Wettbewerbs in Frage stellen. Zwei der Wege, auf denen diese Folge eintreten kann, wurden oben dargestellt[4].

Darüber hinaus werden aber bisherige Abnehmer nach der Aufnahme der Weiterverarbeitung im GU möglicherweise von wesentlichen Bezugsquellen abgeschnitten[5]. Je nach der Zahl und dem Gewicht der Alternativen kann sich dieser Ausschluß sehr nachteilig für außenstehende Unternehmen auswirken.

---

[4] Wie im zweiten Kapitel ausgeführt, kann eine Wettbewerbsbeschränkung darin zu sehen sein, daß die Gesellschafter sich ihrer Handlungsfreiheit begeben und ein GU gegründet haben, obwohl sie die Aufnahme der betreffenden Tätigkeit auch im Alleingang gewagt hätten. Auch sind vielleicht marktübergreifende Effekte der Zusammenarbeit zu befürchten. Vergleiche dazu die Ausführungen im dritten Kapitel.

[5] „Insoweit ausschließliche Lieferbeziehungen im Verhältnis Gemeinschaftsunternehmen — Gesellschafterunternehmen bestehen, sind — wie immer in Fällen vertikaler Integration — die Absatzchancen und die Versorgungsquellen unabhängiger Produzenten oder Weiterverarbeiter der vergemeinschafteten Produktion entsprechend eingeschränkt." (Spilker, H.-M., S. 52.)

Unternehmen, die von den Gesellschaftern weiter beliefert werden, sehen sich einem disproportional integrierten Lieferanten-Konkurrenten gegenüber[6]. Unter diesen Umständen können die Konkurrenten des GU durch hohe Abgabepreise bei den Gesellschaftern und niedrige Verkaufspreise des GU „in die Zange genommen" werden[7].

Deshalb kann sich die Aufnahme der Tätigkeit durch dieses GU als Hemmnis auswirken, das die Entscheidungsfreiheit dritter Unternehmen vermindert[8]. Ausschlaggebend ist die Stellung der Gesellschafter auf dem angrenzenden Markt[9], die Marktzugangsschranken schaffen[10] und das Verhalten aktueller Marktteilnehmer zum Nachteil der Marktgegenseite beeinflussen kann.

---

6 Disproportionale vertikale Integration „ist ... gegeben, wenn ein integriertes Unternehmen auf den verschiedenen Stufen seiner Geschäftstätigkeit verschieden große Kapazitäten besitzt, so daß es gegenüber gewissen anderen Unternehmen auf mindestens einer Stufe als Lieferant oder Abnehmer, auf einer anderen aber als Konkurrent auftritt." (Zohlnhöfer, Werner, Wettbewerbspolitik im Oligopol/Erfahrungen der amerikanischen Antitrustpolitik, Basel und Tübingen 1968, S. 36.) Auf diesen Sachverhalt hat Corwin D. Edwards (derselbe, Maintaining Competition, S. 98) aufmerksam gemacht.

7 Vergleiche Lenel, H. O., Ursachen, S. 165. Vergleiche zu der Abhängigkeit eines Unternehmens von einem bestimmten Lieferanten auch Berzau, Heinz, Die Selbständigkeit von Unternehmen im Wettbewerb und ihre Beschränkung durch vertikale Abhängigkeiten. Dissertation Berlin 1969, S. 143 ff.

8 Der hier beschriebene Fall wäre nach Grossekettler als indirekt wirkende generelle Barriere der Insider anzusehen. (Vergleiche derselbe, Die Wachstumselastizität, S. 93.) Grossekettler unterscheidet fünf verschiedene Ursachen, die ein solches Hemmnis bewirken können (ebenda, S. 100), wie zum Beispiel Ertragsschmälerungen oder Kostenerhöhungen. Unter den oben beschriebenen Voraussetzungen sind alle diese fünf Ursachen (Fall H 1.1 bis H 1.5) möglich.

9 Dabei kommt es entscheidend auf die besonderen Gegebenheiten des einzelnen Falles an. So können auch die bisherigen Abnehmer den Schritt der Gesellschafter in die Weiterverarbeitung mit der Gründung eines GU beantworten, in dem sie die bisher bezogenen Vorprodukte selbst herstellen.

10 Vergleiche Klaue, S., u. a., S. 24; Lenel, H. O., Ursachen, S. 242 ff., und Johag, Herbert, Gemeinschaftsunternehmen und nationale Fusionskontrolle, Dissertation Köln 1974, S. 98 f.

## II. Konglomerate Gemeinschaftsunternehmen

Außenstehende Unternehmen können jedoch auch durch die Schaffung von GU, die nicht in Liefer- und Leistungsbeziehungen mit den Gesellschaftern stehen — hier sei die gemeinsame Neuerrichtung eines konglomeraten GU vorausgesetzt — in ihrer Entscheidungsfreiheit beeinträchtigt werden. Die Stellung auf einzelnen Märkten kann es den beteiligten Unternehmen nämlich erlauben, einem GU auch auf anderen Wegen über den Einsatz dieser Macht Vorteile zu verschaffen[11].

So sind Unternehmen möglicherweise in der Lage, ihre Geschäftspartner dazu anzuhalten, daß sie dem GU bei der Belieferung oder dem Kauf den Vorrang geben. Oft wird dann beispielsweise die Belieferung durch die Gesellschafterunternehmen von der Abgabe bestimmter Waren durch den jeweiligen Kunden an ein GU abhängig gemacht. Ähnlich handelt ein Unternehmer, der bei Verhandlungen über den Einkauf darauf dringt, daß der Verkäufer bestimmte Leistungen von einem GU bezieht. Da in beiden Fällen ein Kauf mit einem Verkauf verbunden wird, bezeichnet man solche Geschäfte als „reciprocal buying" oder als „reciprocal dealing".

Auch kann ein Gesellschafter die Abgabe verhältnismäßig knapper Güter vom Bezug anderer Waren abhängig machen, die ein GU anbietet. Wie in diesem Fall spricht man von „Kopplungsgeschäften", wenn ein Abnehmer, der wesentliche Teile seiner Bezüge von einem bestimmten Unternehmen bezieht, dieses vor die Alternative stellt, entweder auch ein GU zu beliefern oder auf ihn als Geschäftspartner ganz zu verzichten.

Aktuelle oder potentielle Konkurrenten von GU können aber auch noch auf anderem Wege zur Zurückhaltung im Wettbewerb mit dem GU veranlaßt werden. So kann bereits

---

[11] Solche Beschränkungen des Wettbewerbs sind im Zusammenhang mit der Frage nach dem wettbewerbsbeschränkenden Einfluß konglomerater Unternehmenszusammenschlüsse erörtert worden. (Vergleiche Edwards, C. D., Conglomerate Bigness, S. 340 ff., oder Dubois, Jean Pierre, La position dominante et son abus dans l'article 86 du traité de la CEE, Paris 1968, S. 148 f. und S. 153 ff.)

die Tatsache, daß die Anteilseigner über große finanzielle Reserven verfügen, Anlaß für Befürchtungen anderer Unternehmer sein, daß diese Mittel irgendwann einmal einem GU zur Verfügung gestellt werden. Auch diese Erwartung mag ein Anlaß für potentielle Wettbewerber sein, auf den Eintritt in den Markt zu verzichten, der von einem GU solcher Gesellschafter bedient wird.

## C. Gemeinschaftsunternehmen als vertikale Bindeglieder zwischen mehreren Gesellschaftern und ihre besonderen Auswirkungen auf die Stellung der Gesellschafter selbst

Die Otto Wolff-Gruppe und die August Thyssen-Hütte leiten und besitzen gemeinsam die Rasselstein AG[12]. Thyssen beliefert dieses GU mit Vorprodukten, Rasselstein fertigt Weißblech und vertreibt es über den zweiten Gesellschafter, die Otto Wolff-Gruppe. In ähnlicher Weise könnte in der Zukunft die Union Rheinische Braunkohlen Kraftstoff im Leistungsfluß zwischen den Gesellschaftern zwischengeschaltet sein, wenn sie Braunkohlegas aus den Lieferungen des einen Gesellschafters, der Rheinischen Braunkohlenwerke AG, gewinnt und dieses von dem anderen Gesellschafter, den Farbwerken Hoechst, weiterverarbeitet wird[13].

Diese beiden Beispiele sollen lediglich zeigen, daß die im folgenden angestellten Überlegungen über GU, die im Leistungsfluß zwischen zwei Gesellschafter eingeschaltet sind, nicht nur Gedankenexperimente sind, sondern notwendig werden können. Die Ausführungen beziehen sich nicht auf diese lediglich erläuternden Beispiele, dazu wäre eine wesentlich eingehendere Untersuchung notwendig. Es sei auch ausdrücklich festgehalten, daß die beiden GU keiner Beurteilung unterzogen werden.

GU der genannten Art können sowohl durch gemeinsame Neuerrichtung als auch durch gemeinsame Ausgliederung zustande kommen.

---

12 Vergleiche wer gehört zu wem, S. 567 und S. 209.

13 Vergleiche ebenda, S. 718.

Angenommen, ein Hersteller eines bestimmten Vorproduktes beschließe, gemeinsam mit einem Handelsunternehmen ein GU zu errichten, das aus dem Vorprodukt Güter herstellen soll, deren Absatz das auf solche Aufgaben spezialisierte Handelsunternehmen übernehmen will.

Die Entscheidungsfreiheit außenstehender Unternehmen kann unter diesen Bedingungen auf mehreren Stationen des Leistungsflusses eingeschränkt werden. Auf der Stufe des GU kann sich sowohl die Stellung des Vorproduktherstellers auf seinem Markte als auch die der Warenhauskette in der Beschaffung oder im Absatz niederschlagen. Wie oben dargestellt[14], kann die Ballung der Ressourcen zweier Gesellschafter dritte Unternehmen dazu veranlassen, die Tätigkeit des GU nicht aufzunehmen oder, wenn sie das bereits getan haben, Vorstöße gegen das GU zu unterlassen.

Darüber hinaus ergibt sich aber in dem vorliegenden Falle eine zusätzliche Gefahr: Für die aktuellen oder potentiellen Konkurrenten *des* Gesellschafters, der die Vorprodukte herstellt, kann ebenfalls Anlaß zur Zurückhaltung gegeben sein, und zwar dann, wenn das andere Gesellschafterunternehmen über die wesentlichen Kanäle für den Absatz der in dem GU hergestellten Produkte verfügt. Analog entstehen Hemmnisse für die Wettbewerber des Vertriebsunternehmens, wenn etwa das andere Gesellschafterunternehmen wesentlichen Einfluß auf den Zugang zu den Stoffen hat, die für die Herstellung des Vorproduktes notwendig sind. Ähnliche Folgen wären auch dann zu erwarten, wenn die Gesellschafter die dem GU zugewiesene Tätigkeit bisher unabhängig voneinander betrieben hätten und sie nun gemeinsam weiterführen würden. Auch in diesem Falle können sich aktuelle und potentielle Wettbewerber des GU durch dessen Schaffung in ihrer Entscheidungsfreiheit beeinträchtigt sehen, weil das GU nun in den Genuß der Macht *beider* Gesellschafter auf den vor- beziehungsweise nachgelagerten Märkten gelangen kann. Auf der Stufe der Gesellschafter können sich je nach den besonderen Bedingungen des einzelnen Falles

---

[14] Vergleiche dazu Punkt B. I. dieses Kapitels.

ähnliche Auswirkungen ergeben wie bei der auf der vorhergehenden Seite beschriebenen gemeinsamen Neuerrichtung.

GU können demnach wettbewerbshemmend wirken, weil sie Anlaß zu der Vermutung geben, die Ressourcen mehrerer Gesellschafter könnten zugunsten der gemeinsamen Tochter eingesetzt werden. Darüber hinaus besteht die Gefahr, daß vertikale GU der zuletzt beschriebenen Art zumindest hinsichtlich bestimmter Produktionen wie ein vertikaler Zusammenschluß der beteiligten Gesellschafter wirken, wenn sich außenstehende Unternehmen, wie oben beschrieben, auf jeder Stufe einem Glied einer ganzen Kette gegenüber sehen. Solche Hemmnisse können demnach auftreten, ohne daß die Gesellschafter tatsächlich zusammengeschlossen sind.

Ähnliche Auswirkungen sind auch vorstellbar, wenn das GU nicht in der oben beschriebenen Weise in den güterwirtschaftlichen Prozeß zwischen den Gesellschaftern eingeschaltet wird. Der Verfasser sieht aber nach dem derzeitigen Stand der Erfahrung keine ausreichenden Anhaltspunkte dafür, bei der Beurteilung zu unterstellen, daß sich auch in diesem Falle die Ressourcen eines Gesellschafters zugunsten des anderen auswirken, denn die Gesellschafter sind in der Regel rechtlich selbständige Unternehmen.

## D. Die Tätigkeit der Gesellschafter auf mehreren Märkten als Ursache von Hemmnissen

Die Aufnahme zusätzlicher Tätigkeiten mit Hilfe von GU kann den Wettbewerb wie oben beschrieben vermindern, indem außenstehende Unternehmen Anlaß zu der Befürchtung sehen, die gegebene Macht der Gesellschafter könne nun auf dem Markt des GU eingesetzt werden. Umgekehrt verschafft der Vorstoß mit Hilfe eines GU in neue Tätigkeitsgebiete den Gesellschaftern möglicherweise zusätzliche Macht.

So ist es vorstellbar, daß die Gründung eines vertikalen GU auf der den Gesellschaftern nachgelagerten Stufe auch den Marktzugang auf der Stufe der Gesellschafter erschwert.

Dies ist der Fall, wenn die potentiellen Konkurrenten der Gesellschafter erwarten, daß sie nur dann erfolgreich gegen die Gesellschafter bestehen können, wenn sie neben deren Tätigkeit auch die des GU auf der nachgelagerten Stufe aufnehmen[15].

Ähnliche Auswirkungen sind auch dann denkbar, wenn zwischen einem GU und seinen Gesellschaftern keine Liefer- und Leistungsbeziehungen bestehen. Ausgangspunkt ist die Überlegung, daß auch „aus konglomerater Größe wirtschaftliche Macht resultieren kann"[16].

Wenn sich dieser Gedanke auf GU übertragen läßt, dann könnten GU auch allein dadurch Hemmnisse schaffen, daß die Gesellschafter mit ihrer Hilfe auf mehreren Märkten tätig werden[17]. In dieser Untersuchung war es jedoch nicht möglich, Kriterien zu nennen, mit deren Hilfe diese Gefahr zu verhindern ist. Möglicherweise werden solche Beschränkungen des Wettbewerbs aber bereits dadurch weniger wahrscheinlich, daß bestimmte Bedingungen, an deren Erfüllung ihr Auftreten geknüpft ist, in geringerem Maße zur Geltung kommen, wenn die in den vorangehenden Kapiteln genannten Kriterien bei der Beurteilung von GU angewandt werden.

So ist es nach Gutowski eine Voraussetzung für die oben beschriebene Gefahr, daß die beteiligten Unternehmen auf mehreren Märkten über nennenswerte Marktanteile verfügen[18]. Deshalb könnten solche Wettbewerbsbeschränkun-

---

[15] Vergleiche Gutowski, A., Konglomerate Unternehmensgröße, S. 15.

[16] Ebenda, S. 30.

[17] Zu den Bedingungen, die dazu erfüllt sein müssen, vergleiche ebenda, S. 30 f.

[18] „Voraussetzung seiner wirtschaftlichen Macht (der des konglomeraten Großunternehmens — Einfügung des Verfassers) ist, daß es auf einigen ... der von ihm bedienten Märkte einen nicht unbedingt hohen, aber doch nennenswerten Marktanteil hat, der auf ‚economies of scale' beruht. Ferner müssen die potentiellen Konkurrenten zu der Annahme Anlaß haben, daß der oder die bisherigen Anbieter an der Aufrechterhaltung ihres Angebots deshalb interessiert sind, weil sie im Falle eines Ausscheidens aus dem Angebot oder vielleicht nur im Falle eines Rückgangs ihres Anteils auf diesem Markt befürchten, daß sich — angeregt durch den Erfolg eines neuen Anbieters auf einem Markt — andere potentielle Anbieter zum Eindringen in die anderen Märkte ermutigt fühlen könnten." (Gutowski, A., Konglomerate Unternehmensgröße, S. 30 f.)

gen bereits durch Maßnahmen erschwert werden, die die Erschließung zusätzlicher Märkte durch solche Unternehmen behindern, die auf einem Markte verhältnismäßig bedeutend sind. Solche Maßnahmen wurden in den vorangehenden Abschnitten gefordert, da sich andernfalls die Stellung auf einem Markte durch Zangenpolitik oder Kopplungs- beziehungsweise Reziprozitätsgeschäfte auch auf den zusätzlichen Tätigkeitsgebieten auswirken kann.

Zur genaueren Bestimmung der Kriterien, die der Verfasser für notwendig erachtet, um die wettbewerbspolitisch bedenklichen Auswirkungen der Übertragung von Macht aus einem Markt in einen anderen mit Hilfe von GU einzuschränken, sei auf das folgende Kapitel verwiesen[19].

*Fünftes Kapitel*

# Zusammenfassung der Ergebnisse des ersten Teils: Kriterien zur Beurteilung von Gemeinschaftsunternehmen

## A. Von der isolierten Betrachtung zur Gesamtbeurteilung

Die analytische Betrachtung ging davon aus, daß GU den Wettbewerb auf drei Wegen beschränken können. Es sind danach drei Gründe, derentwegen ein GU möglicherweise wettbewerbspolitisch bedenklich ist.

Der erste ist die im zweiten Kapitel beschriebene Gefahr der Ausschaltung von aktuellem oder potentiellem Wettbewerb zwischen den Gesellschaftern auf dem Tätigkeitsgebiet des GU.

Dadurch kann die Wahlfreiheit der Marktgegenseite verringert werden. So sinkt ceteris paribus die Zahl der Alternativen, die der Marktgegenseite zur Verfügung stehen, wenn die Gesellschafter bisher ausgeübte Tätigkeiten durch

---

[19] Vergleiche dazu die Ausführungen zu dem dritten und vierten Kriterium in Punkt B. des fünften Kapitels.

eine gemeinsame Ausgliederung zusammenfassen oder wenn mehrere von ihnen den Alleingang gewagt hätten, falls es nicht zur gemeinsamen Neuerrichtung eines GU gekommen wäre. Zugleich kann sich eine wettbewerbspolitisch bedenkliche Konzentration auf dem Markt des GU ergeben, wenn es diesem gelingt, dort große Anteile seiner Gesellschafter zu übernehmen. Ein solcher Vorgang hätte außer diesen unmittelbaren Auswirkungen im Austauschprozeß möglicherweise aber auch mittelbare im Parallelprozeß, wenn die starke Stellung eines GU dort das Verhalten der aktuellen oder potentiellen Konkurrenten beeinflußt.

Unabhängig davon, ob ein GU durch gemeinsame Ausgliederung oder Neuerrichtung zustande kommt, kann es sich auch aus anderen Gründen auf die Entscheidungsfreiheit außenstehender Unternehmen im Parallelprozeß auswirken. Dies war im vorangehenden Kapitel zu zeigen.

Schließlich ergaben die Ausführungen des dritten Kapitels, daß GU marktübergreifende Effekte zeitigen können. Deshalb droht die Gefahr, daß eine Zusammenarbeit im GU nicht ohne Auswirkungen auf das Verhalten der Gesellschafter im Wettbewerb miteinander auf dritten Märkten bleibt.

Um diesen drei Gefahren Rechnung zu tragen, ist eine Gesamtbeurteilung notwendig, indem ein GU beispielsweise nacheinander auf jede der drei genannten Gefahren hin überprüft wird. Ein GU ist im Hinblick auf die Sicherung des Wettbewerbs nur dann unbedenklich, wenn sich aus keinem der drei Gründe Einwände ergeben. Der Beurteilungsrahmen für GU sieht deshalb vor, GU in einer Gesamtbeurteilung auf ihren wettbewerbsbeschränkenden Einfluß hin zu untersuchen. Um den Rahmen für die Gesamtbeurteilung mit Inhalt zu füllen, sind die im Laufe der Untersuchung herausgestellten Kriterien zusammenzufassen.

## B. Die Kriterien im Rahmen der Gesamtbeurteilung

Aussagen über den wettbewerbsbeschränkenden Einfluß bestimmter wettbewerbspolitischer Erscheinungen sind nur nach dem jeweils gegebenen Stand der Erkenntnis möglich.

Aus diesem Grunde können die unten angegebenen Kriterien weder unbegrenzt gültig noch absolut richtig sein. Sie bedürfen weiterer kritischer Untersuchungen und sind ergänzungsbedürftig. Gerade für solche Ergänzungen ist die vorgeschlagene Untersuchung des wettbewerbsbeschränkenden Einflusses von GU in mehreren Teilschritten jedoch geeignet. Neue Erkenntnisse im Hinblick auf einen der verschiedenen Wege der Wettbewerbsbeschränkung können nämlich berücksichtigt oder weitere Wege hinzugefügt werden, sofern neue Erkenntnisse dies erforderlich erscheinen lassen, ohne das Gesamtkonzept einer grundlegenden Änderung unterwerfen zu müssen.

Der Verfasser hält die folgenden Kriterien für unabdingbar zur Beurteilung von GU:

Das ist erstens der Anteil der Gesellschafter auf dem von dem GU zu bedienenden Markt[1].

Es ist nicht auszuschließen, daß im Einzelfall eine Abwägung notwendig wird, wenn Besonderheiten der betreffenden Branche wie economies of scale Verbesserungen im Hinblick auf die Marktversorgung möglich erscheinen lassen, auch wenn zu ihrer Erreichung die Handlungsfreiheit der zusammenarbeitenden Unternehmen beschränkt wird und sich ein Marktanteil ergibt, der den kritischen Wert übersteigt. Allerdings bliebe zu überprüfen, ob es Wege gibt, die Wahlfreiheit der Marktgegenseite trotz einer solchen Konzentration zu erhalten. So könnten vielleicht bisher abgeschlossene regionale Märkte geöffnet werden.

Bei der Festlegung des Marktanteiles, der gerade noch durch gemeinsame Ausgliederungen erreicht werden darf, um gesamtwirtschaftlich nachteilige Auswirkungen der Ausschaltung des Wettbewerbs zwischen den Gesellschaftern zu verhindern, ist auch die Bedeutung großer Marktanteile im Parallelprozeß in Rechnung zu stellen, denn sie können dort die Entscheidungsfreiheit außenstehender Unternehmen einschränken.

Selbst wenn die Gesellschafter bisher auf dem von dem GU zu bedienenden Markt überhaupt nicht tätig waren, so ist nicht auszuschließen, daß die Schaffung eines GU die Intensität des Wettbewerbs verringert, denn die Gesellschafter

---

[1] Zu dem Wert des Anteils, der durch gemeinsame Ausgliederungen höchstens erreicht werden darf, vergleiche die Ausführungen im Abschnitt B.II.5. des zweiten Kapitels.

können ihren Einfluß als potentielle Wettbewerber durch die Zusammenarbeit einbüßen. Welche Schwierigkeiten auftreten, wenn solche theoretisch möglichen Wettbewerbsbeschränkungen im einzelnen Fall festzustellen und nachzuweisen sind, war oben dargestellt[2]. Gerade zu dieser Frage sind noch eingehendere Untersuchungen notwendig. Der Verfasser hält es allenfalls für möglich, eine Generalformel einzufügen, die vorschreibt, daß auch Beschränkungen des Wettbewerbs auf diese Weise nicht in jedem Ausmaß möglich sein sollten. Bei der Erörterung des dritten Kriteriums zur Beurteilung von GU ist auf diese Beschränkungen potentiellen Wettbewerbs noch einmal zurückzukommen.

Als zweites Kriterium für die Beurteilung ist die Phase des betreffenden Marktes anzusehen[3]. Gemeinsame Ausgliederungen oder Neuerrichtungen können auf Märkten, die sich in den frühen Stadien der Entwicklung befinden, großzügiger geduldet werden. Es ist jedoch zugleich Sorge dafür zu tragen, daß der Zugang für außenstehende Unternehmen offenbleibt und die Struktur nicht auch für die späteren Phasen eindeutig vorgeprägt ist.

Die beiden ersten Kriterien berücksichtigen lediglich Gegebenheiten des Marktes, auf dem das zu beurteilende GU tätig wird. Wie im vierten Kapitel ausgeführt, ist es notwendig, von der engen Einmarktbetrachtung abzugehen, wenn den möglichen Gefahren für die Sicherung des Wettbewerbs Rechnung getragen werden soll. Ausgehend von der Überlegung, daß GU es erlauben, die Macht der Gesellschafter auf andere Märkte zu übertragen, ist zu untersuchen, ob durch die Schaffung eines bestimmten GU Einschränkungen der Entscheidungsfreiheit Außenstehender zu befürchten sind. Anhaltspunkte dafür bietet die Stellung der Gesellschafter auf dritten Märkten als drittes Kriterium zur Beurteilung von GU. Deshalb ist davon auszugehen, daß der gemeinsamen Tochter die Ressourcen aller Gesellschafter zugute kommen[4].

---

[2] Vergleiche dazu die Ausführungen in Punkt C.II. des zweiten Kapitels.

[3] Vergleiche Heuß, A., Allgemeine Markttheorie.

Der Schutz der Entscheidungsfreiheit Dritter ist nicht als eine absolute Forderung anzusehen. Die Strenge des Vorgehens im Hinblick auf diese Wettbewerbsbeschränkungen ist vielmehr abhängig von dem Urteil über die Bedeutung kleiner Unternehmen und über das Ausmaß an Schutz, das ihnen gewährt werden soll. Im wirtschaftspolitischen Instrumentarium gibt es eine Reihe von Mitteln, um diesen Unternehmen zu helfen, die hier nicht im einzelnen darzustellen sind. Diese Maßnahmen sollen nach den Aussagen ihrer Initiatoren dem Ausgleich von Nachteilen dienen, die kleine Unternehmen im Wettbewerb haben[5]. Da solche Nachteile auch in Einschränkungen der Entscheidungsfreiheit als Folge der Tätigkeit größerer Unternehmen bestehen können, wäre es durchaus gerechtfertigt, außenstehende Unternehmen durch verhältnismäßig strenge Maßnahmen zu schützen. Dadurch könnte die Wettbewerbspolitik Situationen verhindern helfen, in denen sich kleine Unternehmen „benachteiligt" fühlen.

Um dem Rechnung zu tragen, sind als viertes Kriterium die besonderen Bedingungen des Zugangs zu dem von dem GU zu bedienenden Markt hinzuzunehmen. Manche Aufgaben können die Ballung der Ressourcen verhältnismäßig mächtiger Gesellschafter geradezu voraussetzen. Solche Bedingungen können beispielsweise auf erstarrten Oligopolmärkten gegeben sein oder bei der Aufnahme besonders risikoträchtiger Produktionen. In diesen Fällen gibt die Schaffung eines GU den Gesellschaftern möglicherweise erst die Handlungsfreiheit, solche Aufgaben anzugehen. Auf anderen Märkten, wo der Zugang einfacher ist und die Gesellschafter ihn alleine wagen könnten, bedeutet die Zusammenarbeit verhältnismäßig mächtiger Gesellschafter dagegen oft eine den Zielen des Wettbewerbs zuwiderhandelnde Einschränkung der Entscheidungsfreiheit außenstehender Unternehmen. Deshalb ist die Zulässigkeit der Ballung der Ressourcen mehre-

4 „Dies ist gerechtfertigt, weil hinter dem Gemeinschaftsunternehmen die gesamten Ressourcen der Muttergesellschaften stehen." (Bundesregierung, Änderung des Gesetzes gegen Wettbewerbsbeschränkungen, S. 27.)

5 „Zielsetzung der neuen Kooperationserleichterung ist der strukturelle Nachteilsausgleich. Kleine und mittlere Unternehmen sollen durch die Kooperationserleichterung in die Lage versetzt werden, sich kooperativ ähnliche unternehmerische Möglichkeiten zu eröffnen, über die Großunternehmen verfügen." (Kartte, Wolfgang, und Müller, Klaus, Maßnahmen zur Kooperationsförderung durch das Bundesministerium für Wirtschaft, in: Rationalisierung, 26. Jahrgang, München 1975, S. 209.)

rer Gesellschafter anhand der Zugangsschranken zu dem relevanten Markt festzustellen, um zu verhindern, daß der Zugang zu bestimmten Märkten in wettbewerbspolitisch bedenklicher Weise erschwert wird.

Die hinter den Gesellschaftern stehenden Ressourcen und die Bedingungen des Marktzugangs können vielleicht auch als Kriterien dienen, um wettbewerbsbeschränkende gemeinsame Neuerrichtungen zu verhindern. Im zweiten Kapitel wurde festgestellt, daß im Einzelfalle nur recht willkürlich anzugeben ist, ob so entstandene GU eine wettbewerbspolitisch bedenkliche Einschränkung der Handlungsfreiheit bedeuten, da kaum noch geprüft werden kann, ob die Gesellschafter den Eintritt in den von dem GU zu bedienenden Markt auch an dessen Stelle im Alleingang gewagt hätten oder ob andere Beschränkungen des potentiellen Wettbewerbs vorliegen.

Das dritte und das vierte Kriterium dienen dazu, GU mächtiger Gesellschafter nur auf solchen Märkten zuzulassen, die weniger starken Unternehmen ohnehin nicht offenstehen, weil solche GU sonst Marktzugangsschranken schaffen und die Entscheidungsfreiheit außenstehender Unternehmen vermindern.

Wenn man GU in dieser Weise auf ihre Zulässigkeit überprüft, werden viele der Fälle vermieden, in denen mehrere Gesellschafter in einen Markt mit Hilfe eines GU eindringen, obwohl sie dazu auch allein in der Lage gewesen wären. Wenn sie den Eintritt in den betreffenden Markt auch im Alleingang hätten vollziehen können, dann dürften die zusammengefaßten Ressourcen beider Unternehmen oft so groß sein, daß Einschränkungen der Entscheidungsfreiheit dritter Unternehmen befürchtet werden müssen.

Die im vierten Kapitel dargestellten besonderen Auswirkungen solcher GU, die im Leistungsaustausch zwischen den Gesellschaftern stehen, wären bei der Anwendung des dritten Kriteriums ebenfalls zu berücksichtigen[6].

Bei der Ableitung dieser vier Kriterien in den vorangehenden Kapiteln wurden bestimmte Annahmen zugrunde gelegt. Die dabei gewonnenen Kriterien erlauben aber auch die Beurteilung solcher GU, bei denen andere Bedingungen gelten. So wurde in der Regel angenommen, daß es zwei Gesellschafter sind, die ein GU gründen. Wenn es mehr als zwei

---

[6] Es wäre also zu fragen, ob sich die Schaffung eines solchen GU in der Weise wettbewerbsbeschränkend auswirkt, daß die Ressourcen des einen Gesellschafters eine Erhöhung der Zugangsschranken zu dem Markt befürchten lassen, den der andere Gesellschafter bedient. (Vergleiche dazu die Ausführungen in Punkt C des vierten Kapitels.)

Gründer sind, sollte das GU anhand der Marktanteile und der Ressourcen *aller* Gesellschafter beurteilt werden.

GU können aber auch auf einem Wege entstehen, der weder als gemeinsame Ausgliederung noch als gemeinsame Neuerrichtung und auch nicht als Gründung eines horizontalen GU zu bezeichnen ist. Im zweiten Kapitel wurden jedoch nur diese drei Fälle als Wege behandelt, auf denen GU entstehen können. Ein anderer wäre gegeben, wenn zwei Unternehmen sich eine neue Tätigkeit erschließen, indem sie gemeinsam ein drittes Unternehmen erwerben, das diese bereits ausübt. Dieses GU wäre anhand des Marktanteils, der von dem dritten Unternehmen bereits gehalten wurde, und der Ressourcen aller drei Unternehmen zu beurteilen.

Schließlich sollte auch deshalb von der isolierten Einmarktbetrachtung abgegangen und eine Mehrmarktbetrachtung angewandt werden, weil die Zusammenarbeit auf einem Markt nicht ohne Auswirkungen auf das Verhalten der Kooperationspartner auf anderen Märkten bleiben muß. Diese Überlegung wurde im dritten Kapitel erläutert. Solche marktübergreifenden Effekte sind möglich, wenn die Gesellschafter eines GU in aktuellem oder potentiellem Wettbewerb miteinander stehen und die Kooperation ihr Verhalten im Parallelprozeß so beeinflußt, daß die Marktgegenseite Nachteile erleidet.

Deshalb wäre als fünftes Kriterium zur Beurteilung von GU das Ausmaß des Wettbewerbs heranzuziehen, das zwischen den Gesellschaftern auf Tätigkeitsbereichen außerhalb des GU besteht[7]. Dadurch sollen auch auf diesen Märkten

[7] Es ist also unterstellt, daß die Gesellschafter eines GU den Wettbewerb auf dritten Märkten bisher nicht beschränkt haben. Andernfalls kann das GU, wie im letzten Abschnitt des dritten Kapitels beschrieben, gewissermaßen als Schlußstein in einem Gewölbe von Wettbewerbsbeschränkungen dienen. Wahrscheinlich werden die beteiligten Unternehmen eine solche Verhaltensweise jedoch nicht zugeben. Wenn man dem Vorschlag folgt und GU verhindert, deren Gesellschafter auf dritten Märkten über große Anteile verfügen, so würde es wettbewerbspolitisch wahrscheinlich keinen allzu großen Nachteil bedeuten, wenn Unternehmen eine solche Verhaltensweise nicht zugäben. GU, die in der beschriebenen Weise als Schlußstein dienen sollen, wären zu untersagen, wenn die Bedeutung ihrer Gesellschafter auf dritten Märkten verhältnismäßig groß ist. Falls dadurch die Wettbewerbsbeschränkung auf dem von dem GU zu bedienenden Markt ausgeschlossen würde, wäre es möglich, daß der Konflikt aus

wettbewerbspolitisch bedenkliche Veränderungen der Struktur, die sich durch die Existenz eines GU ergeben können, präventiv verhindert werden.

So sind GU beispielsweise bedenklich, wenn ihre Gesellschafter auf einem dritten Markt die einzigen Anbieter sind. Auch wenn zwei Gesellschafter dort Anteile von je etwa 30 Prozent halten, besteht Anlaß zu Bedenken. Dies ist schließlich auch dann der Fall, wenn sie potentielle Konkurrenten im Hinblick auf eine Tätigkeit sind, für deren Aufnahme weitere Unternehmen kaum in Frage kommen.

Im Hinblick auf das mögliche Ausmaß des Wettbewerbs zwischen den Gesellschaftern eines GU *auf dritten Märkten* ergibt sich demnach ein Spektrum, das von dem einen Extremfall, in dem die Gesellschafter dort höchstens als potentielle Konkurrenten unter vielen gelten, bis zu dem anderen Extremfall reicht, in dem sie Dyopolisten auf einem dieser Märkte sind. Der Verfasser hält es im Interesse der langfristigen Sicherung des Wettbewerbs für notwendig, mittels der Zusammenschlußkontrolle zumindest die bedrohlichsten dieser Fälle zu verhindern, wie etwa die zuletzt genannte Dyopolsituation. Für die genaue Erfassung des „Ausmaßes an Wettbewerb auf dritten Märkten" und für die Beurteilung der Auswirkungen, welche von GU darauf ausgehen können, böte die folgende Vorgehensweise einige Anhaltspunkte:

Man könnte unterstellen, daß die Gesellschafter als Folge der gemeinsamen Leitung des GU den Wettbewerb untereinander in allen Tätigkeitsbereichen ausschalten. Dabei wäre wie bei einem Zusammenschluß zu fragen, welche Auswirkungen sich dann ergäben. Unter der oben beschriebenen Voraussetzung, daß die beiden Gesellschafter auf einem dritten Markt die einzigen Anbieter sind, wäre eine Untersagung der Gemeinschaftsgründung am Platze. Zumindest die schwerwiegendsten marktübergreifenden Effekte würden so verhindert. Hinsichtlich des potentiellen Wettbewerbs ergäbe

diesem Markt auf die anderen Bereiche übergreift und die dort getroffenen Wettbewerbsbeschränkungen zunichte macht. Dann stürzt, um im Bilde zu bleiben, das Gewölbe ein, weil der Schlußstein (das GU) fehlt.

sich allerdings wieder die Frage, wie dessen Beschränkungen festzustellen sind.

Es ist aber auch denkbar, daß die Gesellschafter in anderen Bereichen möglicherweise oder tatsächlich in Liefer- und Leistungsbeziehungen stehen. In diesem Falle könnten die marktübergreifenden Effekte der Zusammenarbeit zur Folge haben, daß auch im Austauschprozeß die Bande fortan enger geknüpft werden. Je nach der Bedeutung der Gesellschafter könnten so außenstehende Unternehmen von wesentlichen Bezugs- oder Absatzmöglichkeiten ausgeschlossen werden. Die Unterstellung, daß die Zusammenarbeit auf einem Gebiet ähnliche Auswirkungen wie ein Zusammenschluß der beteiligten Unternehmen zeitigt, und die Untersuchung eines solchen fiktiven Zusammenschlusses anhand der Kriterien, die bei solchen Konzentrationsfällen angewandt werden, ergäben auch im Hinblick auf diese Gefahr brauchbare Anhaltspunkte.

## C. Gemeinschaftsunternehmen und die besonders für diese Form der Zusammenarbeit geltenden Bestimmungen des Gesetzes gegen Wettbewerbsbeschränkungen

### I. Überblick über die in der zweiten Novelle geschaffenen Bestimmungen

In der zweiten Novelle zum Gesetz gegen Wettbewerbsbeschränkungen sind Normen für die Fälle geschaffen worden, in denen sich mehrere Unternehmen in einer bestimmten Höhe an dritten Unternehmen beteiligen. Auch unter diesen Bedingungen kommt die dort verankerte Zusammenschlußkontrolle zur Anwendung. Die Vorgehensweise, nach der dabei GU beurteilt werden, soll im folgenden im Überblick dargestellt werden[8].

[8] Die Darstellung der Zusammenschlußkontrolle für GU im einzelnen nach den Bestimmungen des Gesetzes gegen Wettbewerbsbeschränkungen einschließlich der noch strittigen Punkte wäre Aufgabe einer juristischen Arbeit. (Vergleiche dazu Johag, H.; Benisch, Werner, Das Gemeinschaftsunternehmen in der zweiten Kartellgesetz-Novelle, in: Beiträge zum Wirtschaftsrecht, Festschrift für Heinz Kaufmann, herausgegeben von Horst Bartholomeyczik, Kurt H. Biedenkopf und Helmut von Hahn, Köln 1972, S. 73 ff.; Huber, Gerhard, Das Entstehen oder Verstärken einer marktbeherrschenden Stellung durch einen Zusammenschluß, insbesondere durch Bildung eines Gemeinschaftsunternehmens — Zur Auslegung des § 24 Abs. 1 GWB, in: Wirtschaft und Wettbewerb, 25. Jahrgang, Düsseldorf 1975, S. 371 ff., und Kirchstein, Friedrich, Marktmacht und ihre Kontrolle nach dem Gesetz gegen Wettbewerbsbeschränkungen, München 1974, S. 99 ff.) Strittig

„Erwerben mehrere Unternehmen gleichzeitig oder nacheinander ... Anteile an einem anderen Unternehmen (in einem solchen Umfang, daß jeder Gesellschafter mindestens 25 Prozent des stimmberechtigten Kapitals des dritten Unternehmens hält — Anmerkung des Verfassers), so gilt dies hinsichtlich der Märkte, auf denen das andere Unternehmen tätig ist, auch als Zusammenschluß der sich beteiligenden Unternehmen untereinander[9]." Hinsichtlich des Marktes, auf dem das GU tätig ist, wird demnach unterstellt, daß seine Gründung einem horizontalen Zusammenschluß der beteiligten Unternehmen gleichkommt.

Das ist aber nur eine Ebene, auf der GU im Rahmen der Zusammenschlußkontrolle untersucht werden:

„Bei der Prüfung, ob die Bildung eines GU zum Entstehen oder zur Verstärkung einer marktbeherrschenden Stellung führt, sind zwei Zusammenschlußebenen zu unterscheiden: Als Inhaberin eines Anteils von 25 Prozent oder mehr gilt jede Obergesellschaft als mit dem GU zusammengeschlossen. Wir haben es hier je nach der Anzahl der Gesellschafter mit zwei, drei oder vier (‚vertikalen') Zusammenschlüssen zu tun[10]."

Diese Gesetzesauslegung läßt sich so interpretieren:

Bei der Untersuchung der Stellung, die ein GU auf dem von ihm zu bedienenden Markt wahrscheinlich einnehmen wird, gelten die Ressourcen der verschiedenen Gesellschafter nicht als eine Einheit, die sich in ihrer Summe zugunsten des GU auswirken kann. Danach dürften die betreffenden Bestimmungen nicht den Absichten der Bundesregierung entsprechen, die feststellt, daß „hinter dem Gemeinschaftsunternehmen die gesamten Ressourcen der Muttergesellschaften stehen"[11].

---

ist etwa die Frage, ob § 1 GWB auch auf GU im Sinne der Bestimmungen über die Zusammenschlußkontrolle anwendbar ist. (Vergleiche Bundeskartellamt, Gutachten über: Die Anwendbarkeit von § 1 GWB auf Gemeinschaftsunternehmen im Sinne von § 23 Absatz 2 GWB n. F., ohne Ortsangabe, 1974; Bericht des Bundeskartellamtes über seine Tätigkeit im Jahre 1974 sowie über Lage und Entwicklung auf seinem Aufgabengebiet [§ 50 GWB], Bonn 1975, S. 25 f.; Bundesminister für Wirtschaft, Kooperationsfibel, S. 37 ff., oder Huber, G., S. 377 f.)

[9] Kirschstein, F., S. 100.

[10] Huber, G., S. 376.

[11] Bundesregierung, Änderung des Gesetzes gegen Wettbewerbsbeschränkungen, S. 27.

## II. Anregungen für Änderungen der geltenden Bestimmungen

### 1. Der Mindestbeteiligungssatz

Da die Aufgabenstellung dieser Untersuchung wettbewerbspolitisch und nicht juristisch ist, können lediglich einige Anregungen gegeben werden, um zu zeigen, wo nach Ansicht des Verfassers der Schwerpunkt einer Änderung der für GU geltenden Bestimmungen liegen sollte.

Die Kritik an den Normen des Gesetzes gegen Wettbewerbsbeschränkungen im Hinblick auf GU muß bereits an den dort festgelegten Mindestbeteiligungssätzen anknüpfen. Nur dann von einem GU zu sprechen oder Unternehmen unter der gemeinsamen Leitung dritter Unternehmen nur dann der Zusammenschlußkontrolle zu unterwerfen, wenn mehrere Gesellschafterunternehmen mindestens je 25 Prozent des stimmberechtigten Kapitals der gemeinsamen Tochter erwerben, ist äußerst willkürlich. Es ist nämlich nicht auszuschließen, daß auch bei niedrigeren Beteiligungssätzen eine Fusionskontrolle notwendig ist[12].

So ist kaum einzusehen, warum beispielsweise der Fall, daß vier Unternehmen je 25 Prozent einer bestimmten Gesellschaft erwerben, unter die Fusionskontrolle fällt, warum dagegen die Anwendung der Fusionskontrolle unterbleibt, wenn fünf Gesellschafter je 20 Prozent des Kapitals einer bestimmten Gesellschaft übernehmen.

Wegen der im Aktiengesetz gewährten Rechte der Anteilseigner sieht Spilker bereits bei Beteiligungen von 10 Prozent an dem betreffenden Unternehmen Tatbestände erfüllt, die auf die gemeinsame Leitung des dritten Unternehmens durch die Gesellschafter hinweisen, und folgert:

---

[12] Möglicherweise fallen solche Gesellschaften unter der Leitung mehrerer Einzelunternehmen, die Beteiligungen von jeweils weniger als 25 Prozent halten, als „Mehrmüttergesellschaften" unter die Generalnorm des § 23 Absatz 2 Nr. 5 GWB. (Vergleiche Johag, H., S. 51.) Ebensowenig wie diese hat der Verfasser die daran anzuschließende Frage untersucht, ob die dann geltenden Bestimmungen dem wettbewerbsbeschränkenden Charakter dieser Unternehmen gerecht würden.

„Jedenfalls erscheint die in der deutschen Kartellnovelle vorgesehene (und in § 23 Abs. 2 S. 1 Nr. 2 GWB aufgenommene — Anmerkung des Verfassers) Beschränkung auf solche Fälle, in denen die Gesellschafterunternehmen mindestens 25 % der Anteile des Gemeinschaftsunternehmens besitzen, nicht geeignet, alle in wirtschaftlicher Hinsicht gleichgelagerten Fälle zu erreichen[13]."

Mittlerweile gibt es Überlegungen, die betreffenden gesetzlichen Normen nach unten zu korrigieren[14]. Ob diese Pläne Wirklichkeit werden und ob die so berichtigten Bestimmungen den Gefahren von GU gerecht werden, läßt sich derzeit nicht absehen.

### 2. Die Kriterien gegen eine Beschränkung des Wettbewerbs zwischen den Gesellschaftern auf dem Tätigkeitsgebiet des Gemeinschaftsunternehmens

Im Rahmen der Zusammenschlußkontrolle wird unterstellt, die Schaffung eines GU habe zur Folge, daß die Anteile der Gesellschafter auf dem von der gemeinsamen Tochter zu bedienenden Markt als zusammengefaßt anzusehen sind. Wenn der höchstmögliche Marktanteil, der auf diesem Wege erreicht werden darf, wettbewerbspolitischen Gesichtspunkten entspricht[15], dann wäre damit der im ersten Teil des zweiten Kapitels dargestellten Gefahr der Ausschaltung des Wettbewerbs zwischen den Gesellschaftern als Folge von gemeinsamen Ausgliederungen weitgehend Rechnung getragen, aber auch den am Schluß des zweiten Kapitels beschriebenen Gefahren von horizontalen GU.

---

[13] Spilker, H.-M., S. 22, und ebenso: Es „ist nicht einzusehen, wieso ein GU wettbewerbspolitisch gefährlicher sein soll, an dem nur wenige Unternehmen beteiligt sind, als ein solches mit einer größeren Zahl von Mitgliedern. Das gilt besonders dann, wenn ein GU im letzteren Fall einen größeren Marktanteil hat als eines mit einer Vierermitgliedschaft." (Benisch, W., Gemeinschaftsunternehmen, S. 81.)

[14] Vergleiche Handelsblatt Nr. 190 vom 12. Oktober 1976, S. 1.

[15] Zur Problematik der Festlegung eines bestimmten höchstmöglichen Marktanteils vergleiche die Ausführungen am Ende des zweiten Kapitels. Da GU möglicherweise als probates Mittel zur Beschränkung des Wettbewerbs angesehen werden, sollte bei der Kontrolle von GU diese Schwelle eher niedriger liegen als bei horizontalen Unternehmenszusammenschlüssen allgemein.

Die Schwierigkeiten bei der Beurteilung gemeinsamer Neuerrichtungen sind oben angedeutet. Mittlerweile hat das Bundeskartellamt ein auf diesem Wege gegründetes GU untersagt „wegen der erwarteten Entstehung einer marktbeherrschenden Stellung"[16]. Die Gesellschafterunternehmen haben allerdings Beschwerde gegen diese Entscheidung eingelegt. Die Begründung des Bundeskartellamtes läßt vermuten, daß das Gesetz gegen Wettbewerbsbeschränkungen auch eine Handhabe gegen Beschränkungen des potentiellen Wettbewerbs durch gemeinsame Neuerrichtungen bietet. Zum gegenwärtigen Zeitpunkt läßt sich jedoch in dieser Untersuchung kein Urteil darüber fällen, ob die Bestimmungen dieses Gesetzes den Gefahren von gemeinsamen Neuerrichtungen gerecht werden. Die Gründe dafür sind darin zu suchen, daß auch andere Überlegungen in die Entscheidung eingegangen zu sein scheinen[17] und daß der endgültige Ausgang des Verfahrens noch nicht abzusehen ist. Wie der Fall des GU Penn-Olin zeigt, fällt es den wettbewerbspolitischen Instanzen nicht gerade leicht, nachzuweisen, in welchem Ausmaß potentieller Wettbewerb beschränkt wird.

### 3. Die Auswirkungen von Gemeinschaftsunternehmen auf außenstehende Unternehmen

Wie im vierten Kapitel beschrieben, können die Ressourcen aller Gesellschafter zugunsten eines GU eingesetzt werden, und schon die bloße Möglichkeit, daß sich die Gesellschafter so verhalten, genügt, um die Entscheidungsfreiheit anderer Unternehmen im Parallelprozeß zu vermindern.

Deshalb reicht es nicht aus, wenn lediglich ein vertikaler Zusammenschluß jedes einzelnen Gesellschafters mit dem GU unterstellt wird. Die Aufgabe, die Entscheidungsfreiheit außenstehender Unternehmen zu schützen, legt eine andere Vorgehensweise nahe. Alle Ressourcen der Gesellschafter sollten als zusammengefaßt gelten, und es sollte gefragt werden, ob eine solche Ballung der Ressourcen nicht wett-

16 Blick durch die Wirtschaft Nr. 98 vom 28. April 1976, S. 1.

17 Vergleiche Blick durch die Wirtschaft Nr. 98 vom 28. April 1976, S. 1.

bewerbsbeschränkende Auswirkungen auf dritte Unternehmen hat, die aktuelle oder potentielle Konkurrenten des GU sind[18]. Dadurch würde vermutlich auch die Mehrzahl wettbewerbspolitisch bedenklicher GU vermieden, die als gemeinsame Neuerrichtungen potentieller Wettbewerber geschaffen werden.

Auch wäre der Gefahr Rechnung zu tragen, daß vertikal zwischen den Gesellschaftern zwischengeschaltete GU ähnlich wie vertikale Zusammenschlüsse der Gesellschafter auch Zugangsschranken auf den Tätigkeitsstufen der Gesellschafter schaffen können.

### 4. Die marktübergreifenden Effekte

Die Gefahr marktübergreifender Effekte ist in den Bestimmungen über die Zusammenschlußkontrolle bisher nicht berücksichtigt[19]. Der Verfasser hält diese Lücke für überaus bedenklich. Dadurch wird nämlich die Zusammenarbeit der Gesellschafter fast ausschließlich nach den Gegebenheiten *des* Marktes beurteilt, auf dem das GU selbst tätig wird. Wie

---

[18] Die Monopolkommission hält es für angebracht, zumindest hinsichtlich *der* Märkte, die mit dem GU im Leistungsaustausch stehen, von einem Zusammenschluß aller Gesellschafter und des GU auszugehen. Sie „schlägt vor, die Vorschrift (des § 23 Abs. 2 S. 3 GWB — Einfügung durch den Verfasser) wie folgt zu ergänzen (Ergänzungen kursiv):

Erwerben mehrere Unternehmen gleichzeitig oder nacheinander im vorbezeichneten Umfange Anteile an einem anderen Unternehmen, so gilt dies hinsichtlich der Märkte, auf denen das andere Unternehmen tätig ist, *sowie hinsichtlich der Märkte, auf denen das andere Unternehmen*

— *Güter an die beteiligten Unternehmen liefert oder*

— *Güter von den beteiligten Unternehmen bezieht oder*

— *Leistungen an die beteiligten Unternehmen erbringt oder*

— *Leistungen von den beteiligten Unternehmen empfängt* auch als Zusammenschluß der sich beteiligenden Unternehmen untereinander (Gemeinschaftsunternehmen)."

(Monopolkommission, Mehr Wettbewerb ist möglich, S. 58)

[19] Dieser Mangel ist möglicherweise die Folge eines Kompromisses im Gesetzgebungsverfahren, jedenfalls läßt sich folgende Aussage so verstehen: „Wenn nämlich die Muttergesellschaften vor Bildung des Gemeinschaftsunternehmens aktuelle oder potentielle Wettbewerber waren, so sind sie dies danach *zumindest* auf dem Tätigkeitsgebiet des Gemeinschaftsunternehmens nicht mehr." (Bundesregierung, Änderung des Gesetzes gegen Wettbewerbsbeschränkungen, S. 27./Hervorhebung durch den Verfasser.)

oben dargestellt, besteht aber ein starker Anlaß zu der Vermutung, daß die Zusammenarbeit auf lange Sicht keineswegs ohne Auswirkung auf das Verhalten der Gesellschafter im Wettbewerb miteinander in anderen Bereichen bleibt, auch wenn sie vertraglich begrenzt ist[20].

Aus diesem Grunde sind die Bestimmungen der Zusammenschlußkontrolle in folgender Weise zu ergänzen. Es ist zu berücksichtigen, ob die Gesellschafter, welche die Gründung eines GU anmelden, auf dritten Märkten im Wettbewerb miteinander stehen, und es ist nach den Folgen zu fragen, die dort eine Beschränkung des Wettbewerbs zwischen ihnen hätte.

### 5. Gemeinschaftsunternehmen als Zusammenschluß der Gesellschafter?

Ein Weg, um dem wettbewerbsbeschränkenden Einfluß von GU gerecht zu werden, ohne diese Analyse in mehreren Schritten durchzuführen und ohne die Bestimmungen über die Beurteilung von GU so detailliert auszubauen, wäre folgender: Es wäre von der Fiktion auszugehen, daß die Gründung eines GU als ein Vorgang anzusehen ist, durch den die gesamten Unternehmen der Gesellschafter zusammengeschlossen werden. Dadurch würde beispielsweise der Gefahr marktübergreifender Effekte Rechnung getragen, denn ein Zusammenschluß von Unternehmen, die mit großen Anteilen auf einem Markt im Wettbewerb miteinander stehen, wäre kaum zulässig. Das gleiche gilt hinsichtlich der Gefahr, daß die Gesellschafter den Wettbewerb untereinander auf dem Tätigkeitsgebiet des GU ausschalten. Die Schwierigkeiten der Beurteilung der Auswirkungen auf den potentiellen Wettbewerb wären auch bei einer solchen Vorgehensweise zu erwarten.

Eine solche Regelung wäre möglicherweise aber insofern zu streng, als nach dieser Fiktion unterstellt würde, daß sich die Ressourcen des einen Gesellschafters zugunsten des anderen auswirken. Wie oben ausgeführt, sieht der Verfasser

---

20 Siehe dazu die Ausführungen im dritten Kapitel.

derzeit nur dann berechtigten Anlaß zu einer solchen Vermutung, wenn ein GU im Güterfluß zwischen zwei Gesellschafterunternehmen zwischengeschaltet ist.

# ZWEITER TEIL

# Die Anwendung der vorgeschlagenen Kriterien auf ausgewählte Gemeinschaftsunternehmen

## *Sechstes Kapitel*

## Die Kraftwerk Union

### A. Gründung und Entwicklung der Kraftwerk Union

#### I. Überblick

Die von der Siemens AG und der AEG-Telefunken AG gemeinsam gegründete Kraftwerk Union (KWU) findet wachsendes Interesse in der Öffentlichkeit, wenn man die Zahl der Presseveröffentlichungen als Indikator werten kann.

Ein Anlaß für diese Entwicklung kann darin gesehen werden, daß der Lieferboykott mehrerer Erdölexporteure eindringlich gezeigt hat, in welchem Ausmaß unsere Volkswirtschaft von einzelnen Energieträgern abhängig ist. Die KWU bietet neben Kraftwerken mit fossiler Feuerung, in denen Erdöl, Gas oder Kohle in andere Energieformen wie Elektrizität umgewandelt werden, auch Kernkraftwerke an. Sie spielt daher für die Erschließung zusätzlicher Energiequellen eine bedeutende Rolle. Bezeichnend dafür ist die Aussage von Helmut Schmidt anläßlich der Beteiligung eines fremden Staates an einem deutschen Unternehmen, daß er seinen Einfluß geltend machen werde, um nicht auch Gesellschaften wie die KWU in den Besitz fremder Mächte gelangen zu lassen[1]. Auch die Diskussion über die Gefahren der Kernenergie mag die KWU als Anbieter solcher Anlagen ins Rampenlicht gerückt haben.

Für Schlagzeilen hat aber auch die Entscheidung von AEG-Telefunken gesorgt, die KWU-Anteile an Siemens zu veräußern.

---

1 Vergleiche Frankfurter Allgemeine Zeitung Nr. 17 vom 21. Januar 1975, S. 9.

## II. Einführende Bemerkungen zum Kraftwerkmarkt: Die verschiedenen Kraftwerkarten und ihr Entwicklungsgang

### 1. Konventionelle Kraftwerke

Neben Wasserkraftwerken, denen im folgenden keine besondere Aufmerksamkeit gilt, werden solche Anlagen als konventionelle Kraftwerke bezeichnet, die durch Verbrennung fossiler Stoffe Wärme erzeugen und diese in andere Energieformen umwandeln.

In diesen Kraftwerken strömt Heißdampf, der durch Erhitzung von Wasser gewonnen wird, über Turbinen und setzt diese in Bewegung. So wie die Drehung eines Vorderrades einen Fahrraddynamo antreibt, überträgt die Turbine die Bewegung auf einen Generator, der Elektrizität erzeugt. Turbinen und Generatoren werden deshalb als Stromerzeugungsanlagen bezeichnet. Bevor die gewonnene Elektrizität in das Stromversorgungsnetz eingespeist wird, verändert ein Transformator ihre Spannung[2].

### 2. Kernkraftwerke

#### *a) Der Reaktor als Heizkessel: Der Ersatz fossiler Stoffe durch die Kernspaltung*

In *Kernkraftwerken* wird der zum Antrieb der Stromerzeugungsanlagen notwendige Heißdampf durch kontrollierte Kernspaltung[3] in einem Reaktor gewonnen. Der Heißdampf hat in diesem Falle andere physikalische Eigenschaften

---

[2] „Transformatoren sind Geräte, die dazu dienen, elektrische Energie mit einer gegebenen Spannung in solche einer anderen Spannung umzuwandeln." (Breitenacher, Michael, u. a., Elektrotechnische Industrie, Berlin 1974, S. 126.)

[3] Kruse beschreibt den Spaltvorgang so: „Der Spaltvorgang wird durch den Beschuß des Atomkerns mit Neutronen eingeleitet. Der getroffene Kern zerfällt; es werden Bindungsenergie und Neutronen frei, die ihrerseits wiederum in andere Atomkerne eindringen und sie ebenfalls spalten. Dieser Vorgang wiederholt sich und setzt eine sogenannte Kettenreaktion in Gang, die, wenn man sie ungehindert ablaufen läßt, zu einer gewaltigen Explosion führt, unter Kontrolle gehalten aber die wirtschaftliche Nutzung der freiwerdenden Energie ermöglicht. Die Apparaturen, in denen solche kontrollierten Spaltvorgänge durchgeführt werden, heißen Reaktoren." (Kruse, Julius, Energiewirtschaft, Berlin und München 1972, S. 232.)

hinsichtlich Temperatur und Druck[4], was einen anderen Aufbau der Turbinen voraussetzt.

Nicht nur die besonderen Produktionsbedingungen, auf die noch einzugehen sein wird, sprechen dafür, zwischen diesen beiden Gruppen von Kraftwerken zu unterscheiden. Die Errichtung von Kernkraftwerken wird gerade mit der Absicht gefördert, die Abhängigkeit von bestimmten fossilen Energieträgern zu verringern, weil Gefahren vermieden werden sollen, die die Beschränkung auf fossil befeuerte Kraftwerke mit sich brächte.

Selbst dann, wenn die Einsatzstoffe für beide Kraftwerktypen in ausreichendem Maße zur Verfügung stehen, mag sich eine besondere Nachfrage nach Kernkraftwerken ergeben. Letztere können Energie nämlich zu geringeren Kosten erzeugen, legt man das derzeit bestehende Preisverhältnis der alternativen Energieträger, die heute gegebenen Errichtungskosten und weitere Bedingungen zugrunde, die vor allem die Größe und die Auslastung der Anlagen betreffen[5].

### *b) Die Entwicklungsschritte bis zur Marktreife eines Kernkraftwerksystems*

In der Entwicklung von Kernkraftwerken werden drei Phasen unterschieden[6]:

In der ersten Phase werden Prototypen mit verhältnismäßig geringer Kapazität erstellt. Darauf folgt der Bau von Demonstrationskraftwerken. Dadurch „soll den potentiellen

---

[4] Das gilt zumindest hinsichtlich der Leichtwasserreaktoren. Vergleiche dazu die weiteren Ausführungen.

[5] Beide Gesichtspunkte, die Gewährleistung der Sicherheit der Versorgung und die Erzeugung von Energie zu möglichst geringen Kosten, sind Ziele der gemeinsamen Energiepolitik der Europäischen Gemeinschaften. „Hinsichtlich der Strompreise ist die Kernenergie zur Zeit der einzige bedeutende Energieträger, der in Zukunft eine Preissenkung der Kilowattstunde gewährleisten kann." (Bericht über die Probleme der Nuklearpolitik der Gemeinschaft, von der Kommission dem Rat vorgelegt am 9. Oktober 1968, Sonderbeilage zum Bulletin 9—10/1968 der Europäischen Gemeinschaften.)

[6] Vergleiche Fischer, Gerhard, Kernenergie/Branchenbericht der Commerzbank, ohne Ortsangabe, abgeschlossen Mitte Mai 1969, S. 27 f., und Kruse, J., S. 235.

Käufern, also den rechtlich und wirtschaftlich selbständigen Elektrizitätsversorgungsunternehmen, demonstriert werden, daß die projektierten Reaktoren ohne grundsätzliche technische Schwierigkeiten realisierbar sind und auch die errechneten Stromerzeugungskosten eingehalten werden können"[7]. Von Erfolg gekrönt sind die Bemühungen der Kraftwerkbauer, wenn sie — in der dritten Phase — schließlich Aufträge für solche Kernkraftwerke erhalten, die Energie zu geringeren Kosten erzeugen können, ohne daß die öffentliche Hand Finanzhilfen gewährt.

### *c) Die verschiedenen Reaktortypen und ihr Entwicklungsstand im Überblick*

Bereits gegen Ende des zweiten Weltkrieges haben Wissenschaftler in den Vereinigten Staaten im Rahmen des sogenannten „Manhattan-Projektes" verschiedene theoretisch geeignete Verfahren zur Gewinnung von Energie durch Kernspaltung zusammengestellt. Darauf aufbauend sind verschiedene Reaktortypen entwickelt worden. So nennt Kruse Leichtwasserreaktoren, Schwerwasserreaktoren, Hochtemperaturreaktoren, Gas-Graphit-Reaktoren und schnelle Brutreaktoren[8]. Von den Leichtwasserreaktoren sind zwei verschiedene Konzeptionen entwickelt worden, die Siedewasser- und die Druckwasserreaktoren.

In allen Ländern haben staatliche Stellen Einfluß auf die Entwicklung der Reaktoren genommen. Dadurch wurde meist auch festgelegt, welche Reaktortypen in dem jeweiligen Land in der Zukunft errichtet werden sollten.

Die Bundesrepublik Deutschland hat erst seit Mitte der fünfziger Jahre Zugang zur Kerntechnik. Seither hat die Bundesregierung die Reaktortechnik mit erheblichen Beträgen aus den vier „Atomprogrammen" gefördert[9]. Mit ihrer

---

7 Fischer, G., S. 28.

8 Vergleiche Kruse, J., S. 234.

9 Vergleiche zum letzten dieser Programme Bundesministerium für Forschung und Technologie, Viertes Atomprogramm der Bundesrepublik Deutschland für die Jahre 1973 bis 1976, ohne Orts- und Jahresangabe, und Gries, Werner, Hohes Ansehen für den wissenschaftlichen Stand der Kerntechnik/Die staatlichen Ausgaben für Kernenergienutzung belaufen

Hilfe wurde vor allem die Entwicklung des Leichtwasserreaktors, des Schnellen Brüters und des Hochtemperaturreaktors vorangetrieben. Dem Schwerwasserreaktor wurde diese Hilfe in geringerem Ausmaß zuteil.

Der Gasgraphitreaktor wurde von Frankreich und Großbritannien entwickelt; beide Länder sollen nun aber dem Leichtwasserreaktor den Vorzug geben[10]. Die Erforschung des Schwerwasserreaktors schließlich wurde vor allem von Kanada betrieben.

Die Verfahren, auf denen diese Reaktoren beruhen, unterscheiden sich grundlegend voneinander. So wird der Leichtwasserreaktor, der wohl die einfachste Entwicklung darstellt, mit angereicherten Uran betrieben. In diesem Reaktor fällt als Abfallstoff Plutonium an, das radioaktiv ist und unter besonderen Sicherheitsbestimmungen gelagert werden muß[11]. Bei der Energiegewinnung mit Hilfe von Leichtwasserreaktoren ergeben sich ähnliche Probleme wie beim Betrieb fossil befeuerter Kraftwerke. Es besteht nämlich auch hier die Gefahr der Abhängigkeit von anderen Ländern, in diesem Falle von den Uranförderländern[12]. Außerdem muß das aus diesen Ländern bezogene Natururan angereichert werden, um es in Leichtwasserreaktoren einsetzen zu können. Da Urananreicherungsverfahren technisch sehr aufwendig sind und sehr hohe Herstellungskosten verursachen, verfügen derzeit nur wenige Staaten über solche Anlagen[13]. Das sind vor allem die Atommächte, während andere Länder die Errichtung planen.

---

sich auf 15 Milliarden DM, in: Blick durch die Wirtschaft Nr. 106 vom 9. Mai 1975, S. 5.

[10] Vergleiche zur Entscheidung in Großbritannien Handelsblatt Nr. 1 vom 2. Januar 1976, S. 9.

[11] Vergleiche Bundesminister für Forschung und Technologie, Kernenergie/Eine Bürgerinformation, Bonn 1975, S. 43.

[12] So zeichnen sich bereits erhebliche Preissteigerungen für Natururan ab, und es wird über den Zeitpunkt diskutiert, zu dem die jetzt bekannten Uranvorkommen aufgebraucht sein könnten. (Vergleiche Bundesministerium für Forschung und Technologie, Viertes Atomprogramm, S. 40, oder Handelsblatt Nr. 31 vom 13./14. Februar 1976, S. 34.)

[13] Deshalb hat es fast einen Schock ausgelöst, als die Lieferung von angereichertem Uran aus den Vereinigten Staaten in die Bundesrepublik fraglich wurde. Das deutsch-britisch-niederländische Gemeinschaftsunternehmen, das eine Anreicherungsanlage betreiben soll, ist nämlich voraussichtlich erst ab 1979 voll lieferfähig. (Vergleiche Groß, Hein, Brennstopp aus USA/Exportpause für nukleare Brennstoffe, in: Deutsche Zeitung Nr. 17 vom 18. April 1975, S. 17, und Handelsblatt Nr. 71 vom 14. April 1975, S. 4.)

Die Konzeption des schnellen Brüters ist die, bei der Energiegewinnung mehr spaltbares Material zu gewinnen als eingesetzt wird. Die überschüssige Menge wäre dann zum Einsatz in Leichtwasserreaktoren frei. Der Hochtemperaturreaktor schließlich soll eine bessere Ausnutzung der eingesetzten spaltbaren Stoffe erlauben[14].

Nach dem Urteil nahezu aller Fachleute ist Mitte der siebziger Jahre nur dem Leichtwasserreaktor der Durchbruch in die dritte Phase gelungen, so daß den Energieerzeugern Kernkraftwerke auf seiner Grundlage als wirtschaftliche Anlagen angeboten werden können.

Der Hochtemperaturreaktor und der Schnelle Brüter haben dieses Stadium dagegen noch nicht erreicht[15].

### III. Zur Tätigkeit von AEG-Telefunken und Siemens im Kraftwerkbau vor der gemeinsamen Gründung der Kraftwerk Union

AEG-Telefunken und Siemens bauten vor der Gründung der KWU unabhängig voneinander Stromerzeugungsanlagen. Sie zählten auch zu den Unternehmen, die sich — unterstützt durch den Staat — mit dem Bau von Kernkraftwerken befaßten.

In der Entwicklung solcher Anlagen hatten US-amerikanische Unternehmen einen Vorsprung, unter anderem deshalb, weil die Kernenergietechnik in den Vereinigten Staaten früher als in anderen Ländern erforscht wurde. Seither haben vier dort ansässige Unternehmen, das sind General Electric, Westinghouse, die US-amerikanische Babcock and Wilcox[16]

---

[14] Vergleiche Bundesminister für Forschung und Technologie, Kernenergie, S. 50 ff.

[15] Vergleiche zu dem unterschiedlichen Stand der verschiedenen Reaktorentwicklungen Mandel, Heinrich, Strukturen der nuklearen Stromerzeugung in den siebziger und achtziger Jahren, in: atomwirtschaft/atomtechnik, 18. Jahrgang, Düsseldorf 1973, S. 22 ff., oder Rudzinski, K., Die scheinheile Welt der Kernenergie, in: Frankfurter Allgemeine Zeitung Nr. 83 vom 7. April 1976, S. 27.

[16] Da verschiedene Unternehmen mit der Firma Babcock and Wilcox sowohl in den Vereinigten Staaten als auch in Großbritannien und in Deutschland bestehen, ist es notwendig, die Beteiligungsverhältnisse zwischen diesen Unternehmen aufzuzeigen, um Mißverständnissen vorzubeugen. Die US-amerikanische Babcock and Wilcox besitzt 23 Prozent der Anteile der Firma gleichen Namens in Großbritannien. Diese wiederum

und Combustion Engineering, verhältnismäßig viele Aufträge für Kernkraftwerke mit Leichtwasserreaktoren erhalten[17]. Deshalb lag es nahe, daß deutsche Unternehmen Lizenzverträge mit diesen Partnern abschlossen, um sich den Zugang zur Technologie des Leichtwasserreaktors zu erleichtern.

General Electric war mit ca. 11 Prozent an AEG-Telefunken beteiligt[18] und hatte einen Lizenzvertrag mit dieser Gesellschaft abgeschlossen. Zwischen Siemens und Westinghouse bestand eine ähnliche Bindung, die Siemens das Recht einräumte, den Druckwasserreaktor auf der Grundlage der Westinghouse-Lizenz weiterzuentwickeln. Die beiden Unternehmen wandelten diesen Vertrag 1965 in ein Abkommen über den unentgeltlichen Austausch der Forschungsergebnisse auf dem Gebiet des Reaktorbaus um[19].

Siemens erstellte aufgrund dieser Bindung Kernkraftwerke mit Druckwasserreaktoren. AEG-Telefunken dagegen hatte sich mit General Electric für den Siedewasserreaktor entschieden. Beide Systeme zählen, wie oben erwähnt, zur Gruppe der Leichtwasserreaktoren.

Die Größenentwicklung der Kernkraftwerke, die von den beiden deutschen Unternehmen vor der Gründung der KWU gebaut oder als Aufträge angenommen worden sind, kennzeichnet ihr Vortasten in diesen Markt hinein[20].

AEG hat in Zusammenarbeit mit General Electric 1961 eine Anlage von 15 Megawatt[21] übergeben und 1966 eine von 237 Megawatt. 1968 schloß AEG-Telefunken selbst die Errichtung eines Kernkraftwerkes von 255 Megawatt ab. Siemens hat 1966 eine Anlage von 50[22] und 1968 eine von 328 Megawatt fertiggestellt.

war an der Deutschen Babcock und Wilcox beteiligt, hat diese Beteiligung aber an den Iran veräußert. (Vergleiche Handelsblatt Nr. 35 vom 19. Februar 1976, S. 10.)

17 Darauf wird unten noch einmal einzugehen sein.

18 Vergleiche wer gehört zu wem, S. 28, und Frankfurter Allgemeine Zeitung Nr. 100 vom 4. Mai 1976, S. 11.

19 Vergleiche Der Spiegel Nr. 48/1974, S. 77.

20 Zu den folgenden Angaben vergleiche Bundesministerium für Forschung und Technologie, Viertes Atomprogramm, S. 34.

21 Mit einer solchen Anlage können also 15 Megawatt elektrischer Leistung gewonnen werden.

22 Vergleiche Fischer, G., S. 30, und Finke, W., Kernkraftwerke in der Bundesrepublik — Stand, Aussichten und Rahmenprobleme, in: atomwirtschaft/atomtechnik, 14. Jahrgang, Düsseldorf 1969, S. 167.

Beide Unternehmen erhielten vor der Gründung der KWU 1967 noch je einen Auftrag, AEG-Telefunken den für das Kernkraftwerk Würgassen mit 640 Megawatt und Siemens den für das Werk in Stade mit 630 Megawatt[23].

## IV. Die Beteiligung von Siemens und AEG-Telefunken an Unternehmen des Kernkraftwerkbaus vor der Gründung der Kraftwerk Union

Vor der Gründung der KWU haben sich Siemens und AEG-Telefunken an weiteren GU beteiligt, die sich mit der Kernreaktortechnik befassen.

Die Alpha-Chemie und Metallurgie GmbH (ALKEM) war ursprünglich eine reine Tochtergesellschaft des GU Nuklear-Chemie und Metallurgie GmbH (NUKEM)[24]. Die NUKEM überließ den beiden Kraftwerkbauern aber je 30 % des Gesellschaftskapitals der ALKEM[25].

Gemeinsam mit der NUKEM gründete Siemens am 1. Mai 1969 die Reaktor-Brennelemente GmbH (RBG). AEG-Telefunken seinerseits errichtete mit seinem Gesellschafterunternehmen und Lizenzgeber General Electric die Kernreaktorteile GmbH (KRT)[26].

Die ALKEM arbeitet an der Entwicklung von Plutoniumbrennstäben, die nicht in Leichtwasserreaktoren, sondern in anderen, technisch noch nicht so weit ausgereiften Reaktoren eingesetzt werden sollen. Die beiden anderen GU — KRT und RBG — liefern Brennstäbe für Leichtwasserreaktoren, und zwar die KRT solche für

---

[23] Diese beiden Aufträge wurden bereits im Auftrag der Gesellschafter von der KWU ausgeführt.

[24] An der Nuklear-Chemie und Metallurgie GmbH (NUKEM) sind beteiligt (Stand 1. Juli 1977): DEGUSSA AG mit 35 Prozent, Rheinisch-Westfälisches Elektrizitätswerk AG mit 45 Prozent, die Rio Tinto Zinc European Holding Limited und die Metallgesellschaft mit je 10 Prozent. (Vergleiche Handelsblatt Nr. 134 vom 15./16. Juli 1977, S. 2.)

[25] Vergleiche Kommission der Europäischen Gemeinschaften, Umstrukturierung der Elektromaschinenbauindustrie in der Gemeinschaft (im folgenden zitiert als „Umstrukturierung"), SEK (70)613 endg., Brüssel, den 22. April 1970, S. 2.

[26] An der Kernreaktorteile GmbH war AEG-Telefunken mit 55 Prozent und General Electric mit 45 Prozent beteiligt. Das Kapital der Reaktor-Brennelemente GmbH lag zu 60 Prozent bei Siemens und zu 40 Prozent bei der NUKEM. (Vergleiche wer gehört zu wem, 10. Auflage, S. 401 und S. 539.)

**Abbildung 1: Verflechtung zwischen AEG-Telefunken und Siemens**
sowie anderen Unternehmen der Kernenergietechnik vor der Gründung der Kraftwerk Union

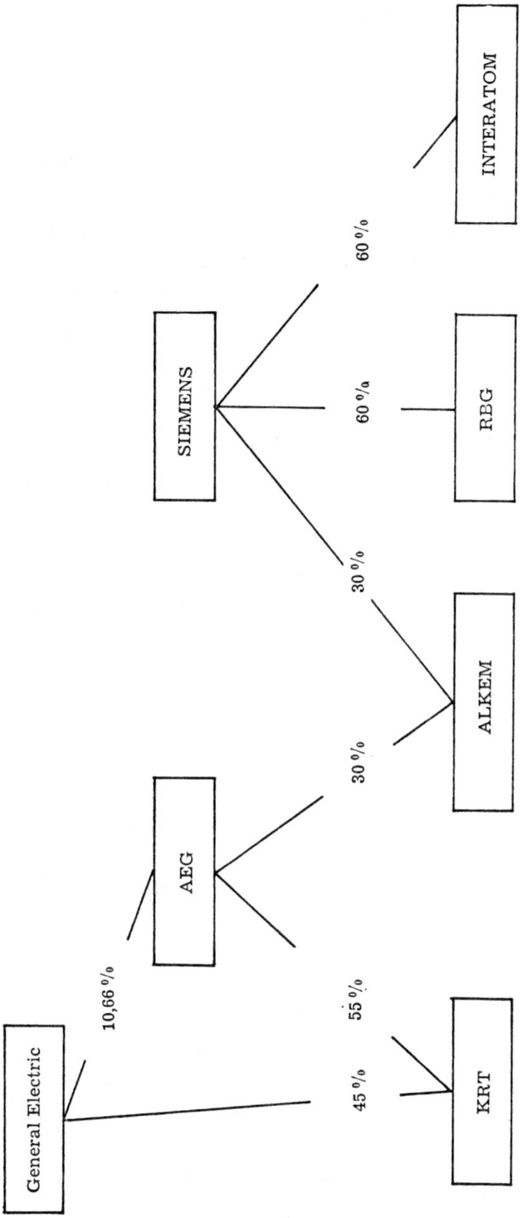

Siedewasserreaktoren und die RBG für Druckwasserreaktoren. Dadurch konnten die beiden Kraftwerkhersteller neben Stromerzeugungsanlagen und Transformatoren weitere Komponenten von Kraftwerken aus Unternehmen beziehen, an denen sie beteiligt waren.

Siemens hat sich im Jahr der Gründung der KWU auch an der Interatom beteiligt.

Mit Hilfe des GU Interatom hatten die DEMAG AG und die North American Aviation 1957 ihre „Reaktorentwicklungstätigkeiten"[27] zusammengefaßt. Das Kapital der Interatom befand sich je zur Hälfte im Besitz der Gesellschafter. 1966 stieß die Deutsche Babcock und Wilcox hinzu. Jedes der drei Gesellschafterunternehmen hielt danach ein Drittel der Anteile an der Interatom. 1969 folgte ein grundlegender Besitzwandel, nach dem Siemens mit 60 Prozent, die DEMAG und die Deutsche Babcock und Wilcox mit je 20 Prozent beteiligt waren[28].

Interatom hatte zu diesem Zeitpunkt noch keine Kernkraftwerke gebaut, sondern befaßte sich mit der Entwicklung des schnellen Brutreaktors[29] und hatte damit noch nicht die Bedeutung für den Kernkraftwerkmarkt wie Siemens oder AEG-Telefunken. Als die Gründer nicht mehr bereit waren, weitere Mittel zuzuschießen, sollen staatliche Stellen Siemens zu einer Übernahme der Interatom gedrängt haben, weil sie das GU gefördert hatten.

## V. Die Gründung der Kraftwerk Union und der Transformatoren Union

Im Herbst 1968 beschlossen die Aufsichtsräte von AEG-Telefunken und Siemens, „auf bestimmten Gebieten der Energietechnik"[30] zusammenzuarbeiten, und vereinbarten die Gründung zweier GU, der KWU und der Transformatoren

[27] Bericht über die Probleme der Nuklearpolitik der Gemeinschaft, S. 26.

[28] So nach Auskunft der Interatom.

[29] Dieser ist, wie oben ausgeführt, noch keineswegs in der dritten Phase der Reaktorentwicklung, also noch nicht marktreif. Die DEMAG als Anlagenhersteller und der „Kesselbauer" Babcock und Wilcox dürften bei der Beteiligung an der Interatom von ähnlichen Motiven geleitet worden sein wie AEG-Telefunken und Siemens bei der Aufnahme der Reaktorentwicklung. Darauf wird unten einzugehen sein.

[30] Gemeinsame Presseerklärung von AEG-Telefunken und Siemens vom 29. Oktober 1968, S. 1.

Union (TUL), zum gleichen Zeitpunkt[31]. Beide Gesellschaften bedienen sich als Rechtsform der Aktiengesellschaft.

Bei der KWU hatte Siemens bereits einen größeren Einfluß, als AEG-Telefunken noch beteiligt war.

Die im Vergleich mit AEG-Telefunken engere Bindung an Siemens kam auch darin zum Ausdruck, daß bestimmte Betreuungsaufgaben für die KWU von Siemens durchgeführt wurden[32]. Auch bei Verhandlungen im Ausland ist Siemens eingeschaltet worden[33].

Die Betreuung der TU dagegen war AEG-Telefunken vorbehalten, sei es als Ausgleich für Zugeständnisse an Siemens im Hinblick auf die KWU, sei es, weil AEG-Telefunken zum Zeitpunkt der Gründung bei Transformatoren nach Marktanteilen vor Siemens lag.

## VI. Die Entwicklung der Kraftwerk Union

### 1. Überblick

Die KWU erreichte ihre spätere Stellung, indem sie bisher von Siemens und AEG-Telefunken ausgeübte Tätigkeiten übernahm und neue Entwicklungen in die Wege leitete.

Im folgenden wird aus analytischen Gründen zwischen einem konventionellen und einem nuklearen Bereich unterschieden. Letzterer umfaßt die Reaktortechnik, der konventionelle Bereich dagegen die Stromerzeugungsanlagen für konventionelle und für Kernkraftwerke.

---

31 Nach Presseberichten ging der Anstoß zu dieser Kooperation von Überlegungen über die wirtschaftliche Erstellung von *Großtransformatoren* aus. Die Einbeziehung anderer Gebiete der Energietechnik sowie vor allem der Reaktortechnik soll aber von Anfang an mit Gegenstand der Gespräche gewesen sein. (Vergleiche Die Welt Nr. 213 vom 12. September 1968, S. 23.)

32 So nach Auskunft eines Mitarbeiters der KWU.

33 Vergleiche Handelsblatt Nr. 223 vom 21. November 1974, S. 2.

**Abbildung 2:** Verflechtung zwischen AEG-Telefunken und Siemens sowie anderen Unternehmen der Kernenergietechnik unmittelbar nach der Gründung der Kraftwerk Union

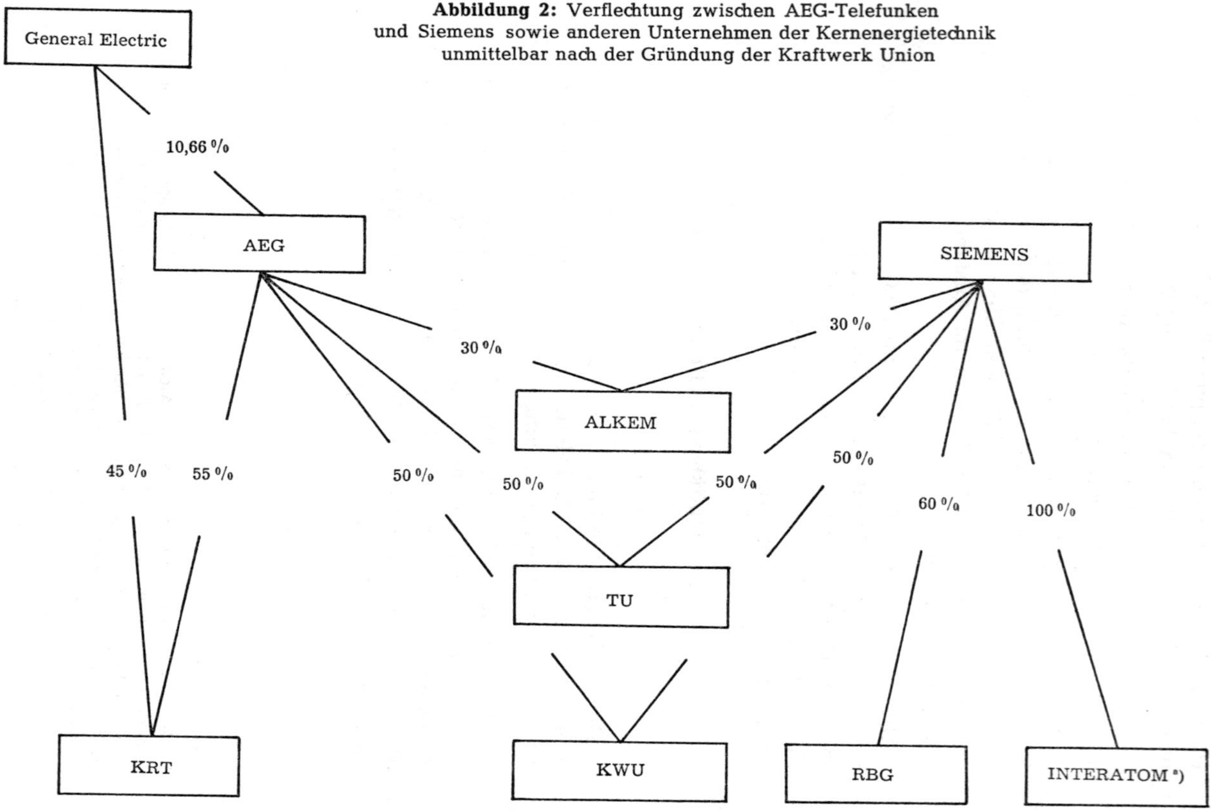


a) Siemens besaß ab 1972 alle Anteile der Interatom, nachdem der Beteiligungssatz 1969 60 % und 1971 75 % betragen hatte.

## 2. Das Produktionsprogramm der Kraftwerk Union und seine Veränderungen

### *a) Die Zusammenfassung der Produktionsprogramme der Gesellschafter*

#### aa) Der konventionelle Bereich

Nach der Gründung der KWU wurden Turbinen und Generatoren ab etwa der Größe von 100 Megawatt nicht mehr von den Gesellschaftern angeboten, sondern von dem GU. AEG-Telefunken und Siemens setzten kleinere Anlagen dagegen weiterhin selbst ab.

Die KWU hat auch keine Wasserkraftwerke in ihrem Angebot, diese können aber von Siemens geliefert werden.

#### bb) Der nukleare Bereich

#### α) Die Übergangsphase

In der Anlaufzeit wickelte die KWU die von den Gesellschaftern angenommenen Aufträge im Kernkraftwerkbau für deren Rechnung ab. Sie errichtete dabei unter anderem das Kernkraftwerk Würgassen[34]. Dieser Auftrag machte Nachbesserungen erforderlich, die AEG-Telefunken erheblich belasteten[35].

Was die Planung und Entwicklung von Kernreaktoren selbst betrifft, so teilten die beiden Unternehmen mit: „Im Hinblick auf die bestehenden internationalen Bindungen der Stammfirmen auf dem Gebiet der nuklearen Technik werden Kernreaktoren nicht in die Kooperation einbezogen[36]."

Der von Anfang an geplanten Einbringung auch dieser Tätigkeiten stand das Lizenzverhältnis mit der General Electric als Lizenzgeber für die von AEG-Telefunken eingebrachte Siedewasserreaktorentwicklung entgegen. Andere Stimmen sind der Ansicht, daß Westinghouse der Zusammenfassung seiner von Siemens weitergeführten Druckwasserreaktorentwicklung mit der von General Electric widersprochen habe. Westinghouse habe befürch-

---

[34] Vergleiche Kraftwerk Union-Geschäftsbericht 1969, S. 11.

[35] Diese Nachbesserungen brachten negative Erfolgsbeiträge in Höhe von mehreren hundert Millionen DM.

[36] Gemeinsame Presseerklärung von AEG-Telefunken und Siemens vom 26. März 1969, S. 2.

tet, die Antitrustbehörden der Vereinigten Staaten könnten Rückwirkungen auf das Verhalten der beiden amerikanischen Unternehmen auf dem Markt des Heimatlandes vermuten, falls beide Entwicklungen in der KWU nebeneinander zur Anwendung kämen[37, 38]. Deshalb verzichteten Siemens und AEG-Telefunken darauf, ihre Reaktorbauabteilungen im Zuge der Gründung in die KWU einzubringen. Das GU mußte die Reaktoren in der Übergangsphase also von den Gesellschaftern entwickeln lassen, wenn es einen Auftrag für die schlüsselfertige Erstellung eines Kernkraftwerkes übernahm.

1973 übertrugen Siemens und AEG-Telefunken auch diese Tätigkeiten auf die KWU. Die betreffenden Abteilungen blieben zwar Eigentum der Gesellschafter, es wurden aber Betriebsüberlassungsverträge geschlossen, „nach denen das Betriebsvermögen der Reaktorbauabteilungen der KWU zum Betrieb im eigenen Namen überlassen wurde"[39]. Im gleichen Jahr noch brachten Siemens und AEG-Telefunken schließlich auch diese Aktiva in die KWU ein[40].

### β) Die Kraftwerk Union als Generalunternehmer

Die KWU bietet Kernkraftwerke schlüsselfertig an. Bei ihrer Errichtung erfüllt sie auf der einen Seite die Aufgaben eines Industriearchitekten[41]. Sie berät den Auftraggeber, bestimmt die Lieferanten für Komponenten, gibt ihnen Anweisungen und überwacht die Ausführung der erteilten Unteraufträge.

Auf der anderen Seite übernimmt sie aber auch das Gesamtrisiko für die schlüsselfertige Anlage und kann dieses

---

[37] Die Antitrustbehörden hatten in anderen Fällen Überlegungen darüber angestellt, welche Auswirkungen die Verbindung zweier Unternehmen auf einem Gebiet für das Verhalten der Kooperationspartner im Wettbewerb miteinander auf anderen Gebieten haben kann. Diese Überlegungen sind in die Ausführungen des dritten Kapitels dieser Studie eingeflossen, wo solche „marktübergreifenden Effekte" untersucht werden.

[38] Nach einer dritten Quelle hatten „weder General Electric noch Westinghouse ... Interesse an einem Kurzschluß ihrer Technologie in der KWU". (Der Spiegel Nr. 48/1974, S. 78.)

[39] Bericht des Bundeskartellamtes über seine Tätigkeit im Jahre 1973 sowie über Lage und Entwicklung auf seinem Aufgabengebiet (§ 50 GWB), Bonn 1974, S. 70.

[40] Vergleiche ebenda.

[41] Vergleiche Bericht über die Probleme der Nuklearpolitik der Gemeinschaft, S. 26.

im Schadensfalle nur in begrenztem Umfang auf die Lieferanten abwälzen[42]. Die KWU übt insofern die Funktion eines Generalunternehmers aus.

In die nach ihren Plänen erstellten Anlagen kann die KWU auch Komponenten aus eigener Fertigung einbauen. Von Anfang an hat sie so die Stromerzeugungsanlagen, den Reaktor mit Ausnahme des Druckbehälters und auch die Brennelemente selbst gefertigt[43].

AEG-Telefunken und Siemens bemühten sich darum, der KWU Teile der elektrotechnischen Ausstattung für die zu errichtenden Kernkraftwerke zu liefern.

Sie haben wahrscheinlich auch darauf gedrängt, daß die KWU die Transformatoren gegebenenfalls von der Schwestergesellschaft TU bezieht. In welchem Umfang das tatsächlich der Fall war, konnte nicht festgestellt werden.

Insgesamt sind an der Erstellung von Kernkraftwerken mehr als 300 Unternehmen beteiligt[44]. Der Anteil der von der KWU selbst erstellten Leistungen am gesamten Auftragsvolumen eines Kernkraftwerkes soll etwa 15 bis 20 Prozent ausmachen[45]. Da nähere Angaben über die Lieferungen der Gesellschafter oder der TU an die KWU fehlen, sind An-

---

[42] Der Ausfall *eines* Teiles kann das ganze System stillegen. Der Hersteller des schadhaften Teils haftet jedoch in der Regel nur bis zur Höhe des Entgeltes für seine Leistung. Der Gesamtschaden, der dem Besitzer beispielsweise eines Personenwagens durch dessen Ausfall entsteht, kann aber größer sein als der Preis des ausgefallenen Teils. Nach Angaben des Unternehmens muß die KWU bei der Errichtung von Kernkraftwerken den Teil des Gesamtrisikos tragen, der nicht auf die Lieferanten verteilt werden kann.

[43] Vielleicht war die Sicherung des Absatzes von Turbinen und Generatoren *ein* Motiv für die Aufnahme der Kernenergieforschung durch AEG-Telefunken und Siemens. Vergleiche dazu die Überlegungen zu den Motiven für die Gründung der KWU in diesem Kapitel.

[44] Vergleiche Kraftwerk Union-Geschäftsbericht 1971, S. 17.

[45] Nach einer Werbeschrift der KWU („KWU/Darstellung eines Unternehmens", o. O., 1974, S. 9) beträgt der Anteil der nicht selbst erstellten Leistungen 85, nach den Angaben eines Mitarbeiters etwa 80 Prozent. Im folgenden wird jedoch davon zu berichten sein, daß die KWU die Fertigung weiterer Komponenten in Angriff nimmt. Sie dehnt dadurch ihre Tätigkeit auf der ihr als Generalunternehmer vorgelagerten Stufe auf zusätzliche Eigenfertigungen aus. Vergleiche dazu die folgenden Ausführungen.

gaben über den Anteil außenstehender Unternehmen nicht möglich.

γ) Die Neuordnung im Brennelementebau

1973 übertrug Siemens seine Beteiligung an der Reaktor-Brennelemente GmbH (RBG) auf die KWU, und AEG-Telefunken verfuhr ebenso mit seinen Anteilen an der Kernreaktorteile GmbH (KRT). Die KWU unterstellte die KRT 1974 unter die RBG und wandelte deren Firma in RBU um.

Die General Electric, die bis dahin an der KRT beteiligt war, erhielt als Ausgleich Anteile von 20 % an der RBU, 30 % des Kapitals dieses Unternehmens liegen bei der NUKEM, so daß der Anteil der KWU 50 % beträgt[46].

AEG-Telefunken und Siemens brachten 1973 auch die Anteile der ALKEM in die KWU ein. Dieses GU wurde aber nicht der RBU unterstellt, wahrscheinlich deshalb, weil es sich mit Plutoniumbrennstäben befaßt. Diese sind noch nicht so weit entwickelt wie die Brennstäbe für Leichtwasserreaktoren, die das Aufgabengebiet der RBU darstellen.

*b) Die Erweiterung des Produktionsprogrammes*

aa) Die vertikale Integration im Komponentenbau

Als Generalunternehmer, der schlüsselfertige Kernkraftwerke anbietet, kann die KWU auch Stromerzeugungsanlagen aus eigener Fertigung absetzen. Seit 1975 zeichnet sich jedoch ab, daß sie die vertikale Integration im Komponentenbau weiter vorantreibt, indem sie beispielsweise mit Partnern aus anderen Industriezweigen GU gründet, um zusätzliche Komponenten zu fertigen.

So soll sich die KWU mit der Absicht getragen haben, zusammen mit der Gutehoffnungshütte in einem GU Reaktordruckbehälter zu fertigen[47]. Zwischen beiden Unternehmen bestand bereits ein Kooperationsvertrag über die Lieferung solcher Druckbehälter[48]. Die KWU wollte diese Bindung durch das geplante GU fester gestalten.

---

[46] Vergleiche Frankfurter Allgemeine Zeitung Nr. 234 vom 9. Oktober 1974, S. 16, und wer gehört zu wem, S. 569.

[47] Vergleiche Der Spiegel Nr. 50/1975, S. 86.

In den im Laufe dieser Untersuchung geführten Gesprächen war für diesen Schritt die folgende Begründung zu hören: Reaktordruckgefäße würden von sehr wenigen Unternehmen produziert. Manche Lieferanten hätten die der KWU gegebenen Lieferzusagen schon storniert und die Einhaltung der Zeitpläne für die Errichtung von Kernkraftwerken in Frage gestellt. Deshalb müsse sich die KWU sichere Bezugsquellen verschaffen, und die Gründung eines GU sei der geeignete Weg.

Zur Fertigung von Hüllrohren für Brennelemente hat die KWU zusammen mit der Vereinigte Deutsche Metallwerke AG das GU Nuklearrohr-Gesellschaft mbH (NRG) gegründet, wobei jeder der Gesellschafter 50 Prozent des Kapitals übernahm[49].

Die Vereinigte Deutsche Metallwerke AG ist zur Gruppe der Metallgesellschaft zu zählen. In diesem Zusammenhang ist von Interesse, daß Siemens ein Drittel der Anteile der Allgemeinen Verwaltungsgesellschaft für Industriebeteiligungen hält, die ihrerseits mehr als eine Schachtelbeteiligung an der Metallgesellschaft besitzt[50].

Hüllrohre werden beim Bau von Brennelementen verwendet und müssen wegen des Einsatzes im Reaktor hohen Qualitätsanforderungen genügen. Sie sind sehr stark verdichtet und gelten als die hochwertigsten Rohre im Kernkraftwerkbau. Die KWU begründet die Schaffung dieses GU damit, daß die ihr anderweitig angebotenen Hüllrohre diesen Ansprüchen nicht gerecht würden.

Der Vorstoß der KWU in die Herstellung von Hüllrohren hat die Gesellschafter eines anderen GU, der Sandvik Universal Tube GmbH (SUT), zu schwerwiegenden Entscheidungen veranlaßt. Sie sahen danach große Schwierigkeiten auf ihr GU zukommen, da sie der Ansicht waren, daß ihrem GU „der Markt ... vollständig entzogen"[51] sei, weil die KWU ihr eigenes GU bei der Auftragsvergabe bevorzugen könne.

Die SUT war eine Gemeinschaftsgründung von Pechiney Ugine Kuhlmann, der Sandvikstahl GmbH und der Universal Oil Products

48 Vergleiche Frankfurter Allgemeine Zeitung Nr. 259 vom 7. November 1974, S. 15.

49 Vergleiche Handelsblatt Nr. 117 vom 24. Juni 1975, S. 8.

50 Vergleiche zu diesen Beteiligungsverhältnissen wer gehört zu wem, S. 30, 476 und 727.

51 Handelsblatt Nr. 104 vom 4. Juni 1975, S. 15.

Company, Des Plaines (Illinois). Das US-amerikanische Unternehmen dürfte als Konglomerat zu bezeichnen sein[52], die beiden anderen Gesellschafter befassen sich unter anderem mit der Herstellung von Edelstahlrohren, die auch in den verschiedenen Wasserkreisläufen von Kernkraftwerken Verwendung finden.

Ihr GU stellte Hüllrohre her. Jedes Reaktorsystem erfordert besondere Brennelemente und setzt so Hüllrohre voraus, die ihm angepaßt sind. Die Entwicklungen der SUT waren aufgrund der besonderen Bedeutung der KWU auf dem deutschen Markt, welche unten zu erörtern sein wird, auf die Reaktoren der KWU zugeschnitten.

Die SUT soll negative Jahresergebnisse ausgewiesen haben, denn in Deutschland hätten Überkapazitäten im Hüllrohrbau bestanden[53]. Nach der Beteiligung der KWU an der NRG beschlossen die Gesellschafter, dieses GU aufzulösen.

### bb) Die Erschließung neuer Größenklassen im konventionellen Bereich

Nach Angaben der KWU haben ihre Gesellschafter vor der Gründung dieses GU lediglich Stromerzeugungsanlagen bis zu einer Größe von 300 Megawatt gefertigt. Mit der Schaffung der KWU hätten AEG-Telefunken und Siemens vor allem das Ziel verfolgt, sich die Herstellung und den Absatz größerer Anlagen zu erschließen[54]. Die Umstellung auf diese Produktion schien notwendig, unter anderem auch wegen der wachsenden Nachfrage nach Kernkraftwerken[55].

---

[52] „The Company's basic business is to commercialize research and development results into processes, products, and services having technologically based proprietary positions in the energy, environmental improvement, high-value-added manufactured products, and related markets." (Universal Oil Products Company, Annual Report 1974, S. 25.) Zu den Tätigkeitsgebieten dieses Unternehmens im einzelnen vergleiche ebenda.

[53] Vergleiche Handelsblatt Nr. 104 vom 4. Juni 1975, S. 15.

[54] Die KWU berichtet, daß „der Durchbruch in eine neue Größenordnung" von 600 Megawatt bereits 1970 vollzogen wurde. (Kraftwerk Union-Geschäftsbericht 1970, S. 20.) Das gilt für fossil betriebene Kraftwerke. Im gleichen Jahr sei auch der Übergang zur 1200-Megawatt-Größe bei der Entwicklung von solchen Turbosätzen gelungen, wie sie in Kernkraftwerken eingesetzt werden. (Vergleiche ebenda, S. 36.)

[55] Vergleiche dazu unten die Überlegungen zu den Motiven für die Gründung der KWU.

### cc) Die Erschließung neuer Größenklassen im nuklearen Bereich

Die Kernkraftwerke Würgassen und Stade, das waren die beiden Aufträge, welche AEG-Telefunken und Siemens vor der Gründung der KWU erhalten hatten, verfügen über eine Kapazität von 630 beziehungsweise 640 Megawatt. Mittlerweile werden Kernkraftwerke, die mit Leichtwasserreaktoren betrieben werden, meist in der Größenklasse von mehr als 1000 Megawatt errichtet.

Die KWU hat diese Entwicklung mitvollzogen, wenn nicht sogar bestimmt. Sie errichtete in Biblis zum Beispiel mehrere Kernkraftwerke mit Druckwasserreaktoren und einer Kapazität von mehr als 1000 Megawatt je Einheit[56].

### dd) Die Standardisierung im Kraftwerkbau

In der Anfangszeit hätten „die schnelle Entwicklung der Leistungsgrößen, ständig verschärfte Sicherheitsauflagen und besondere Wünsche der Kunden für jedes Kernkraftwerk den völlig neuen Entwurf fast aller Komponenten erfordert"[57]. Die KWU will in Zukunft Komponenten in größerer Stückzahl auf Vorrat bauen oder bei anderen Unternehmen bestellen. Zugleich will sie in Zukunft ein von ihr entwickeltes Leittechnik-System in Kernkraftwerken anwenden[58].

### ee) Die Entwicklungstätigkeit der Kraftwerk Union

Die KWU hat Kooperationsverträge mit mehreren ausländischen Unternehmen und staatlichen Stellen geschlossen[59]. Die Erschließung zukünftiger Reaktortechnologien — das sind Bereiche, welche über den Leichtwasserreaktor hin-

---

[56] Vergleiche Handelsblatt Nr. 62 vom 29. März 1976, S. 9.

[57] Handelsblatt Nr. 199 vom 16. Oktober 1974, S. 13.

[58] Vielleicht wendet die KWU damit die Erfahrungen von Siemens und AEG-Telefunken im Prozeßrechnerbau an. In der Bundesrepublik Deutschland nahmen sie am 1. Januar 1974 nach dem Wert der installierten Prozeßrechner den ersten Platz (Siemens mit 33,6 Prozent der Marktanteile) und den zweiten Platz (AEG-Telefunken mit 21 Prozent) ein. (Vergleiche Diebold Deutschland GmbH, Studie über die DV-Förderung der Bundesregierung nach Ablauf des 2. DV-Programms, erstellt für das Bundesministerium für Forschung und Technologie, Frankfurt am Main, November 1974, S. 67.)

[59] Vergleiche Kraftwerk Union-Geschäftsbericht 1971, S. 14, oder Handelsblatt Nr. 199 vom 16. Oktober 1974, S. 10.

ausgehen — betreibt die KWU vor allem mit Hilfe der Tochtergesellschaft Interatom[60].

So arbeitet die Interatom an der Entwicklung des Schnellen Brüters[61], wozu die Gründung eines deutsch-französischen GU unter Beteiligung der Interatom und der französischen Atomenergiebehörde geplant ist[62].

Die Interatom, die den Reaktor für das atomgetriebene Forschungsschiff „Otto Hahn" geliefert hat[63], ist mit 50 Prozent an der Gesellschaft für nukleare Verfahrenstechnik mbH (GnV) beteiligt[64]. Letztere hat die Aufgabe, den deutschen Anteil an dem deutsch-britisch-niederländischen GU zu halten, welches als Generalunternehmer den Bau von Gaszentrifugen durchführt. Mit diesen Anlagen sollen zusätzliche Einrichtungen zur Anreicherung von Uran geschaffen werden[65].

Die KWU-Gruppe gründete die Gesellschaft für Hochtemperatur-Reaktortechnik mbH (GHT). Ihre Aufgaben sind die Entwicklung, die Projektierung und der Bau von Hochtemperaturreaktoranlagen zur Erzeugung von elektrischer Energie und Prozeßwärme[66]. 60 Prozent des Gesellschaftskapi-

---

[60] 1969 hatte Siemens sich, wie oben beschrieben, mit 60 Prozent an der Interatom beteiligt, während die North American Aviation als Gesellschafter ausschied. 1971 verringerte sich der Kreis der Gesellschafter dieses GU auf Siemens mit 75 und die Deutsche Babcock und Wilcox AG mit 25 Prozent. 1972 hatte Siemens weiterhin auch die Anteilsrechte des zuletzt genannten Unternehmens erworben. Schließlich hat Siemens diese Beteiligung in die KWU eingebracht. (Vergleiche Bericht des Bundeskartellamtes über seine Tätigkeit im Jahre 1973 sowie über Lage und Entwicklung auf seinem Aufgabengebiet [§ 50 GWB], Bonn 1974, S. 70.)

[61] Vergleiche dazu die Werbeschrift „Interatom", o. O., 1974, S. 5 ff. Die Belgonucleaire und die Neratom sind dabei Partner der Interatom.

[62] Vergleiche Handelsblatt Nr. 31 vom 13. Februar 1976, S. 2.

[63] Vergleiche „Interatom", S. 10 f.

[64] So nach Auskunft der KWU vom 15. April 1976. Ursprünglich war lediglich eine Beteiligung von 25 Prozent vorgesehen. (Vergleiche Schmidt-Küster, W.-J., Zusammenarbeit bei der Urananreicherung mit Gaszentrifugen, in: atomwirtschaft/atomtechnik, 15. Jahrgang, Düsseldorf 1970, S. 290 ff.)

[65] Dadurch soll die oben angedeutete Abhängigkeit von anderen Staaten, die bereits solche Anlagen betreiben, vermindert werden.

[66] Vergleiche Handelsblatt Nr. 214 vom 7. November 1974, S. 9, und

tals werden von der Interatom GmbH gehalten und 40 Prozent von der KWU unmittelbar.

Die GHT hat mittlerweile mit der Hochtemperatur-Reaktorbau GmbH (HRB), einem Unternehmen, das sich vor der KWU mit dem Hochtemperaturreaktor befaßte, einen Kooperationsvertrag über dessen Weiterentwicklung abgeschlossen. Das Bundesministerium für Forschung und Technologie soll diese Zusammenarbeit veranlaßt haben, weil es die gleiche Entwicklung nicht mehrmals fördern will[67]. Die HRB gehört, wie dem folgenden Exkurs zu entnehmen ist, zum Beteiligungskreis der Brown Boveri und Cie (BBC).

### *Exkurs: Die Brown Boveri und Cie-Gruppe im deutschen Kernkraftwerkbau*

Als die friedliche Nutzung der Kernenergie für die Bundesrepublik Deutschland freigegeben wurde, stand auch die BBC-Gruppe vor der Frage, ob die Kernenergieforschung ein lohnendes Tätigkeitsgebiet für die Zukunft werden könnte. Da sie wie AEG-Telefunken oder Siemens Turbinen und Generatoren herstellte, schien ihr dieser Schritt nahezu notwendig[68].

Anders als Siemens oder AEG-Telefunken und vor diesen ihre US-amerikanischen Lizenzgeber entschied sich BBC für die Entwicklung des Hochtemperaturreaktors. Dazu gründete BBC mit Krupp das GU Brown Boveri/Krupp Reaktorbau, wobei jeder der beiden Gesellschafter 50 Prozent des Gesellschaftskapitals übernahm. Krupp kündigte diese Zusammenarbeit nach wenigen Jahren wieder auf — möglicherweise weil die Risiken zu groß wurden oder die notwendigen Mittel nur schwer aufzubringen waren. Daraufhin lautete die Firma des GU Hochtemperatur-Reaktorbau GmbH (HRB). Vorübergehend beteiligte sich ein GU von Elektrizitätsversorgungs-

„Interatom", S. 15. Die GHT soll nur über eine sehr geringe Zahl von Mitarbeitern verfügen.

67 Vergleiche Frankfurter Allgemeine Zeitung Nr. 59 vom 11. März 1975, S. 15.

68 Vergleiche dazu die Überlegungen über die Motive von AEG-Telefunken oder Siemens für die Aufnahme der Reaktorforschung.

unternehmen, das zum Betreiben eines Demonstrationsreaktors gegründet worden war, mit 10 Prozent an der HRB.

Da dies nur eine vorläufige Lösung sein konnte, sah sich BBC nach anderen Partnern um, die ebenfalls mit der Entwicklung von Hochtemperaturreaktoren befaßt sein sollten. Britische Unternehmen hatten auf diesem Gebiet anfangs einen sehr großen Vorsprung, waren aber zu dem betreffenden Zeitpunkt so weit zurückgefallen, daß sie als Partner nicht in Frage kamen. In den Vereinigten Staaten arbeitete General Atomic an der Entwicklung des Hochtemperaturreaktors. Dies war eine reine Tochtergesellschaft des Mineralölunternehmens Gulf, bis dessen Konkurrent Shell einen Anteil von 50 Prozent erwarb[69]. General Atomic beteiligte sich an der HRB und besitzt heute 45 Prozent der Anteile, die BBC-Gruppe die verbleibenden[70].

Der Hochtemperaturreaktor ist auch zum gegenwärtigen Zeitpunkt keineswegs als marktreif zu bezeichnen. General Atomic mußte deshalb mehrere Verträge stornieren, die das Unternehmen über die Lieferung von Kernkraftwerken mit Hochtemperaturreaktoren abgeschlossen hatte, und zahlte dafür mehr als hundert Millionen Dollar[71].

Deshalb sah sich BBC bald in einer schwierigen Lage: Bislang war das Unternehmen vor allem Hersteller einzelner Kraftwerkkomponenten wie etwa von Turbinen und Generatoren. Der Absatz dieser Stromerzeugungsanlagen war aber gefährdet, da das Unternehmen nicht über einen marktreifen Reaktor verfügte. Damit konnte es, der Marktentwicklung folgend, in Deutschland nur dann schlüsselfertige Kernkraftwerke anbieten, wenn es dazu mit einem Reaktorhersteller zusammenarbeitete, der eine den deutschen Sicherheitsbestimmungen genügende Reaktorentwicklung vorweisen konnte. Diese Anforderungen sind bislang jedoch von Land zu Land verschieden. Den späteren Ausführungen vorausgreifend, ist zu vermerken, daß außer Siemens und AEG-

[69] Möglicherweise wollen sich Gulf und Shell mit diesem GU Zugang zu mehr zukunftsträchtigen Bereichen der Energieversorgung verschaffen.

[70] Vergleiche wer gehört zu wem, S. 345.

[71] Vergleiche Handelsblatt Nr. 62 vom 29. März 1976, S. 11.

Telefunken kein weiteres in Deutschland ansässiges Unternehmen die in den deutschen Sicherheitsbestimmungen niedergelegten Anforderungen erfüllen konnte. Deshalb suchte BBC einen Partner im Ausland.

Die Zusammenarbeit mit einem Reaktorhersteller wäre in der Form sogenannter „ad-hoc-Konsortien" denkbar gewesen, die jeweils für die Ausführung einzelner Aufträge vereinbart werden. Der jeweilige Partner der BBC hätte seine Reaktorentwicklung deshalb im Extremfall für einen einzigen Auftrag auf die deutschen Bestimmungen umstellen müssen. Da diese Anpassung sehr aufwendig ist, hielt die BBC „ad-hoc-Konsortien" nicht für den geeigneten Weg, um ebenfalls schlüsselfertige Kernkraftwerke anbieten zu können.

Das Unternehmen gründete vielmehr zusammen mit der Babcock and Wilcox — das ist neben General Electric und Westinghouse sowie Combustion Engineering der vierte Reaktorbauer in den Vereinigten Staaten — das GU Babcock-Brown Boveri Reaktor GmbH (BBR)[72].

Seine Aufgabe ist es, den Reaktor der Babcock and Wilcox an die deutschen Sicherheitsbestimmungen anzupassen, um die Zugangsschranken zu dem deutschen Markt zu überspringen[73]. An Ausschreibungen für schlüsselfertige Kernkraftwerke beteiligt sich das GU als Konsortium zusammen mit BBC. Letztere übernimmt die Gesamtplanung und liefert verschiedene Komponenten. Mittlerweile hat das Konsortium mehrere Aufträge für schlüsselfertige Kernkraftwerke erhalten[74].

---

72 Auch mit der Firma Westinghouse wäre eine Zusammenarbeit möglich gewesen, da deren Kooperationsvertrag mit Siemens bereits abgelaufen war. BBC sah das aber als wenig vorteilhaft an, weil der Druckwasserreaktor von Siemens und damit der KWU auf der Lizenz von Westinghouse aufbaut. Deshalb wären dem Konkurrenten KWU manche Vor- und Nachteile eines für BBC auf der Grundlage der Westinghouse-Entwicklung geschaffenen Reaktors preisgegeben gewesen. (Vergleiche zu den Auswirkungen der Preisgabe von Konkurrenzinformation Gandenberger, O., Konkurrenzinformation und Wettbewerb.)

73 Mit dem Druckwasserreaktor sieht sich BBC mittlerweile „der Konkurrenz eine ‚Nasenlänge' voraus". (Frankfurter Allgemeine Zeitung Nr. 127 vom 5. Juni 1975, S. 11.)

74 Vergleiche Handelsblatt Nr. 32 vom 14./15. Februar 1975, S. 15.

Die oben genannte Vereinbarung über die Zusammenarbeit zwischen der HRB aus der BBC-Gruppe und der GHT aus der KWU-Gruppe stellt deshalb eine Verbindung zwischen Konkurrenten dar, weil beide Gruppen sowohl konventionelle als auch Kernkraftwerke anbieten[75].

### 3. Die Erschließung weiterer regionaler Märkte

Um ihre Absatzchancen in den Vereinigten Staaten zu verbessern, gründete die KWU mit der Allis-Chalmers Manufacturing Company, Milwaukee, die Allis-Chalmers Power Systems Incorporated (ACPS). Aufgabe dieses GU ist der „Vertrieb und die Wartung von thermischen Energieerzeugungsanlagen einschließlich Dampfturbinen und Turbogeneratoren"[76] in den Vereinigten Staaten.

Die US-amerikanische Gesellschafterin soll sich mit dem Gedanken tragen, die von der ACPS ausgeführten Tätigkeiten auf die KWU selbst zu übertragen. Aus diesem Grunde erwägt die KWU den Bau eines Werkes in den USA[77].

Ein amerikanisches Elektrizitätsversorgungsunternehmen hat die von der KWU entwickelte Form des Sicherheitsbehälters übernommen[78].

Brasilien bestellte bei der KWU 8 Reaktoren *der* Bauart, die sie in Block B des Kernkraftwerkes Biblis errichtet hat[79].

---

[75] Vergleiche Frankfurter Allgemeine Zeitung Nr. 59 vom 11. März 1975, S. 15.

[76] Kraftwerk Union-Geschäftsbericht 1969, S. 10. f.

Allis-Chalmers war neben General Electric und Westinghouse der dritte amerikanische Anbieter von Großturbinen gewesen und zog sich in den sechziger Jahren aus diesem Geschäft zurück. (Vergleiche Frankfurter Allgemeine Zeitung Nr. 235 vom 9. Oktober 1968, S. 14.) Siemens hatte daraufhin bereits einen Kooperationsvertrag mit diesem Unternehmen abgeschlossen. (Vergleiche Siemens-Geschäftsbericht 1969/70, S. 21.)

[77] Vergleiche Handelsblatt Nr. 39 vom 25. Februar 1976, S. 10.

[78] Vergleiche Frankfurter Allgemeine Zeitung Nr. 121 vom 28. Mai 1975, S. II.

[79] Vergleiche zu den zwischen deutschen und brasilianischen Stellen getroffenen Vereinbarungen Hossner, Rudolf, Ein Beispiel für künftige Partner der Atomwirtschaft/Nuklearabkommen bringt den Technologietransfer auf neue Wege, in: Handelsblatt Nr. 236 vom 9. Dezember 1975, S. V.

Auch der Iran hat Kernkraftwerke bei der KWU in Auftrag gegeben[80]. Diese beiden Erfolge sind bisher die markantesten Schritte auf dem Weg der KWU als Anbieter auf dem Weltmarkt.

### VII. Die Veräußerung der Anteile an der Kraftwerk Union durch AEG-Telefunken

„Nach langwierigen und zähen Verhandlungen"[81] übernahm Siemens auch *die* Anteile an der KWU, die bis dahin im Besitz von AEG-Telefunken waren. Diese Entscheidung fiel im November 1976, also zu einem Zeitpunkt, als die vorliegende Untersuchung bereits abgeschlossen war. Da der Verkauf dieser KWU-Anteile an Siemens nicht ganz unerwartet kam, sind die unten getroffenen Aussagen weitestgehend so gefaßt, daß sie auch für die veränderte Lage gelten, auch wenn nicht immer auf den genannten Eigentumsübergang verwiesen ist.

Der Aufbau der KWU-Gruppe in der Mitte des Jahres 1976, der in der auf S. 134 wiedergegebenen Abbildung gezeigt wird, hat sich im Rahmen dieser Neuordnung nicht verändert.

## B. Überlegungen über die Motive für die Gründung der Kraftwerk Union

### I. Die Motive für die Aufnahme der Kernenergieforschung

Als sich nach dem zweiten Weltkrieg abzuzeichnen begann, daß die Kernspaltung für die Energiegewinnung eingesetzt werden kann, befaßten sich auch US-amerikanische Hersteller von Stromerzeugungsanlagen mit der Entwicklung von Reaktoren.

Ihre Konkurrenten mußten darauf gefaßt sein, daß sich für sie schwerwiegende Nachteile im Wettbewerb ergeben konnten, wenn sie ihrerseits nicht mit diesen Unternehmen mitzogen. Sobald die US-amerikanischen Unternehmen nämlich Reaktoren anbieten konnten, bestand die Wahrscheinlichkeit,

---

80 Vergleiche Handelsblatt Nr. 223 vom 21. November 1974, S. 2.

81 Handelsblatt Nr. 211 vom 11. November 1976, S. 1.

**Abbildung 3:** Aufbau der Kraftwerk Union-Gruppe Mitte 1976[a]

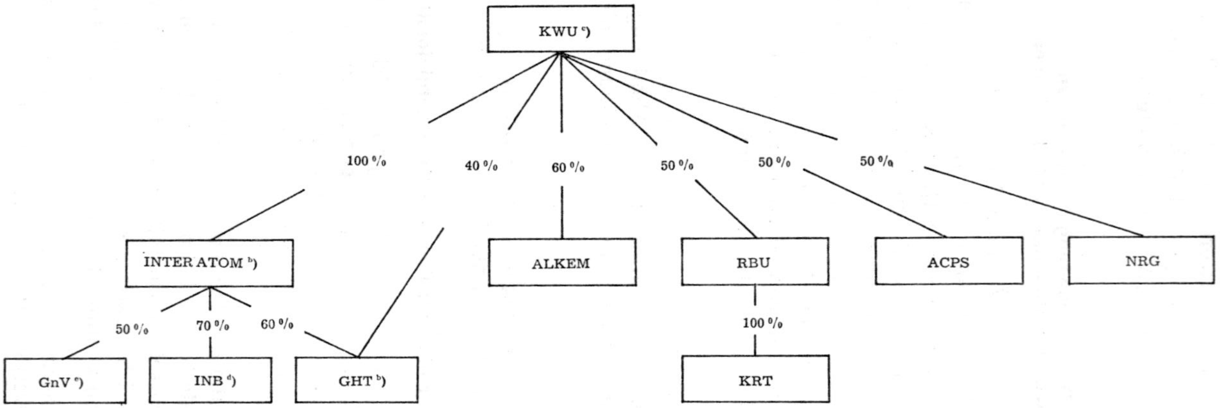


[a]) Dieses Schaubild enthält nicht das gemeinsam mit der Gutehoffnungshütte geplante GU. — [b]) Interatom und GHT kooperieren mit der BBC-Gruppe. (Vergleiche Frankfurter Allgemeine Zeitung Nr. 59 vom 11. März 1975, S. 15.) — [c]) Die anderen Anteile der ALKEM liegen bei der NUKEM. Die NUKEM hält auch 30 % der Anteile an der RBU (20 % besitzt General Electric). Bei der ACPS ist Allis Chalmers der Mitgesellschafter, bei der NRG die Vereinigte Deutsche Metallwerke AG. — [d]) Die INB befaßt sich mit der Entwicklung und dem Bau des Schnellen Brutreaktors. Beteiligt sind außer der KWU-Gruppe ein belgisches und ein niederländisches Unternehmen. — [e]) 50 % der Anteile liegen bei der Maschinenfabrik Augsburg Nürnberg AG. (Vergleiche Monopolkommission, Mehr Wettbewerb ist möglich, S. 371.)

daß sie diese Fähigkeit einsetzen würden, um neben Reaktoren auch Stromerzeugungsanlagen für Kernkraftwerke zu verkaufen. Ohne die Möglichkeit, solche Komponenten für den Einsatz in Kernkraftwerken abzusetzen, hätten Siemens und AEG-Telefunken dagegen ihre Tätigkeit auf einem großen Bereich des Marktes für Kraftwerkkomponenten gefährdet sehen müssen.

Vielleicht sahen sie sich auch aus der folgenden Überlegung heraus als Anbieter konventioneller Kraftwerke in besonderem Zugzwang: Solche Anlagen sind nachfrageverwandt[82] mit Kernkraftwerken, da beide Kraftwerktypen der Stromerzeugung dienen. Nun ist nicht auszuschließen, daß Kernkraftwerke in der Zukunft die fossil befeuerten Anlagen ersetzen, zumindest wenn es um die Deckung des Zuwachses des Energieangebots geht[83]. Deshalb besteht zwischen beiden Kraftwerktypen eine besondere Form der Nachfrageverwandtschaft. Diese liegt vor, wenn ein neues Produkt ein bisher angebotenes Gut substituiert, weil letzteres als Folge technischen Fortschritts veraltet ist.

Unter diesen Bedingungen spüren die Anbieter des technisch veralteten Produkts eine besonders starke Veranlassung, sich auf die erfolgreichere Technik umzustellen. Einerseits stehen sie nämlich in Geschäftsverbindungen mit dem mehr oder weniger unveränderten Nachfragerkreis und andererseits haben sie eine Verschlechterung ihrer Aussichten zu befürchten, solange sie keinen Ersatz für das im Absatz gefährdete Produkt finden[84].

## II. Die Motive für die Zusammenarbeit im Kraftwerkbau

### 1. Die Risiken und finanziellen Anforderungen im Kernkraftwerkbau

Welche Umstellungen der Kraftwerkbauer notwendig waren, um neben fossil befeuerten auch Kernkraftwerke an-

[82] Ausdruck der Nachfrageverwandtschaft ist die „Homogenität in bezug auf die Gebrauchseigenschaften". (Grossekettler, H., Macht, Strategie und Wettbewerb, S. 229.)

[83] In den im Laufe dieser Untersuchung geführten Gesprächen war sogar die Auffassung zu hören, die Nachfrage nach konventionellen Kraftwerken werde in der Zukunft bis zur Bedeutungslosigkeit zurückgehen.

[84] Vergleichbare Umstellungsprozesse von technisch veralteten auf zukunftsweisende Produkte sind auch in anderen Branchen zu beobachten. So hat sich IBM von der mechanischen auf die elektronische Datenverarbeitung umgestellt, als die Verdrängung der Lochkartenautomaten durch technischen Fortschritt abzusehen war. (Vergleiche Rösner, A., S. 104 und S. 8.)

bieten zu können, läßt sich ermessen, wenn man sich vergegenwärtigt, welche Unterschiede zwischen der Verbrennung fossiler Stoffe und der kontrollierten Kernspaltung in Reaktoren bestehen.

Schon beim Bau des Kernkraftwerks Würgassen haben Nachbesserungen an der Turbine zusätzliche Aufwendungen von großer Höhe für AEG-Telefunken verursacht. Bei der Turbine handelt es sich aber noch um ein Aggregat, das in ähnlicher Form auch in fossil betriebenen Kraftwerken Verwendung findet. Wesentlich schwerer dürfte dagegen das Risiko abzuschätzen sein, das sich aus der Entwicklung des Reaktors ergibt.

Anzeichen für die Bedeutung des Risikos und die finanziellen Anforderungen im Kernkraftwerkbau ergeben sich, wenn man die Entwicklung der Kernenergieindustrie in der Bundesrepublik Deutschland untersucht.

Für den Zeitpunkt der Gründung der KWU nennt Fischer vier Unternehmen oder Unternehmensgruppen, die den Bau von Kernkraftwerken planten[85]. Die Gruppe Maschinenfabrik Augsburg Nürnberg und Gutehoffnungshütte hat ihre Tätigkeit im Reaktorbau selbst aufgegeben[86]. Über den Erwerb der Interatom als weiterem Unternehmen, das den Bau von Kernkraftwerken plante, durch Siemens und die Einbringung der Interatom in die KWU wurde oben berichtet. Nachdem dem Partner Krupp das Risiko zu groß geworden war, fand BBC erst wieder Anschluß an die Reaktorforschung durch die Gründung des GU mit Babcock and Wilcox. BBC ist heute neben der KWU der einzige in Deutschland ansässige Anbieter marktreifer Reaktoren[87].

Die Anforderungen an die Liquidität zeigen sich auch darin, daß AEG-Telefunken die Beteiligung an der KWU vor allem

---

[85] Vergleiche Fischer, G., S. 48 f.

[86] Die Gutehoffnungshütte hat einen „Kooperationsvertrag mit der KWU über die Zulieferung von nuklearen und konventionellen Bauteilen abgeschlossen, der offensichtlich zur Zufriedenheit beider Partner verläuft". (Frankfurter Allgemeine Zeitung Nr. 259 vom 7. November 1974, S. 15.) Sie plant die Gründung eines GU mit der KWU, wie oben zu berichten war.

[87] Davon wurde oben in dem Exkurs über die BBC im deutschen Kernkraftwerkbau berichtet. Bezeichnend für die Risiken in der Kernenergieforschung ist weiterhin, daß die General Atomic — der US-amerikanische Partner der BBC im Hochtemperaturreaktorbau — sehr hohe Zahlungen an ihre Vertragspartner leisten mußte, um voreilig abgeschlossene Lieferverträge zu stornieren.

deshalb verringern wollte, weil sie die von der KWU als notwendig erachteten Kapitalzuführungen nicht finanzieren konnte[88].

Große Risiken und hohe Anforderungen an die Finanzkraft mögen auch die Ursache dafür sein, daß selbst Wissenschaftler geneigt sind, Beschränkungen des Wettbewerbs in allen Bereichen der Spitzentechnologien[89] und dabei vor allem in der Kernenergietechnik eher hinzunehmen als auf anderen Märkten[90].

### 2. Das Größenwachstum der Stromerzeugungsanlagen

Die Kraftwerkhersteller erwarteten 1968, daß die Größe der nachgefragten Turbinen und Generatoren stark zunehmen werde[91]. Die Leistung der größten Anlagen ist seither von etwa 300 Megawatt auf 1300 Megawatt 1975 gewachsen.

Ausschlaggebend für das Größenwachstum sollen folgende Einflußgrößen sein: Erstens bemühen sich die Elektrizitätsversorgungsunternehmen, die Größendegression in den Investitionskosten wahrzunehmen und Personalkosten einzusparen, da größere Kraftwerke von der gleichen Zahl von Arbeitskräften betreut werden können wie kleinere An-

---

88 Vergleiche Frankfurter Allgemeine Zeitung Nr. 258 vom 6. November 1974 und Nr. 277 vom 29. November 1974, S. 15, und Mueller-Haeseler, Wolfgang, Lehrgeld für Kernkraftwerke, in: Frankfurter Allgemeine Zeitung Nr. 261 vom 9. November 1974, S. 9. Eine wesentliche Ursache für den Finanzierungsengpaß bei AEG-Telefunken waren negative Erfolgsbeiträge, die der Bau des Kernkraftwerks Würgassen verursacht hatte.

89 „Im Bereich der Spitzentechnologie scheint eine Kooperation wegen der erforderlichen sehr hohen Forschungskosten unentbehrlich." (Preisinger-Monloup, Madeleine, Strukturpolitische Bedingungen einer europäischen Wirtschafts- und Währungsunion im Industriebereich/Bisherige Erfahrungen und neue Ansätze, Eggenberg 1974, S. 58.)

90 So Wessels, Theodor, in: Technischer Fortschritt und Unternehmensgröße, S. 133.

91 Diese Erwartungen beruhten auf den Erfahrungen aus der Nachkriegszeit: „Die Leistung je Einheit wurde beispielsweise bei den Turbinen von 1951 bis 1972 um einen Faktor 10 vermehrfacht." (Kommission der Europäischen Gemeinschaften, Lage und Aussichten der Herstellerindustrie von schweren elektromechanischen und kerntechnischen Ausrüstungen für die Energieerzeugung in der Gemeinschaft, Brüssel, den 23. Juli 1975, S. 7.)

lagen[92]. Zweitens zeichnete sich ab, daß in Zukunft in größerem Umfang Kernkraftwerke gebaut würden. Wegen der Produktionsbedingungen werden diese aber mit Kapazitäten von mindestens 1000 Megawatt möglicher Leistungsabgabe errichtet.

Aus der Sicht von AEG-Telefunken und Siemens bedeutete das, daß sie ihre Betriebsanlagen mit beträchtlichem Aufwand für die Erzeugung der Großanlagen umrüsten mußten: „Allein eine Schleudergrube für die Erprobung der großen Maschinen kostet zwischen 12 und 14 Millionen DM[93]."

Vor der Gründung der KWU nahmen Fachleute weiterhin an, daß die Zuwachsraten der insgesamt nachgefragten Leistung in Megawatt in den folgenden Jahren relativ gering ausfallen würden. Das gab Anlaß zu der Vermutung, daß von den nunmehr größeren Einheiten eine geringere Zahl als von den bisher hergestellten kleineren Anlagen nachgefragt werden würden[94, 95].

Verglichen mit den bereits bestehenden Betriebsanlagen für die Erstellung kleinerer Einheiten war demnach eine schlechtere Auslastung der neu zu errichtenden Kapazitäten zu erwarten. Eine vergleichbar gute Auslastung erhofften sich die beiden Unternehmen erst dann wieder, wenn sie im Wettbewerb zusätzliche Aufträge an sich gezogen hätten. Was ihre Chance, das zu erreichen, anging, so mußten sie die unten beschriebenen Veränderungen im Parallelprozeß beachten.

---

92 Vergleiche Kobarg, Bernd, Elektrizitätswirtschaft und Wettbewerb, Dissertation Kiel 1973, S. 34 ff.

93 Hämmerling, Friedrich, Vorstandsmitglied von AEG-Telefunken, in: Unternehmensgröße und Wettbewerb, Protokolle der Arbeitsgruppe Wettbewerbspolitik des Bundesministeriums für Wirtschaft, BMWI-Texte, Bonn 1970, S. 248.

94 „diese großen Leistungseinheiten werden zwangsläufig in sehr viel kleineren Stückzahlen gebaut." (Frankfurter Allgemeine Zeitung Nr. 213 vom 13. September 1968, S. 18.)

95 Die Erwartungen über die Zuwachsraten lagen Ende der sechziger Jahre, als die Entscheidung zugunsten der Gründung der KWU fiel, bei 6 bis 8 Prozent, 1974 dagegen bei 5,5 Prozent. (Vergleiche etwa Arbeitsgemeinschaft Großanlagenbau/VDMA, Lagebericht 1974, S. 17.) Auf die verschiedenen Prognosen und ihre Problematik ist hier nicht weiter einzugehen.

Statt diesen Weg zu wählen, sahen sie es wahrscheinlich als vorteilhaft an, „durch Zusammenfassung von Aufträgen und Investitionen den finanziellen Aufwand je Hersteller zu drücken und eine kontinuierliche Beschäftigung auf höherem Niveau herbeizuführen"[96]. Den Presseerklärungen beider Unternehmen zufolge gaben diese Überlegungen den Ausschlag für die Kooperation[97].

### 3. Die Veränderungen im Parallelprozeß

Da ihre Kapazitäten größer waren als die langfristig erwartete inländische Nachfrage, sahen sich AEG-Telefunken und Siemens gezwungen, auf dem Weltmarkt anzubieten[98].

Dort sahen sie sich vor allem den beiden US-amerikanischen Unternehmen General Electric und Westinghouse gegenüber, deren Kapazitäten mit mindestens je 10 000 Megawatt[99] größer waren als selbst die Kapazitäten von AEG-Telefunken und Siemens, die zusammen 6000 Megawatt betrugen[100].

Die unterschiedlichen Größenverhältnisse lassen sich auch anhand der Zahl der Aufträge für Kernkraftwerke verdeutlichen. Während die KWU bis Ende 1974 27 Aufträge für den

---

[96] Frankfurter Allgemeine Zeitung Nr. 235 vom 9. Oktober 1968, S. 14.

[97] In der gemeinsamen Presseerklärung vom 29. Oktober 1968 heißt es: „Siemens und AEG-Telefunken sehen in der Zusammenarbeit eine in die Zukunft gerichtete Maßnahme, die der technischen Entwicklung der Energieerzeugungs- und Energieverteilungsanlagen Rechnung trägt und der zukünftigen Entwicklung der Märkte besser gerecht wird." (Ebenda, S. 2.) Außerdem sei es notwendig gewesen, sich den Erfordernissen des Weltmarktes anzupassen; auf diesen Gesichtspunkt wird unten einzugehen sein. Die Presseerklärung läßt nichts über eventuell bestehende Bestrebungen der Zusammenarbeit im Reaktorbau verlauten, da eine Zusammenarbeit auf diesem Gebiet noch nicht möglich war.

[98] Vergleiche Spilker, H.-M., Anhang S. 6 ff.

[99] Diese in der Elektromaschinenbauindustrie übliche Kapazitätsangabe besagt, daß in den Betriebseinrichtungen der beiden US-amerikanischen Unternehmen im Jahr Stromerzeugungsanlagen gefertigt werden konnten, die die Erzeugung von 10 000 Megawatt elektrischer Leistung erlauben.

[100] Vergleiche Frankfurter Allgemeine Zeitung Nr. 253 vom 30. Oktober 1968, S. 17. Die Kapazität der anderen deutschen Anbieter wurde auf 2500 Megawatt geschätzt, die Binnennachfrage auf 2500 bis 3000 Megawatt.

Bau solcher Anlagen erhielt, die der Gesellschafter mitgerechnet, waren es bei Westinghouse mehr als 100[101].

AEG-Telefunken und Siemens können sich aufgrund dieser Relationen gerade Ende der sechziger Jahre veranlaßt gesehen haben, sich für den Wettbewerb mit den beiden amerikanischen Unternehmen zu stärken. Solange sie wegen der bestehenden Lizenzverbindungen nicht gegen General Electric und Westinghouse angehen konnten, waren die Kräfteverhältnisse nämlich ohnehin von geringer Bedeutung. Nachdem AEG-Telefunken und Siemens jedoch mit Hilfe der „Lizenznahmepolitik" international Anschluß gefunden hatten, sahen sie vielleicht den Zeitpunkt gekommen, die Zusammenarbeit aufzukündigen und die gewonnenen Kenntnisse im Wettbewerb mit den früheren Partnern einzusetzen. Möglicherweise bot sich die Gründung der KWU an, um dann den Wettbewerb durchzustehen.

Auch die Entwicklung in der europäischen Kraftwerkindustrie bot Anlaß, eine Zusammenarbeit anzustreben: Zum Zeitpunkt der Gründung versuchte Westinghouse, durch Beteiligung an französischen, belgischen und spanischen Unternehmen des Elektromaschinenbaus in Europa Fuß zu fassen[102].

Im Jahre 1970 wurde die Kapazität eines europäischen Konsortiums unter Beteiligung der BBC mit über 6000 Megawatt für den Turbogeneratorenbau angegeben[103], was etwa der der KWU entsprach.

Die Gruppe aus Maschinenfabrik Augsburg Nürnberg und der Gutehoffnungshütte arbeitete auf dem Gebiet der gasgekühlten Hochtemperaturreaktoren damals mit BBC zusammen[104].

---

101 Vergleiche Müller, Wolfgang D., „Vertrauen in unsere Zukunft", Bericht über ein Gespräch mit den Vorstandsvorsitzenden der KWU, in: Handelsblatt Nr. 214 vom 7. November 1974, S. 7.

102 Vergleiche „Umstrukturierung", S. 1, 7 und 9. Westinghouse ist seit 1975 an dem französischen GU Framatome beteiligt. Vergleiche zu dessen Rolle in den französischen Plänen für die Kernindustrie Schaufuß, Joachim, Pariser Atompläne, in: Die Welt Nr. 186 vom 13. August 1975, S. 11.

103 Vergleiche „Umstrukturierung", S. 5 f.

104 Vergleiche ebenda, S. 6.

In Großbritannien schlossen sich 1968 zwei Unternehmen zusammen, die gemeinsam ebenfalls Kapazitäten von etwa 6000 Megawatt besaßen[105].

Die Kommission der Europäischen Gemeinschaften kam im April 1970 sogar zu dem Schluß, daß auch nach der Gründung der KWU der Konzentrationsprozeß in der europäischen Elektromaschinenbauindustrie anhalten müsse, wofür unter anderem die Risiken des Reaktorbaus, das hohe Finanzierungsvolumen und der Zwang zu großen Werksanlagen und Laboratorien ausschlaggebend seien. Die durch die Zusammenfassung der betreffenden Abteilungen von AEG-Telefunken und Siemens geschaffenen Möglichkeiten lägen eher an der Untergrenze des Erforderlichen. Von zehn Unternehmen im Jahre 1970 könnten langfristig höchstens zwei oder drei Unternehmen rentabel arbeiten[106].

Schließlich könnten AEG-Telefunken und Siemens von der BBC unter Erfolgszwang gestellt worden sein. Dieses Unternehmen hatte ihnen demonstriert, wozu andere Anbieter auf dem Weltmarkt fähig sind, indem es Erfolge im Absatz von Turbogeneratoren in der Domäne der beiden weltgrößten Anbieter von Stromerzeugungsanlagen, in den Vereinigten Staaten, verbuchen konnte[107]. Nach dem Rückzug der Allis-Chalmers, des dritten amerikanischen Anbieters neben General Electric und Westinghouse mit einem Marktanteil von etwa 15 Prozent im Großturbinenbau, war es dem Schweizer

---

105 Vergleiche Bössenecker, Hermann, Die Partnerschaft der beiden Großen war längst überfällig, in: Die Welt Nr. 255 vom 31. Oktober 1968, S. 26, und Deutsche Gesellschaft für Anlageberatung, Anlagestudie „General Electric" vom November 1975.

106 Vergleiche „Umstrukturierung", S. 15. Die Kommission kommt aufgrund der folgenden Überlegungen zu diesem Ergebnis: Ein Kraftwerkhersteller müsse mindestens über Produktionskapazitäten von etwa 6000 Megawatt verfügen. Die erwartete Nachfrage nach Stromerzeugungsanlagen in den Europäischen Gemeinschaften reiche nur aus, um zwei bis drei Unternehmen von dieser Größe auszulasten.

107 Vergleiche Bössenecker, H. Dabei mag von Bedeutung sein, daß BBC eine andere Verkaufskonzeption verfolgte als die KWU, die vor allem schlüsselfertige Anlagen anbot, während BBC Komponenten verkaufte. Wie in dem Exkurs über dieses Unternehmen beschrieben wurde, hat BBC mittlerweile die Konzeption im Kernkraftwerkbau an die der KWU angepaßt.

Unternehmen gelungen, in den Vereinigten Staaten Fuß zu fassen[108].

### 4. Zu den Veränderungen im Austauschprozeß

Die oben beschriebene Verlagerung der Nachfrage nach Stromerzeugungsanlagen ließ bereits eine Verringerung der Zahl der nachgefragten Einheiten erwarten. Besonders aber der Trend zu Kernkraftwerken hatte zur Folge, daß sich die Stellung der Nachfrager gegenüber den Herstellern von Kraftwerken wesentlich verbesserte.

Manche Elektrizitätsversorgungsunternehmen, die Anlagen mit einem Leistungspotential von 300 Megawatt noch finanzieren und durch Stromabnahme auslasten konnten, sehen sich dazu nicht in der Lage, wenn es um Einheiten von über 1000 Megawatt geht[109]. Dazu sind nur noch wenige große Energieversorgungsunternehmen im Alleingang fähig, die anderen müssen sich untereinander oder meist sogar mit der Beteiligung der Großen zusammenfinden, um ein Kraftwerk als GU zu finanzieren und zu betreiben[110]. Der Zusammenhalt zwischen diesen Unternehmen droht so verstärkt zu werden.

Für die Kraftwerkhersteller bedeutet dies, daß nun nicht mehr verhältnismäßig kleine Einheiten von relativ vielen Elektrizitätsversorgungsunternehmen nachgefragt werden, sondern daß weniger Einheiten für weniger Nachfrager her-

---

108 Vergleiche Frankfurter Allgemeine Zeitung Nr. 235 vom 9. Oktober 1968, S. 14.

109 Auch viele Unternehmen, die bisher die notwendige Energie in eigenen Anlagen erzeugt haben, können sich angesichts der Entwicklung zu größeren Einheiten im allgemeinen und zu Kernkraftwerken im besonderen veranlaßt sehen, die verhältnismäßig kleinen Aggregate auf lange Sicht stillzulegen und billigeren Strom von Elektrizitätsversorgungsunternehmen zu beziehen. (Vergleiche Frankfurter Allgemeine Zeitung Nr. 235 vom 9. Oktober 1968, S. 14.)

110 „In diesem Fall ist meist der Weg beschritten worden, daß mehrere Gesellschaften der Versorgungswirtschaft und der Elektroindustrie gemeinsam Unternehmen ... gegründet haben." (Hamm, Walter, Kollektiveigentum/Die Rolle öffentlicher Unternehmen in der Marktwirtschaft, Veröffentlichungen des Forschungsinstituts für Wirtschaftspolitik an der Universität Mainz, Band 9, Herausgeber: Erich Welter, Heidelberg 1961, S. 219.)

zustellen sind[111]. Jedes Kernkraftwerk wird damit zum Gegenstand langwieriger Verhandlungen.

Die Folgen dieser Entwicklung sollen den Gesellschaftern der KWU anläßlich der Ausschreibung der Kernkraftwerke Würgassen und Stade deutlich geworden sein. Dabei habe sich nämlich die Situation ergeben, daß Siemens beide Aufträge ausführen wollte, während AEG-Telefunken mindestens eines der beiden Kraftwerke zu bauen beabsichtigte. Die den Auftrag vergebenden Elektrizitätsversorgungsunternehmen sollen ihre starke Stellung ausgenutzt haben, so daß sich für beide Generalunternehmer negative Erfolgsbeiträge von etwa 100 Millionen DM ergaben[112].

## C. Die Beurteilung der Kraftwerk Union anhand der vorgeschlagenen Kriterien

### I. Zur Aufgabenstellung

Bevor die im ersten Teil erarbeiteten Kriterien Anwendung auf die KWU finden, sind einige Einschränkungen zu vermerken.

Die Beurteilung von GU in der Zusammenschlußkontrolle ist Aufgabe des Bundeskartellamtes, dem dazu die Gründung von GU anzuzeigen ist. Selbst wenn der Verfasser zum gleichen Zeitpunkt von der Schaffung eines GU erführe, ergäben sich bei dessen Beurteilung schwerwiegende Nachteile, denn das Bundeskartellamt kann sich Informationen aufgrund der Melde- und Auskunftspflichten beschaffen. Dagegen waren die für die folgende Untersuchung herangezogenen Aussagen lediglich aus der Literatur, anderen Veröffentlichungen oder Auskünften hilfsbereiter Gesprächspartner zu gewinnen.

---

111 Auf die Struktur der Nachfrage nach Kraftwerken ist im folgenden noch einzugehen.

112 Dieser Wert enthält lediglich die „Preisnachlässe", die bei der Hereinnahme der beiden Aufträge hinzunehmen waren. Wie oben beschrieben, hat die Abwicklung des Auftrags für das Kernkraftwerk Würgassen negative Erfolgsbeiträge für AEG-Telefunken verursacht, die ein Vielfaches dieses Betrages ausmachen. Daß die Verhandlungsmacht der Nachfrager bei dieser Ausschreibung zum Nachteil der beiden Kraftwerkhersteller ausgenutzt worden ist, wird auch von Mitarbeitern der Elektrizitätsversorgungsunternehmen bestätigt. (Vergleiche Die Welt Nr. 95 vom 24. April 1970.) Bei der Vergabe der beiden Aufträge sollen sich auch staatliche Stellen zugunsten von AEG-Telefunken und Siemens eingesetzt haben.

So war beispielsweise schon die genaue Feststellung von Marktanteilen als erstem Kriterium zur Beurteilung von GU sehr schwierig. Das Bundeskartellamt darf darüber nach eigenen Aussagen keine Angaben machen. Den Auskünften der betroffenen Unternehmen uneingeschränkt zu vertrauen, hieße die Pflicht zur wissenschaftlichen Sorgfalt zu vernachlässigen. Ähnliches gilt für die Feststellung der weiteren Kriterien.

Im folgenden wird ein erster Versuch gewagt, die genannten Kriterien auf GU anzuwenden, ohne in jedem Falle zu uneingeschränkt gültigen Aussagen zu gelangen. Vielmehr wird gelegentlich darauf hinzuweisen sein, daß weiterführende Untersuchungen angebracht sind.

Die Ausführungen über die KWU und die Marktstruktur, welche sich nach ihrer Gründung ergeben hat, versprechen neben der Anwendung des Beurteilungsrahmens weiteren Nutzen. Aus der Erörterung der Lage im Kraftwerkbau können sich nämlich Fingerzeige für staatliche Maßnahmen in einem Bereich ergeben, der für die Energieversorgung der Zukunft eine Schlüsselstellung einnimmt. Eine eingehendere Betrachtung bestehender GU mag schließlich helfen, die Aussagen des ersten Teils zu belegen.

Die KWU ist auf mehreren Absatzmärkten tätig. Die ersten vier Kriterien zur Beurteilung von GU, wie sie im fünften Kapitel formuliert werden, sind auf jeden dieser Teilmärkte anzuwenden. Das fünfte Kriterium, das der Gefahr marktübergreifender externer Effekte Rechnung tragen soll, gilt für die KWU als Gesamtunternehmen und wird deshalb im Anschluß an die Betrachtung der Teilmärkte untersucht.

## II. Die Untersuchung der einzelnen Teilmärkte

### 1. Kernkraftwerke mit Leichtwasserreaktoren

#### *a) Anlagen bis etwa 900 Megawatt*

Sowohl AEG-Telefunken als auch Siemens haben vor der Gründung der KWU Kernkraftwerke mit einer Kapazität von etwa 800 Megawatt angeboten und Lieferverträge über die Erstellung solcher Anlagen abgeschlossen. Insofern war also der im zweiten Kapitel beschriebene Tatbestand einer gemeinsamen Ausgliederung gegeben[113]. Nur diese beiden Unternehmen haben in Deutschland Kernkraftwerke der betreffenden Größe erstellt.

Die Auswirkungen der gemeinsamen Ausgliederung auf diesem Markt werden nicht weiter erörtert, da mittlerweile Kernkraftwerke mit einer Kapazität von mehr als 1000 Megawatt errichtet und kleinere Anlagen kaum noch gebaut werden. Es ist jedoch nicht auszuschließen, daß die Entwicklung eines Tages wieder zu den kleineren Anlagen zurückgeht. In diesem Falle sind die im folgenden hinsichtlich des Marktes für die größeren Kernkraftwerke getroffenen Aussagen in analoger Weise gültig, mit dem Zusatz, daß die Gesellschafter auf dem hier angesprochenen Markt aktuelle Wettbewerber waren.

### *b) Anlagen über 1000 Megawatt*

#### aa) Die Marktphase

Die Marktphase ist als zweites Kriterium zur Beurteilung von GU vorgeschlagen worden. Ihre Erörterung ist den anderen Ausführungen vorangestellt, um den Gang der Abhandlung zu vereinfachen und die Bedeutung der unten getroffenen Aussagen zu zeigen.

Kernkraftwerke mit einer Kapazität von mehr als 1000 Megawatt werden erst seit Beginn der siebziger Jahre entwickelt und in der Energieerzeugung eingesetzt. Demnach handelt es sich hierbei derzeit noch um einen Markt in einer frühen Phase.

In der Bundesrepublik soll der Anteil der Kernenergie an der Stromerzeugung, der 1973 noch 4 Prozent betrug, erheblich gesteigert werden. So wurden für das Jahr 1985 40 Prozent genannt[114]. Dieser für die Energieerzeugung grundlegende

[113] Selbst wenn AEG-Telefunken angesichts der Schwierigkeiten bei der Erstellung der Anlage in Würgassen den Bau von Kernkraftwerken später aufgegeben hätte, so hätte doch Siemens mit großer Wahrscheinlichkeit weiterhin solche Anlagen angeboten, da es vergleichbare Probleme nicht hatte.

[114] Vergleiche Handelsblatt Nr. 69 vom 7. April 1976, oder Bundesminister für Forschung und Technologie, Kernenergie, S. 24.

Strukturwandel soll durch den Bau von Leichtwasserreaktoren erreicht werden: „Das Energieprogramm der Bundesregierung, das den Zeitraum bis 1985 erfaßt, baut im Bereich der Kernenergie nahezu ausschließlich auf den Leichtwasserreaktor[115]." Diese Anlagen sollen mit einer Kapazität von mehr als 1000 Megawatt errichtet werden[116].

Wenn dieser Plan in die Tat umgesetzt wird, befindet sich der hier zu behandelnde Markt in naher Zukunft in einer starken Expansion. Dann wird der Struktur der Angebotsseite entscheidende Bedeutung zukommen[117].

### bb) Die Angebotsseite in Deutschland

Die KWU bietet Kernkraftwerke mit einer Kapazität von mehr als 1000 Megawatt an, die Gesellschafter haben solche Anlagen vor der Gründung der KWU jedoch nicht erstellt.

Da andere Reaktoren zu entwickeln waren und wegen der schwierigen Gesamtabstimmung aller Komponenten aufeinander bestehen nach Angaben der KWU zwischen diesen Anlagen und denen mit einer Kapazität von bis zu 900 Megawatt erhebliche Unterschiede. Nach diesen Äußerungen hätten die Gesellschafter deshalb den Schritt von den kleineren Kernkraftwerken zu diesen Großanlagen im Alleingang wahrscheinlich nicht gewagt und auch kaum geschafft[118]. Die

---

[115] Der Bundesminister für Forschung und Technologie in der Ansprache vor der internationalen Fachtagung zum Stand der Entwicklung des Schnellen Brüters bei Interatom in Bensberg am 6. März 1975. Veröffentlicht im Bulletin des Presse- und Informationsamtes der Bundesregierung Nr. 37 vom 15. März 1975, S. 367.

[116] Die bis 1985 geplante Inbetriebnahme von Kernkraftwerkleistung von mindestens 45 000 Megawatt soll in 35 Blöcken einheitlicher Größe erfolgen. (Vergleiche Kernenergie ohne Alternative, Zusammenfassung eines Vortrags von Schoch, Wilhelm, in: Öffentliche Wirtschaft und Gemeinwirtschaft, 24. Jahrgang, Hamburg 1975, S. 72.)

[117] „Den entscheidenden Zeitpunkt für die Wettbewerbspolitik bildet ... die Expansionsphase, in der die Weichen für die spätere Entwicklung zu stellen sind." (Heuß, E., Allgemeine Markttheorie, S. 267.)

[118] Es ist jedoch nicht auszuschließen, daß diese Aussagen von der Intention bestimmt waren, Vermutungen über einen wettbewerbsbeschränkenden Einfluß vorzubeugen. Deshalb bieten die Aussagen der Gesellschafter keine ausreichenden Anhaltspunkte für die erforderliche Untersuchung. Darauf war bei der Erörterung der möglichen Folgen von gemeinsamen Neuerrichtungen im zweiten Kapitel hinzuweisen.

Stellung der Gesellschafter auf dem Markt für Kernkraftwerke mit einer Kapazität bis zu 900 Megawatt böte dagegen keine Anhaltspunkte für eine Beschränkung des Wettbewerbs auf dem neuen Markt.

Das erste Kriterium zur Beurteilung von GU — das sind hier die Anteile der Gesellschafter auf dem Markt für Großanlagen — entfiele demnach. AEG-Telefunken und Siemens waren jedoch zumindest potentielle Wettbewerber von besonderer Bedeutung, wie die Struktur dieses Marktes im Jahre 1976 belegt:

In Deutschland sind alle Aufträge bis auf einen, den das Konsortium der BBC-Gruppe erhielt, an die KWU gegangen.

Bisher ist kaum bestritten worden, daß die Sicherheitsbestimmungen für Kernkraftwerke in der Bundesrepublik Deutschland strenger sind als in anderen Staaten. Deshalb entsprechen die Reaktorentwicklungen ausländischer Anbieter, die lediglich den Anforderungen des Auslandes unterliegen, in der Regel nicht den inländischen Bestimmungen. Vielmehr müßten sich diese Unternehmen an die deutschen Bedingungen anpassen, um hierzulande Aufträge zu erhalten. So habe Westinghouse bei einem Landesministerium in Baden-Württemberg ein Konzeptgutachten eingeholt. Dabei soll sich ergeben haben, daß der Reaktor den Sicherheitsanforderungen nicht genügt. Daraufhin habe dieser Kraftwerkbauer auf die Bedienung des deutschen Marktes verzichtet[119]. Angesichts dieser Zugangsbeschränkungen ist die Bedeutung der ausländischen Anbieter als potentielle Wettbewerber bisher gering[120].

Die KWU hat also auf dem relevanten Markt eine sehr starke Stellung erreicht, obwohl die Gesellschafter dort keine Anteile

---

119 So stellte der Vorstandsvorsitzende eines Elektrizitätsversorgungsunternehmens nach einem Pressebericht fest, man habe „auch vier weitere Firmen (General Electric, Westinghouse, Asea-Schweden und BBC) um Angebote ersucht, aber noch keine erhalten". (Die Welt Nr. 95 vom 24. April 1970.)

120 Babcock and Wilcox hat bisher als einziges ausländisches Unternehmen dagegen, wie oben beschrieben, mehr Mut bewiesen und sich an dem GU BBR beteiligt. (Vergleiche dazu den Exkurs Die Brown Boveri und Cie-Gruppe im deutschen Kernkraftwerkbau.)

hielten. Diese Entwicklung dürfte auf mehrere Ursachen zurückgehen. Eine wesentliche Voraussetzung stellen die Erfolge vor allem von Siemens im Bau von Druckwasserreaktoren auf der Basis der Lizenz von Westinghouse dar. Der Verfasser sieht in dieser Entwicklung einen Beleg für die Forderung, neben den Marktanteilen auch *die* Ressourcen der Gesellschafter zu berücksichtigen, die die Stellung eines GU in der Zukunft bestimmen können.

Ob anhand dieser Kriterien schon 1969 mit hinreichender Sicherheit abzusehen war, welche Stellung die KWU erreichen würde, wäre nur in einer sehr eingehenden Untersuchung festzustellen, die hier nicht möglich ist.

### cc) Zur Nachfrageseite in Deutschland

Die Struktur der Nachfrage nach großen Kernkraftwerken kann hier nicht im einzelnen behandelt werden. Zu dieser Frage waren auch keine anderen Veröffentlichungen heranzuziehen[121].

Bisher war in Deutschland lediglich ein Auftrag bekannt, der nicht aus dem Abnehmerkreis der Elektrizitätsversorgungsunternehmen stammte; mittlerweile ist er bereits wieder zurückgezogen worden[122]. Nur etwa zehn dieser Unternehmen sind in der Lage, eine große Anlage zu betreiben, während die anderen dazu meist ein GU gründen, an dem oft die großen Konkurrenten beteiligt sind[123].

Angesichts dieser Struktur sind Absprachen zwischen den Nachfragern nach Kernkraftwerken nicht auszuschließen, wobei auch von Bedeutung sein mag, daß diese Unternehmen nach geltendem Wettbewerbsrecht in einem Ausnahmebereich tätig sind.

Vielleicht war dieser Sachverhalt, wie oben beschrieben, ein Motiv für die Gründung der KWU, und es ist nicht ausgeschlossen, daß er als Gegenargument vorgebracht wird, wenn aus wettbewerbspolitischen Überlegungen heraus Kritik an der Stellung der KWU geübt wird. Deshalb ist dieses

---

[121] Zum *Angebotswettbewerb* zwischen den Elektrizitätsversorgungsunternehmen vergleiche Gröner, Helmut, Ordnungspolitik in der Elektrizitätswirtschaft, in: Ordo Band 15/16, Düsseldorf und München 1965, S. 333 ff.; derselbe, Die Ordnung der deutschen Elektrizitätswirtschaft, Baden-Baden 1975; Kobarg, B.

[122] Vergleiche Handelsblatt Nr. 234 vom 15. Dezember 1976, S. 4.

[123] Vgl. Hamm, W., Kollektiveigentum, S. 219 ff.

zusammen mit anderen derartigen Argumenten im folgenden daraufhin zu überprüfen, ob es wettbewerbspolitisch stichhaltig ist.

### dd) Zu den zugunsten der Konzentration angeführten Argumenten

Zugunsten der Gründung der KWU könnte angeführt werden, daß diese Maßnahme notwendig war, um angesichts der oben angedeuteten Struktur der Nachfrage Gegenmacht im Austauschprozeß zu schaffen.

Dagegen ist einzuwenden, daß ein solcher Vorgang die Eignung des Wettbewerbs als Entdeckungsverfahren verringert und zudem oft eine Marktstruktur schafft, die Absprachen zwischen den Konkurrenten fördert. Diese Nachteile aus der Verminderung der Zahl der Marktteilnehmer sind auch bei den unten genannten weiteren Argumenten zu beachten, aber dort nicht immer ausdrücklich ausgewiesen.

Um die Stellung der Elektrizitätsversorgungsunternehmen genauer einschätzen zu können, wären eingehendere Untersuchungen erforderlich. Wahrscheinlich ist diese Stellung als Nachfrager von großen Kernkraftwerken tatsächlich recht stark. So sollen diese Unternehmen auf die Zusammenfassung der Kraftwerkabteilungen von AEG-Telefunken und Siemens in der KWU reagiert haben, indem sie die Schaffung der Babcock-Brown Boveri Reaktor GmbH unterstützten, um der BBC-Gruppe so den Markteintritt zu erleichtern[124].

Sollten die Elektrizitätsversorgungsunternehmen tatsächlich zu stark sein, so wäre jedoch im Interesse der Sicherung des Wettbewerbs nach den Ursachen zu suchen und nach Mitteln zu forschen, die wettbewerbspolitisch weniger bedenklich sind als die Bildung von Gegenmacht. Letztere könnte nämlich im Falle der KWU deren Stellung so sehr verstärkt haben, daß die Elektrizitätsversorgungsunternehmen ihrerseits reagieren, indem sie ihre Position zu verbessern suchen. Von AEG-Telefunken und Siemens zu erwarten, daß sie nur

---

[124] Diese Vermutung hat der Verfasser in den im Laufe dieser Untersuchung geführten Gesprächen gewonnen.

in angemessener Weise Gegenmacht bilden, wäre wirklichkeitsfremd. Letztlich könnte sich so ein bilaterales Monopol herausbilden.

Es besteht aber noch aus einem anderen Grund die Gefahr, daß sich Konzentrationsprozesse, die mit der Notwendigkeit der Bildung von Gegenmacht begründet werden, gegenseitig „hochschaukeln". Es sind nämlich auch die Auswirkungen auf *den* Märkten in Rechnung zu stellen, auf denen die KWU als Nachfrager auftritt. Die Zusammenfassung der Kraftwerkabteilungen blieb auch dort nicht ohne Auswirkungen, da die KWU statt der Gesellschafter Produktionsmittel beschafft. Auch potentiellen oder aktuellen Lieferanten müßte nach der Gründung der KWU die Beschränkung des Wettbewerbs als Mittel zur Bildung von Gegenmacht zugestanden werden, wobei in einer Kettenreaktion wiederum Auswirkungen auf die Lieferanten oder die anderen Abnehmer dieser Unternehmen zu erwarten wären. Aus den genannten Gründen ist dem Argument zu widersprechen, die Schaffung der KWU sei wettbewerbspolitisch wegen der auf einer Marktgegenseite bestehenden Macht gerechtfertigt.

Zugunsten der Schaffung der KWU wurde weiterhin angeführt, daß diese Maßnahme den Gesellschaftern die Schlagkraft gegeben habe, um im Wettbewerb auf dem Weltmarkt den Konkurrenten und da vor allem den US-amerikanischen Unternehmen Paroli zu bieten. In diesem Falle geht es also um Bildung von Gegenmacht im Parallelprozeß. Auch dies ginge auf Kosten der Lieferanten von AEG-Telefunken und Siemens beziehungsweise der Geschäftspartner der KWU.

Der Preis, den unsere Volkswirtschaft für die Exportfähigkeit der KWU zu zahlen hätte, wäre außerdem die oben beschriebene Struktur des Angebots, welche nach der Gründung dieses GU entstanden ist. Es ist auch keineswegs sicher, daß Unternehmen auf lange Sicht im internationalen Wettbewerb bestehen, wenn sie auf dem wichtigsten der Märkte, die sie bedienen, nicht dem harten Wind des Wettbewerbs ausgesetzt sind. Unternehmen, die dagegen auf den Binnenmärkten die Peitsche des Wettbewerbs fühlen, mögen sich zu verstärkten Anstrengungen gezwungen sehen, und die so

„antrainierte" Leistungsfähigkeit kann sie den Konkurrenten aus anderen Ländern überlegen machen[125].

Die Forderung, den Wettbewerb auf dem Binnenmarkt zu beschränken, um auf dem Weltmarkt erfolgreich zu sein, ist schließlich in höchstem Maße inkonsequent. Es liegt nämlich nahe, dann den Binnenmarkt ebenfalls für ausländische Anbieter zu öffnen, um die Vorteile zu erreichen, die der internationale Wettbewerb der eigenen Volkswirtschaft bieten kann. Dies ist im Kernkraftwerkbau bisher noch nicht erreicht, unter anderem deshalb, weil die Sicherheitsbestimmungen für Reaktoren nicht harmonisiert sind[126].

Der hart umkämpfte Weltmarkt allein, auf den die Gesellschafter der KWU verweisen[127], kann derzeit wohl nicht gewährleisten, daß in der Bundesrepublik verhältnismäßig gute Kraftwerke auch zu günstigen Preisen angeboten werden. Abschlüsse im Ausland sind nämlich kaum ein Maßstab für das inländische Geschäft, weil besondere Maßnahmen von merkantilistischem Charakter, wie bilaterale Handelsbeziehungen, Exportsubventionen und Kreditverbilligungen, von Fall zu Fall die Preise beeinflussen.

Auch wäre der Frage nachzugehen, ob der Wettbewerb auf dem Weltmarkt nicht durch die Zusammenarbeit von AEG-Telefunken und Siemens beschränkt worden ist, da das An-

---

125 Vielleicht erklärt sich gerade daraus der Vorsprung mancher deutscher Unternehmen aus anderen Branchen gegenüber Konkurrenten aus Ländern, die der Sicherung des Wettbewerbs weniger Bedeutung beimessen.

Das Beispiel der US-amerikanischen Stahlindustrie zeigt, daß Wettbewerbsbeschränkungen auf dem heimischen Markt die Leistungsfähigkeit einer Industrie schwächen können. (Vergleiche Sohmen, Egon, Wettbewerb, Konzentration und ökonomische Effizienz, in: Ordo Band 20, Düsseldorf und München 1969, S. 127 ff.)

126 Zugleich ist anzustreben, daß auch andere Staaten dirigistische Maßnahmen unterlassen, die die heimische Kraftwerkindustrie schützen. Leider sind dafür die Aussichten derzeit gering. In Italien sollen Aufträge für Kernkraftwerke in einer bestimmten Kapazität vergeben worden sein. Letztere soll so bemessen sein, daß sie mit den Kraftwerktypen, wie sie beispielsweise die KWU bisher erstellt hat, hinsichtlich der Größe *nicht* übereinstimmt. Da die KWU ihre Reaktorkonzeption ändern müßte, ist ihr der Zugang zu diesem Markt erschwert.

127 Vergleiche gemeinsame Presseerklärung von AEG-Telefunken und Siemens vom 29. Oktober 1968.

gebot auf dem Markt, wo die dort tätigen Unternehmen ohnehin der Absprache verdächtigt werden[128], weiter konzentriert wurde[129].

Ein drittes Argument zugunsten der Konzentration im Kernkraftwerkbau ist die mögliche Wechselwirkung zwischen der Unternehmensgröße und dem technischen Fortschritt, welcher zur Entwicklung von Kernkraftwerken mit mehr als 1000 Megawatt Kapazität geführt hat.

Ob die Gesellschafter der KWU bei den kleineren Kernkraftwerken, welche sie vor der Gründung der KWU erstellt haben, die technisch optimale Betriebsgröße erreicht hatten und diese auch auslasten konnten, wurde nicht untersucht. Selbst wenn dies der Fall war, so kann die Erstellung der größeren Einheiten eine Vergrößerung der Betriebe aus Kostengründen nahegelegt haben, denn es waren größere Reaktoren zu planen und zu errichten, und es wurde auch die Gesamtabstimmung größerer Anlagen insgesamt notwendig. Die besonderen Gegebenheiten der Erzeugung von Stromerzeugungsanlagen für den Einsatz in Kernkraftwerken sind unten zu erörtern.

---

[128] Absprachen zwischen Kraftwerkherstellern über die regionale Marktaufteilung waren beispielsweise bereits Gegenstand von Verhandlungen vor den amerikanischen Antitrust-Behörden. (Vergleiche Die Welt Nr. 95 vom 24. April 1970, S. 15.)

[129] Bis kurz vor Abschluß dieser Studie im Jahre 1976 war General Electric weiterhin an AEG-Telefunken beteiligt. (Vergleiche Frankfurter Allgemeine Zeitung Nr. 100 vom 4. Mai 1976, S. 11.) Aus diesem Grunde waren in einem Vorläufer dieser Untersuchung, der dem Bundesministerium für Wirtschaft übergeben worden ist, Bedenken wegen einer Gefährdung des Wettbewerbs zwischen General Electric und der KWU angemeldet worden.

Vor allem aber die Beteiligung von General Electric an der RBU als einem Unternehmen der KWU-Gruppe läßt den Verdacht aufkommen, daß die KWU und General Electric Anlaß haben, sich im Wettbewerb miteinander auf dem Weltmarkt zurückzuhalten. Die RBU befaßt sich nämlich mit der Entwicklung und Fertigung von Reaktorbrennelementen. Diese sind auf die jeweilige Reaktorentwicklung abgestimmt. Wenn die KWU einschneidende Änderungen ihrer Reaktoren plant und deshalb andere Brennelemente entwickelt, ist nicht auszuschließen, daß diese Pläne dem Mitgesellschafter General Electric preisgegeben sind. Wie im dritten Kapitel dargestellt, kann die Institutionalisierung des Preisgabeeffektes durch vertikale GU den Wettbewerb zwischen der KWU und General Electric auf dem Reaktormarkt beschränken.

Weiterhin bestand für die Gesellschafter wahrscheinlich Anlaß zu der Annahme, daß die KWU nach der Zusammenfassung der betreffenden Abteilungen die auf beide Unternehmen andernfalls entfallende Nachfrage zumindest zu einem großen Teil würde übernehmen können. Dadurch schien eine bessere Auslastung der neu zu schaffenden Kapazitäten möglich als bei einem Alleingang der Gesellschafter.

Vielleicht war die Kapazität, die durch die Zusammenfassung in der KWU erreicht wurde, aber auch größer als die zu diesem Zeitpunkt technisch optimale Betriebsgröße. Dieser Frage wäre in einer weiterführenden Untersuchung nachzugehen.

Ein Kernkraftwerk hat eine Bauzeit von mehreren Jahren. Soweit er nicht durch Anzahlungen gedeckt wird, ist ein Teil des Kaufpreises von insgesamt mehr als einer Milliarde DM vorzufinanzieren, und auch das kann 1969 dagegen gesprochen haben, die Zusammenarbeit mehrerer Unternehmen abzulehnen[130].

Der Verfasser hält es weiterhin nicht für ausgeschlossen, daß die besonderen Risiken zugunsten der Schaffung der KWU in Rechnung zu stellen sind, auch wenn er sich mit diesem Gedanken nur kurz auseinandersetzen kann. Möglicherweise sind die Risiken der Kernenergietechnik, die oben bereits angedeutet sind, betriebswirtschaftlich eher zu verantworten, wenn die Zahl der Aufträge je Reaktorhersteller zunimmt.

Vielleicht war 1969 auch nicht von der Hand zu weisen, daß die KWU die Reaktortechnik erfolgreicher vorantreiben würde als ihre Gesellschafter im Alleingang, wenn man der These vertraut, daß größere Unternehmen in manchen Fällen den technischen Fortschritt besser vorantreiben können als kleinere.

---

130 Solange AEG-Telefunken zu den Gesellschaftern zählte, war es jedoch schwierig, der KWU zusätzliches Eigenkapital zuzuführen, denn AEG-Telefunken verfügte nicht über die dazu notwendigen Mittel, wollte aber trotzdem bis zum Abschluß der Verkaufsverhandlungen paritätisch beteiligt bleiben.

Da die Gründung der KWU bereits mehrere Jahre zurückliegt, ist es von Interesse, heute die Frage zu stellen, ob diese Maßnahme tatsächlich zur Forcierung des technischen Fortschritts beigetragen hat. Der Erfolg der KWU ist vor allem in der Entwicklung von Kernkraftwerken der Größe von mehr als 1000 Megawatt zu sehen. Gegenüber der Auffassung, daß keiner der beiden Gesellschafter ohne die Gründung der KWU so erfolgreich gewesen wäre, ist jedoch Skepsis angebracht. Die dieser Entwicklung zugrunde liegende Konzeption geht nämlich auf Siemens zurück, und es ist zu fragen, ob dieses Unternehmen im Alleingang nicht ähnliche Ergebnisse hätte erreichen können.

So ist es nicht auszuschließen, daß die organisatorische Zusammenfassung der Reaktorabteilungen von AEG-Telefunken und Siemens die Weiterentwicklung des betreffenden Reaktors zumindest in der ersten Zeit eher verzögert hat. Dabei kann es anfangs durchaus zu Spannungen gekommen sein, die der Zusammenarbeit wenig förderlich waren[131].

Auf mittlere Sicht ist zu beachten, daß die Reaktortechniker bei AEG-Telefunken vor der Gründung der KWU weniger erfolgreich gewesen zu sein scheinen als die bei Siemens. Wenn das so ist und die Techniker aus beiden Unternehmen ihr Leistungsniveau seither beibehalten haben, so kann das der gesamten KWU als Durchschnitt nur unter dem von Siemens vordem liegen.

AEG-Telefunken konnte anscheinend die Mittel nicht aufbringen, um das Eigenkapital der KWU zu erhöhen, wollte aber die Beteiligung auch nicht vor dem endgültigen Verkauf verringern. Deshalb erhielt die KWU zeitweise nicht die Kapitalzuführungen, die sie für notwendig hielt, was gegen die Auffassung spricht, daß die KWU in der Reaktortechnik erfolgreicher sei als Siemens im Alleingang[132]. Siemens seinerseits hat den Anteil von AEG-Telefunken erworben und verfügt nach allem Anschein auch über die Mittel, um das Kapital der KWU in der von ihr für notwendig gehaltenen Weise aufzustocken. Das spricht für die Vermutung, daß Siemens den Alleingang auch finanziell hätte durchstehen können.

Der Verfasser hält eine mögliche Wechselwirkung zwischen technischem Fortschritt und der Unternehmens- be-

---

131 „Auch beim Siemens-AEG-Gemeinschaftswerk KWU lief zunächst nicht alles nach Wunsch: Nur widerwillig ließen sich Manager und Ingenieure der beiden Elektro-Multis, die — so KWU-Chef Barthelt — ‚hundert Jahre mit langen Messern aufeinander losgegangen waren', zur Kooperation bewegen." (Der Spiegel Nr. 48/1974, S. 78.)

132 Insgesamt sprechen diese Anzeichen für die im zweiten Kapitel getroffenen Feststellungen, daß GU entgegen anderer Ansicht gerade nicht die Unternehmensform sind, welche in jedem Falle besonders effizient arbeitet.

ziehungsweise Betriebsgröße unter wettbewerbspolitischen Gesichtspunkten noch für das am ehesten hinzunehmende Argument zugunsten der Gründung der KWU[133, 134]. Sie macht jedoch die Kerntechnik wohl nicht zu einem Ausnahmebereich, zumindest ist sie bisher nicht zu einem solchen erklärt worden. Trotzdem könnte sie ein Sektor sein, in dem Einschränkungen der Wettbewerbsfreiheit eine bessere Marktversorgung versprochen haben.

Dazu ist jedoch eine Marktstruktur notwendig, die sicherstellt, daß die durch die Beschränkung der Wettbewerbsfreiheit gegebenenfalls erzielbaren einzelwirtschaftlichen Vorteile an die Marktgegenseite weitergegeben werden, und die die betroffenen Unternehmen auch auf längere Sicht zu Anstrengungen um eine bessere Marktversorgung zwingt. Dadurch ist auch der Überlegung Rechnung zu tragen, daß der technische Fortschritt Entwicklungen hervorbringen kann, welche die betreffenden Bereiche auch wieder kleineren Unternehmen zugänglich macht.

Um die Nachteile der Wettbewerbsbeschränkung zu vermindern und zugleich die in diesem Fall nicht auszuschließenden Vorteile der Zusammenarbeit von Konkurrenten zuzulassen, wäre die Beseitigung von Marktzugangsschranken notwendig.

So ist der Zugang zu dem deutschen Markt für Kernkraftwerke, wie bereits angedeutet, durch die besonderen Sicherheitsbestimmungen erschwert. Solange deren Harmonisierung auf internationaler Ebene nicht durchzusetzen ist, wäre daran zu denken, daß mehrere Aufträge für Kernkraftwerke gebündelt werden. Ein ausländischer Reaktorbauer, der die Chance sieht, gleich mehrere Aufträge in Deutschland auf

---

133 Das sind auch die Argumente der Kommission der Europäischen Gemeinschaften zugunsten der Zusammenarbeit im Kernkraftwerkbau. (Vergleiche „Umstrukturierung", S. 15.)

134 Es ist allerdings zu betonen, daß diese Aussagen lediglich für die Reaktortechnik gelten. Die KWU befaßt sich daneben noch mit weiteren Aufgaben, so vor allem im konventionellen Bereich. Auch ist den Auswirkungen auf der Beschaffungsseite damit keine Rechnung getragen. Bei einem Urteil über die KWU insgesamt sind deshalb die weiteren Ausführungen hinzuzuziehen.

einmal zu erhalten, hält die Umstellung seiner Reaktorentwicklung nämlich eher für rentabel, als wenn er dies angesichts der gleichen Kosten nur für einen einzigen Auftrag täte. Damit könnten außer der KWU und der BBC-Gruppe auch die aktuellen Reaktorbauer aus dem Ausland in der Bundesrepublik anbieten.

Es ist aber angesichts der angestrebten Nachfragesteigerung nicht auszuschließen, daß in der Expansionsphase sogar Raum für weitere Anbieter entsteht, die im Besitz der technisch optimalen Betriebsgröße sind, wenn die Nachfrage nach Kernkraftwerken sich gemäß den oben genannten Absichten der Bundesregierung entwickelt[135]. Eine Untersuchung anderer Märkte zeigt jedoch, daß solche „Möglichkeiten für einen stärkeren Wettbewerb nicht genutzt wurden"[136]. Deshalb ist die Untersuchung der Bedingungen des Zugangs zur Reaktortechnik eine Aufgabe, auf die die Wettbewerbspolitik ihre besondere Aufmerksamkeit richten muß.

In der gegenwärtigen Situation ist jedoch außerdem den Auswirkungen der Marktstruktur im Kernkraftwerkbau auf solche Unternehmen Beachtung zu schenken, die Komponenten für Kernkraftwerke liefern.

### ee) Zur Lage der Hersteller von Komponenten

Die Zusammenfassung der Kraftwerkabteilungen von AEG-Telefunken und Siemens dürfte nicht ohne Auswirkungen auf die Unternehmen geblieben sein, von denen die KWU Vorprodukte bezieht oder die Komponenten für Kernkraftwerke erstellen. Vor allem die Situation der Lieferanten von Komponenten scheint von besonderem Interesse.

Die KWU ist nicht nur im Reaktorbau selbst tätig, wo ihre Stellung, wie oben beschrieben, bereits als wettbewerbspolitisch bedenklich gelten kann. Sie dürfte als Generalunternehmer vielmehr auch Einfluß auf die Bestimmung der Liefe-

[135] Vergleiche dazu die diesen Abschnitt einleitenden Ausführungen zur Marktphase im Kernkraftwerkbau.

[136] Müller, Jürgen, Welche Bedeutung haben Fusionen für die wirtschaftliche Konzentration, in: Wirtschaftsdienst, 56. Jahrgang, Hamburg 1976, S. 184.

ranten von Komponenten ausüben. Aus diesem Grunde ist der Frage nachzugehen, ob die Stellung im Reaktorbau sich nicht auch auf den Märkten für Komponenten wettbewerbsbeschränkend auswirken kann.

Möglicherweise haben die Elektrizitätsversorgungsunternehmen aufgrund ihrer Stellung als Nachfrager ebenfalls Einfluß auf die Auswahl der Lieferanten, obwohl die KWU rechtlich der Generalunternehmer ist. Zumindest dürfte die Verhandlungsposition gegenüber den Nachfragern für Kernkraftwerke eher durch die Schaffung der KWU gestärkt sein, so daß die Möglichkeiten der KWU, die Lieferanten zu bestimmen, gewachsen sind. Darauf deutet jedenfalls eine Äußerung aus dem Kreis der Nachfrager hin[137].

Die KWU stellt eine starke Position gegenüber den Herstellern von Komponenten in Abrede. Vielmehr sei es eher so, daß sie von diesen Herstellern abhängig sei, weil diese es in der Hand hätten, durch Verzögerung der Lieferung den Bau der Kernkraftwerke zu blockieren. Dagegen ist einzuwenden, daß gerade die Zusammenarbeit von AEG-Telefunken und Siemens eine stärkere Stellung für die KWU geschaffen hat. Daß die Hersteller der Komponenten alle in ähnlicher Weise reagiert hätten, ist nicht bekannt. Die Verhandlungsposition der KWU dürfte in den meisten Fällen auch deshalb stärker sein, weil es nicht ausgeschlossen ist, daß sie die betreffenden Komponenten selbst fertigt oder aus anderen Quellen bezieht. Angesichts der bestehenden Marktstruktur und besonders der Zugangsbedingungen fällt es der überwiegenden Zahl der Hersteller von Komponenten dagegen ungleich schwerer, ihre Erzeugnisse an andere Abnehmer in Deutschland[138] abzusetzen, und es ist nahezu ausgeschlossen, daß sie ihrerseits den Reaktorbau wagen, um ohne die KWU weiterzuarbeiten. Insgesamt dürften deshalb die besseren Alternativen die Waagschale zugunsten der KWU senken.

---

137 Vergleiche Handelsblatt Nr. 36 vom 20./21. Februar 1976, S. 10.

138 Der Absatz im Ausland kann als Folge einer Politik der Diskriminierung fremder Hersteller erschwert sein oder deswegen, weil die Komponenten an die deutsche Reaktorentwicklung angepaßt sind und eine Änderung aufwendig ist.

Wie oben zu berichten war, erwägt die KWU jedoch mittlerweile die Fertigung von Komponenten, die sie bisher von dritten Unternehmen bezogen hat. Die Gesellschafter der SUT beispielsweise sahen danach keine ausreichenden Absatzmöglichkeiten für die von ihrem GU produzierten Hüllrohre[139].

AEG-Telefunken und Siemens haben andere Komponenten, wie zum Beispiel Stromerzeugungsanlagen, bereits vor der Gründung der KWU hergestellt, worin, wie oben beschrieben, ein Motiv für die Zusammenarbeit gesehen werden kann. Die Tätigkeit der KWU muß — wie in einem der folgenden Abschnitte zu erläutern ist[140] — nicht ohne Auswirkungen auf den Markt für Stromerzeugungsanlagen bleiben.

Für die Zukunft plant die KWU die Gründung eines GU, das Reaktordruckbehälter fertigt. Sie begründet diesen Schritt mit der Notwendigkeit, den Bezug solcher Druckbehälter in ausreichender Qualität zu sichern.

Der Wettbewerbspolitiker geht davon aus, daß sich in der Regel ein Angebot für solche Leistungen bildet, welche mit zureichender Sicherheit nachgefragt werden, sofern dem keine Wettbewerbsbeschränkungen entgegenstehen. Dabei kann der Nachfrager auch seinen Präferenzen bezüglich der Qualität Geltung verschaffen. Einer eingehenden Untersuchung wäre deshalb die Frage wert, ob der Bezug von Druckbehältern in ausreichender Qualität tatsächlich so erschwert ist und wo die Gründe dafür zu vermuten sind.

Eine Ursache kann jedoch gerade darin bestehen, daß die Stellung der KWU und der Elektrizitätsversorgungsunternehmen als Generalunternehmer oder Nachfrager sehr stark ist. Es ist nämlich nicht zu erwarten, daß dritte Unternehmen ein besonders großes Interesse daran haben, sich in die Abhängigkeit von anderen zu begeben. Deshalb werden sie vielleicht auf den Markteintritt verzichten, solange sie in dem betreffenden Bereich noch nicht investiert haben. Das Be-

[139] In diesem Falle ist zudem von besonderem Interesse, daß die KWU die Fertigung der Hüllrohre zusammen mit einem Unternehmen aufnehmen will, an dem Siemens mittelbar beteiligt ist.

[140] Vergleiche dazu die Ausführungen im übernächsten Abschnitt (3. Stromerzeugungsanlagen).

kanntwerden der Pläne der KWU für die Aufnahme eigener Fertigungen in den genannten Fällen kann schließlich einen „announcement effect" für die potentiellen oder aktuellen Hersteller weiterer Komponenten bewirkt haben. Diese müssen sich danach vor Augen führen, daß die mögliche Abhängigkeit von der KWU sich nicht nur in einer Verengung des Verhandlungsspielraumes bei den Lieferverhandlungen auszudrücken braucht, sondern daß sie „über Nacht" von einem Absatzkanal abgeschnitten werden können[141].

In einer weiteren Untersuchung wäre den Auswirkungen nachzugehen, die die Schaffung der KWU und ihre Geschäftspolitik in der Folgezeit auf die Lieferanten hatte. Das scheint notwendig, weil in den oben beschriebenen Vorgängen eine Ursache für die Erschwerung des Marktzugangs zum Kernkraftwerkbau liegen kann.

Dazu kann die folgende Kausalkette führen:

Bei im Ausgangszustand gegebenen Bedingungen des Marktzugangs zum Kernkraftwerkbau bieten sich den Herstellern von Komponenten verhältnismäßig wenig Alternativen. Deshalb mögen sie mit dem Markteintritt zögern. Die KWU fertige daraufhin bestimmte Komponenten selbst. Nun hat der Konkurrent der KWU Anlaß, an der Sicherheit der Belieferung durch die KWU zu zweifeln, und wird überlegen, ob er die Fertigung nicht ebenfalls selbst aufnehmen sollte. Ähnliche Voraussetzungen gelten dann in der Zukunft für alle potentiellen Anbieter von Kernkraftwerken.

Es gibt jedoch weitere Anlässe, der Stellung der Lieferanten von Kraftwerkkomponenten besondere Aufmerksamkeit zu widmen. Der eine ist die Aufgabe, die Entscheidungsfreiheit außenstehender Unternehmen zu schützen, vor allem auch deshalb, weil sie ihrerseits Alternativen darstellen und zur Verbesserung der Marktversorgung beitragen können.

Der andere ist darin zu sehen, daß den Staat gerade im Kernkraftwerkbau eine besondere Verantwortung trifft. Die Stellung der Reaktorhersteller beziehungsweise der Generalunternehmer allein hat wettbewerbspolitisch bereits als nicht

---

[141] Es zeigt sich demnach, daß die Vergrößerung des Finanzierungsvolumens, die auch als Argument zugunsten der Gründung der KWU genannt wurde, sogar bedenklich sein kann, wenn sie der vertikalen Integration der KWU dient.

unbedenklich zu gelten. Die bestehende Struktur des Kernkraftwerkbaues gründet jedoch auch oder vor allem auf staatlichen Maßnahmen wie beispielsweise auf Finanzhilfen für die Entwicklung von Reaktoren.

### 2. Kernkraftwerke mit anderen Reaktoren

Schnelle Brutreaktoren und Hochtemperaturreaktoren befinden sich, wie oben erläutert wurde, noch in der Experimentierungsphase.

In Deutschland befassen sich mit der KWU und der BBC-Gruppe nur solche Unternehmen mit der Entwicklung dieser Reaktoren, welche bereits Leichtwasserreaktoren anbieten[142]. Es muß nicht im Interesse dieser Unternehmen liegen, die Forschung an den anderen Reaktoren mit dem letzten Einsatz zu betreiben, denn ein Durchbruch zur Marktreife kann zur Folge haben, daß ceteris paribus weniger Leichtwasserreaktoren nachgefragt werden[143].

Die KWU arbeitet vor allem an der Entwicklung des Schnellen Brüters, die BBC dagegen am Hochtemperaturreaktor. Wenn der Einfluß dieser beiden Unternehmen auf staatliche Stellen und die Öffentlichkeit unterschiedlich groß ist, besteht die Gefahr, daß ein Reaktortyp Priorität in der Entwicklung erhält, ohne tatsächlich technisch überlegen zu sein[144]. Möglicherweise bedeutet dies eine Kürzung der Mittel für den anderen Reaktor.

---

142 Diese Situation ist wesentlich bedingt durch die Beteiligung von Siemens an der Interatom und durch deren Einbringung in die KWU sowie durch die Schaffung der BBR. Diese Vorgänge sind oben beschrieben.

143 Zumindest der Hochtemperaturreaktor könnte eines Tages den Leichtwasserreaktor ersetzen, weil er eine bessere Wärmeausnutzung verspricht.

144 Ein solcher Verdacht wurde bereits angedeutet: Die Vorzüge des Hochtemperaturreaktors würden nicht in der gebührenden Weise herausgestellt. „Daß die HTR-Seite (das sind die Unternehmen, die sich mit dem Bau des Hochtemperaturreaktors befassen — Anmerkung des Verfassers) das unterläßt, ist vielleicht angesichts der wirtschaftlichen Machtverhältnisse im reaktortechnischen Bereich verständlich, der Allgemeinheit und der Wirtschaft selbst ist damit nicht gedient." (Rudzinski, K., Die scheinheile Welt der Kernenergie.)

### 3. Stromerzeugungsanlagen

#### a) Anlagen ab 300 Megawatt

Die folgenden Ausführungen über Turbinen und Generatoren umfassen alle Stromerzeugungsanlagen, die in Kraftwerken, seien sie konventionell oder nuklear betrieben, zum Einsatz kommen.

Nach Angaben der KWU haben AEG-Telefunken und Siemens vor der Gründung lediglich Stromerzeugungsanlagen bis etwa 300 Megawatt hergestellt. Deshalb ergeben sich bei der Beurteilung der Auswirkungen der Zusammenarbeit auf diesem Markt wieder die Schwierigkeiten, welche die Beurteilung von gemeinsamen Neuerrichtungen aufwirft, weil die Gesellschafter über keine Marktanteile verfügen. Nach Angaben der KWU hätten die Gesellschafter den Markteintritt zudem kaum gewagt[145].

Eine eingehende Marktanalyse aus heutiger Sicht war nicht möglich. Eine derartige Untersuchung hätte dem folgenden Gedanken Rechnung zu tragen: Das Größenwachstum der Stromerzeugungsanlagen hat die technisch optimale Betriebsgröße möglicherweise nach oben verschoben. Dadurch wäre der Marktzugang für alle potentiellen Hersteller erschwert. In dieser Situation kann die Fähigkeit einzelner Unternehmen, Reaktoren herzustellen und damit als Generalunternehmer Kernkraftwerke anzubieten, die Zugangsschranken zum Bau von großen Stromerzeugungsanlagen jedoch noch zusätzlich erhöhen. Dies wäre der Fall, wenn die Generalunternehmer selbst solche Anlagen herstellen und sich mit Hilfe ihrer Schlüsselstellung im Reaktorbau einen besseren Zugang zum Absatz von Stromerzeugungsanlagen sichern können.

Ein potentieller Konkurrent sähe sich dann nicht nur den Barrieren gegenüber, welche sich aus der Höhe der technisch optimalen Betriebsgröße ergeben. Vielmehr besteht die Gefahr, daß er zudem noch aus einem Bereich des Turbinen- und

---

[145] Die Schwierigkeiten der Beurteilung gemeinsamer Neuerrichtungen sind im zweiten Kapitel dargestellt. Dort war auch zu vermerken, daß die Aussagen der Betroffenen von der Intention bestimmt sein könnten, das Urteil zu beeinflussen.

Generatorenbaues ausgeschlossen ist und seine Chancen, die technisch optimale Betriebsgröße ausnutzen zu können, ceteris paribus noch geringer sind. Angesichts der oben angedeuteten Bedingungen des Marktzuganges dürfte ihm der erfolgreiche Durchbruch in der Reaktorforschung andererseits ebenfalls sehr schwerfallen[146]. Wie bereits im vorhergehenden Abschnitt betont, verdient diese Situation schon allein deshalb besonderes wettbewerbspolitisches Interesse, weil auch staatliche Maßnahmen zur heutigen Stellung der Reaktorhersteller beigetragen haben[147].

### *b) Anlagen von 100 bis 300 Megawatt*

Die KWU hat von Siemens und AEG-Telefunken Produktion und Vertrieb der Stromerzeugungsanlagen zwischen 100 und 300 Megawatt übernommen. Auf diesem Markt vollzog sich ihre Schaffung also im Rahmen einer gemeinsamen Ausgliederung. Die Marktanteile der Gesellschafter lagen nach den Erkenntnissen, welche in der zur Verfügung stehenden Zeit und mit den beschriebenen Mitteln zu gewinnen waren, bei mindestens 20 Prozent je Gesellschafter. Der Markt für diese kleineren Anlagen dürfte sich in einer der späten Phasen befinden.

Unter solchen Voraussetzungen könnte in der Zusammenfassung dieser Tätigkeiten in der KWU eine Wettbewerbsbeschränkung zu sehen sein. Auf dem relevanten Markt

---

146 Die Maschinenfabrik Augsburg Nürnberg, die bei den kleineren Stromerzeugungsanlagen mit der KWU und BBC konkurriert, soll sich in einer solchen Lage gesehen haben. Sie hat sich daraufhin auf die Lieferung von Turbinenteilen spezialisiert und arbeitet außerdem mit französischen Unternehmen zusammen. Einen Teil ihrer Tätigkeiten scheint sie mittlerweile in die Energie- und Verfahrenstechnik GmbH eingebracht zu haben. Letztere ist ein GU, an dem auch die Combustion Engineering, also der vierte Reaktorbauer in den USA, beteiligt ist. (Vergleiche wer gehört zu wem, S. 232.)

147 Die Ausführungen in diesem Abschnitt können außerdem als Beleg für die Aussagen im ersten Teil der Studie herangezogen werden. Danach sind bei der Beurteilung von Unternehmen nicht nur die Marktanteile der Gesellschafter heranzuziehen, sondern auch deren Ressourcen, welche die Marktstruktur in der Zukunft beeinflussen können. Im Hinblick auf den Markt für Turbinen und Generatoren wäre dies die Stellung der Gesellschafter im Reaktorbau.

dürfte auch das Argument der wachsenden technisch optimalen Betriebsgröße von weit geringerem Gewicht sein als beim Bau größerer Stromerzeugungsanlagen oder in der Reaktortechnik.

Schließlich können Anlagen der hier zur Frage stehenden Größe anders als Kernkraftwerke von einer größeren Zahl von Elektrizitätsversorgungsunternehmen oder auch von anderen Unternehmen nachgefragt werden.

Deshalb ist festzuhalten, daß selbst dann, wenn alle anderen Bedenken gegen die Gründung der KWU und die in der Folgezeit entstandene Marktstruktur im Kernkraftwerkbau beiseite gelassen werden, noch wettbewerbspolitische Einwände angebracht sind, denn die KWU ist nicht nur eine „Kernkraftwerk Union"[148].

### c) *Anlagen bis zu 100 Megawatt*

Kleine Turbinen und Generatoren wurden auch nach der Gründung der KWU von AEG-Telefunken und Siemens hergestellt und vertrieben. Auch in diesem Bereich waren jedoch Beschränkungen des Wettbewerbs nicht auszuschließen, solange die beiden Unternehmen gemeinsam die KWU führten, denn die Zusammenarbeit in der KWU kann marktübergreifende Effekte auf den Wettbewerb bei den kleineren Anlagen gezeitigt haben[149]. Letztere stehen in gewissem Umfang im Substitutionswettbewerb mit Anlagen größerer Kapazitäten, da es den Nachfragern technisch möglich ist, eine größere Anlage durch mehrere kleine zu ersetzen. Aus diesem Grunde waren die oben beschriebenen, besonderen marktübergreifenden Effekte horizontaler GU zu befürchten. Um das Ausmaß dieser Gefahren genauer zu beschreiben, fehlen die Kenntnisse über die Marktanteile von AEG-Telefunken und Siemens.

148 Es war allerdings auch kaum zu erwarten, daß die Gesellschafter die KWU gerade in der gesamtwirtschaftlich und somit wettbewerbspolitisch vorteilhaftesten Weise ausstatten würden. Ähnliche Überlegungen, wie sie oben für den Bau von Stromerzeugungsanlagen angestellt wurden, hätten auch für den Bau von Transformatoren zu gelten, den die Gesellschafter uno actu mit der Schaffung der KWU in der Transformatoren Union zusammenfaßten.

149 Vergleiche dazu die Ausführungen im dritten Kapitel.

### III. Die Anwendung des fünften Kriteriums

Im ersten Teil wird gefordert, daß bei der Beurteilung von GU neben anderem zu beachten ist, ob die Gesellschafter auf dritten Märkten im Wettbewerb miteinander stehen. Dieser Forderung tragen die derzeit geltenden Bestimmungen des Gesetzes gegen Wettbewerbsbeschränkungen jedoch keine Rechnung.

Welche Folgen marktübergreifende Effekte gerade bei GU wie der KWU zeitigen können, darüber läßt sich anhand der Anteile der Gesellschafter auf dritten Märkten eine Meinung bilden. Auf manchen Teilmärkten des Hausgerätesektors hatten sowohl AEG-Telefunken als auch Siemens zu dem Zeitpunkt, als sie die KWU gründeten und während der folgenden Zusammenarbeit einen Anteil von mehr als 20 Prozent. Nach dem Wert der am 1. Januar 1974 in der Bundesrepublik Deutschland installierten Prozeßrechner nahmen Siemens mit 33,6 und AEG-Telefunken mit 21 Prozent der Marktanteile die beiden ersten Ränge ein[150]. Auf anderen Märkten dürften die Anteile noch mehr Anlaß zu Bedenken gegeben haben, doch fehlen genaue Angaben. Ohne die Bedeutung von AEG-Telefunken oder Siemens in der Elektrotechnik im einzelnen zu analysieren, kann festgestellt werden, daß gerade die Zusammenarbeit dieser beiden Unternehmen wegen der Gefahr marktübergreifender Effekte auf dritte Märkte besonders bedenklich war.

Da AEG-Telefunken und Siemens aber auch in weiteren GU zusammenarbeiten[151] und diese zum Teil bereits vor der KWU bestanden[152], wären auch dann marktübergreifende Effekte der Zusammenarbeit in GU zu befürchten, wenn die KWU nicht geschaffen worden wäre.

---

[150] Vergleiche Diebold Deutschland GmbH, S. 67.

[151] Vergleiche wer gehört zu wem, S. 802 und S. 894. Dort sind die Beteiligungen von AEG-Telefunken und Siemens an *den* Unternehmen zusammengefaßt, die in diesem Handbuch verzeichnet sind. Vergleicht man die Übersichten über die Beteiligungen von Siemens und AEG-Telefunken, so sind mehrere Gesellschaften festzustellen, an denen beide beteiligt sind.

[152] Die KWU selbst kann möglicherweise bereits als die Folge einer Zusammenarbeit in anderen Bereichen angesehen werden.

Trotzdem war auch die Zusammenarbeit der Gesellschafter in der KWU bedenklich. Gerade die Verhandlungen über den Verkauf der Anteile an der KWU durch AEG-Telefunken an Siemens schufen noch einmal sehr viele persönliche Kontakte, die nicht ohne Auswirkungen für das Verhalten auf dritten Märkten bleiben müssen.

Nach dem Verkauf der KWU-Anteile von AEG-Telefunken an Siemens ist eine Verbindung zwischen diesen beiden Unternehmen gekappt worden. Andere Verflechtungen bestehen dagegen weiter, beispielsweise über die fortdauernde Zusammenarbeit in der TU.

Lenel hat die Auffassung vertreten, die KWU stelle möglicherweise nur eine Masche in einem ganzen Netz von Wettbewerbsbeschränkungen zwischen AEG-Telefunken und Siemens dar[153]. Danach war der Wettbewerb zwischen beiden Unternehmen bereits zum Zeitpunkt der Gründung der KWU vermindert. Auch wer diesen Standpunkt vertritt, kann aber nicht ausschließen, daß heute in den anderen Tätigkeitsbereichen mehr Wettbewerb zwischen den Gesellschaftern herrschen würde, wenn es nicht zur Gründung der KWU gekommen wäre. Ohne die dadurch mögliche Zusammenarbeit bestünden nämlich im Kraftwerkbau vielleicht die durch den Wettbewerb im Parallelprozeß verursachten Spannungen zwischen AEG-Telefunken und Siemens, und diese könnten die Stabilität gegebenenfalls bestehender weiterer Wettbewerbsbeschränkungen zwischen beiden Unternehmen erschüttern[154].

Bedenken gegen die Gründung der KWU und ihre seither erreichte Stellung sind damit nicht allein wegen der oben angedeuteten Auswirkungen in den verschiedenen Teilbereichen des Kraftwerkmarktes vorzubringen.

Vielmehr gibt gerade die Tatsache Anlaß zu Bedenken, daß zwei Unternehmen zusammenarbeiteten, deren Wettbewerbs-

---

153 Vergleiche Lenel, H. O., Die Problematik der Kartelle und Syndikate, S. 206.

154 Dieser Gedanke wurde im dritten Kapitel bereits einmal geäußert. Er ist auch hier zu nennen, da Lenels Überlegung für die Gesellschafter der KWU im besonderen gilt.

verhältnis untereinander die Entwicklung einer Branche in einer Weise prägt, wie dies Siemens und AEG-Telefunken für die deutsche Elektrotechnik tun.

### IV. Das Ausscheiden von AEG-Telefunken aus der Kraftwerk Union und die möglichen Folgen für den Wettbewerb auf dem Kraftwerkmarkt

Möglicherweise ist AEG-Telefunken in der Zukunft eher bereit, auf einzelnen Teilmärkten des Kraftwerkmarktes den Wettbewerb mit Siemens und der KWU zu suchen. Das ist zum Beispiel bei den Stromerzeugungsanlagen bis etwa 100 Megawatt wahrscheinlich. Vielleicht wird AEG-Telefunken auch wieder größere Stromerzeugungsanlagen anbieten, wie dies der Fall war, bis Siemens und AEG-Telefunken diese Tätigkeit gemeinsam ausgliederten und in der KWU zusammenfaßten. Dadurch könnte sich ceteris paribus die Zahl der Alternativen erhöhen, verglichen mit der Lage nach der Gründung der KWU. Aus der Sicht des Jahres 1976 scheint es jedoch kaum vorstellbar, daß AEG-Telefunken noch einmal das Risiko eingeht, Kernkraftwerke anzubieten.

Über das Ausscheiden von AEG-Telefunken dürfen jedoch keinesfalls die unmittelbaren Folgen für den Wettbewerb vergessen werden, die die Gründung der KWU hatte. Diese Nachteile sind vor allem darin zu sehen, daß derzeit auf verschiedenen Teilmärkten des Kraftwerkbaus nur noch die KWU anstelle ihrer beiden Gründer tätig ist.

*Siebentes Kapitel*

# Die Pfaff Pietzsch Industrieroboter GmbH

## A. Industrieroboter und Manipulatoren

Industrieroboter werden von Warnecke und Schraft als „in mehreren Bewegungsachsen frei programmierbare, mit Greifern oder Werkzeugen ausgerüstete automatische Handhabungseinrichtungen, die für den industriellen Einsatz konzipiert sind"[1], definiert. Um ihren Aufbau zu erklären, ist es vorteilhaft, zwischen zwei Teilen dieser Geräte zu unterscheiden.

Bei dem mechanischen Teil handelt es sich meist um hydraulisch, elektrisch oder durch Druckluft bewegte Greifarme, die bestimmte Verrichtungen durchführen. Sie nehmen etwa ein Werkstück an einer genau vorgegebenen Stelle auf und legen es an einer präzise vorgegebenen Stelle, zum Beispiel auf einem Schweißapparat, ab. Andere Roboter übernehmen wie ein Arbeiter, der ein Schweißgerät oder eine Farbpistole in der Hand hält, auch solche Arbeitsgänge, die über die reine Transportfunktion hinausgehen.

Die Verrichtungen dieser Greifarme lassen sich mit Hilfe des elektronischen Teils der Anlage steuern. Der Benutzer eines Industrieroboters kann dessen Tätigkeit vorprogrammieren, indem er die gewünschten Tätigkeiten mit direkter Steuerung einmal ausführt. Der elektronische Teil speichert diese Abfolge und gibt für den Einsatz „Befehle" an den mechanischen Teil, wodurch der Industrieroboter die programmierten Verrichtungen selbständig wiederholen kann.

Der Preis für einen Industrieroboter einschließlich der betrieblichen Umrüstungskosten betrug Anfang 1975 etwa 100 000 DM[2].

Von Industrierobotern zu unterscheiden sind Manipulatoren, die Bewegungen auf unmittelbare Steuerung hin ausführen. Die Abläufe sind, anders als bei Industrierobotern, nicht vorprogrammiert. Der Unterschied zwischen Manipulatoren und Industrierobotern ist demnach darin zu sehen, daß bei ersterem der elektronische Teil, die Prozeßsteuerung, fehlt. Vereinfacht dargestellt bestehen Manipulatoren aus

[1] Warnecke, Hans-Jürgen, und Schraft, Rolf-Dieter, Industrie-Roboter, Mainz 1973, S. 14.

[2] „Um einen Arbeiter durch einen Roboter ersetzen zu können, braucht man rund 100 000 DM." (Hans-Jürgen Warnecke, der Direktor des Instituts für Produktionstechnik und Automatisierung der Fraunhofer-Gesellschaft an der Universität Stuttgart, in einem Gespräch mit Redakteuren der Wirtschaftswoche, in: Wirtschaftswoche Nr. 6 vom 31. Januar 1975, S. 49.)

einem Teil, der im Aufbau der mechanischen Komponente der Industrieroboter entspricht, und sind darüber hinaus mit einer Einrichtung zur Fernbedienung ausgestattet.

Zu den Manipulatoren zählen beispielsweise Baukräne, aber auch medizinische Anlagen, die teilgelähmten Patienten mit Handreichungen helfen, indem sie gegebenenfalls die Funktion eines gelähmten Armes übernehmen. In Kernkraftwerken werden Manipulatoren verwendet, weil Menschen sich nicht der Strahlenbelastung aussetzen dürfen, welche beispielsweise beim Auswechseln von Brennelementen unmittelbar „vor Ort" besteht.

## B. Die Marktphase

Der Markt für Industrieroboter befindet sich derzeit in einer der frühen Phasen, wahrscheinlich in der späten Experimentierungsphase oder im Übergang zur Expansionsphase.

Industrieroboter, wie sie heute für den industriellen Einsatz angeboten werden, sind „dumm", das heißt, sie können die zu bewegenden Werkstücke weder suchen, wenn sie nicht an dem genau definierten Platz liegen, noch können sie unter mehreren das richtige auswählen. Um auch solche Aufgaben lösen zu können, fehlt den Robotern bisher die Möglichkeit der Wahrnehmung. Ein Insider schraubt deshalb allzu hoch gesteckte Erwartungen zurück: „Industrieroboter haben zwar geringe Ansprüche und sind arbeitsfreudig, jedoch programmierte Idioten[3]."

Daß dennoch bereits Industrieroboter eingesetzt werden, erklärt sich daraus, daß gerade für solche abwechslungslose Verrichtungen, auf die Roboter derzeit beschränkt sind, oft nur schwer Arbeitskräfte zu finden sind. Auch dort, wo der Produktionsprozeß unzumutbare Lärm- und Hitzebelästigungen verursacht, andererseits aber trotzdem ein Transport von Werkstücken notwendig ist, ersetzen Roboter bereits heute in beschränktem Umfang die menschliche Arbeitskraft.

Nach Schätzungen waren Ende 1974 in der Bundesrepublik Deutschland 133, in ganz Europa 800, in den USA 600 und in Japan

---

[3] Gengenbach, Otto, zitiert nach Wirtschaftswoche Nr. 6 vom 31. Januar 1975, S. 48.

5000 Roboter im Einsatz. Japanische Unternehmen gelten dank staatlicher Hilfe und wegen ausgeprägter Rationalisierungsbestrebungen in der japanischen Industrie auch als führende Anbieter von Industrierobotern auf dem Weltmarkt[4]. Schwedische und US-amerikanische Konkurrenten folgen ihnen mit geringem Abstand.

Hinsichtlich der weiteren Entwicklung kamen US-amerikanische Marktforschungsunternehmen in einer Studie zu dem Schluß, daß die Einsatzmöglichkeiten von Industrierobotern in den achtziger Jahren wesentlich umfangreicher sein werden und mit einem starken Anwachsen der Nachfrage zu rechnen ist[5].

Nach dem Urteil der Fachleute sind dazu jedoch noch verschiedene „Komplementärerfindungen"[6] notwendig. So müßten die Roboter mit Sensoren ausgestattet werden, und die Greifwerkzeuge wären anpassungsfähiger zu gestalten, um das Anwendungsgebiet zu erweitern[7].

Industrieroboter werden überwiegend zur Herstellung kleinerer Losgrößen eingesetzt und werden deshalb in der Zukunft verhältnismäßig einfach auf verschiedene Verrichtungen umrüstbar sein müssen. Dazu sind entweder Universalroboter zu entwickeln, welche wiederum zu teuer sein können, oder es wäre ein Baukastensystem zu entwerfen, um einen Robotertyp jeweils für neue Aufgaben auszustatten[8]. Weiterhin besteht die Aussicht, daß „ganze Fertigungs-

---

[4] Diese Angaben sind einem Gespräch zwischen Hans-Jürgen Warnecke und Redakteuren der Wirtschaftswoche entnommen. (Abgedruckt in: Wirtschaftswoche Nr. 6 vom 31. Januar 1975, S. 48 f.) Für Ende 1975 nennt Warnecke jedoch eine andere Zahl: „In Deutschland werden zur Zeit nur etwa 1000 Geräte eingesetzt." (Derselbe, Das Ziel heißt Flexibilität/Entwicklungstendenzen in der Produktionstechnik, in: Blick durch die Wirtschaft Nr. 287 vom 11. Dezember 1975, S. 3.)

[5] Vergleiche Blick durch die Wirtschaft Nr. 258 vom 6. November 1974, S. 1. Schätzungen für Europa lassen einen Absatz von 3000 bis 10 000 Industrierobotern bis 1980 erwarten. (Hans-Jürgen Warnecke im Gespräch mit Redakteuren der Wirtschaftswoche, abgedruckt in: Wirtschaftswoche Nr. 6 vom 31. Januar 1975, S. 49.)

[6] Heuß, E., Allgemeine Markttheorie, S. 26.

[7] Vergleiche Warnecke, H.-J., Das Ziel heißt Flexibilität.

[8] Vergleiche Warnecke, H.-J., und Schraft, R.-D., Industrie-Roboter, S. 42, oder Toussaint, Dietrich, Roboter arbeiten klaglos bei Hitze, Schmutz und Lärm/Handhabeautomaten als unermüdliche Helfer, in: Handelsblatt Nr. 30 vom 12. Februar 1975, S. 23.

planungen ... bezüglich der Maschinen- und Ablaufpläne unter dem Aspekt der Verwendung von Industrie-Robotern andersartig zu konzipieren"[9] sind. Dann kann sich ein Hersteller solcher Geräte einen wichtigen Vorsprung im Wettbewerb verschaffen, indem er zusätzlich zu den Robotern auch Beratungsleistungen anbietet[10].

Schließlich mag die Entwicklung in der Zukunft auch dahin gehen, daß Industrieroboter über „Anschlußmöglichkeit(en) ... an einen Zentralrechner"[11] verfügen.

## C. Die Gründung der Pfaff Pietzsch Industrieroboter GmbH

Nachdem beide Unternehmen bereits seit längerer Zeit in Liefer- und Leistungsbeziehungen standen, gründeten die Pfaff Industriemaschinen GmbH und die Pietzsch-Gruppe 1973 die Pfaff Pietzsch Industrieroboter GmbH (PPI).

Pfaff stellt Haushalts- und Industrienähmaschinen, Bügelmaschinen, Beschriftungseinrichtungen, Förderanlagen und weitere Erzeugnisse aus dem Bereich der Gußtechnik und Feinmechanik her[12].

Die Gesellschaften der Pietzsch-Gruppe[13] befassen sich vor allem mit Entwicklungsaufgaben für Auftraggeber aus dem staatlichen oder privatwirtschaftlichen Sektor.

Außerdem fertigt Pietzsch Geräte aus dem Bereich der Prozeß-Automatisierungstechnik. So stellt die Gruppe elektronische Anlagen zur Absicherung von Kränen her, die eine einseitige Überlastung und damit ein Umkippen verhindern

---

9 Toussaint, D.

10 In der Sprache der elektronischen Datenverarbeitung, die verschiedene Parallelen zu der hier zur Frage stehenden Branche aufweist, heißt das, daß neben den Industrierobotern als „hardware" auch „software" zu entwickeln ist.

11 Warnecke, H.-J., und Schraft, R.-D., Industrie-Roboter, S. 43. Ebenso: „Zweifellos werden Computer die Fähigkeiten der Industrie-Roboter erheblich erweitern." (Toussaint, D.)

12 Vergleiche Pfaff-Geschäftsbericht 1975, S. 14 ff.

13 Vergleiche zum Aufbau und den Tätigkeitsgebieten der Pietzsch-Gruppe den von diesem Unternehmen herausgegebenen Prospekt „Neue Technologien — Erfolgreiche Produkte".

sollen. Ein zweites Erzeugnis sind sogenannte Straßenwaagen, welche stationär im Straßenverkehr eingerichtet sind, um das Gewicht des über sie rollenden Verkehrs zu ermitteln und festzuhalten: „Mit über hundert Stationen, die von der PAT (das ist ein Unternehmen aus der Pietzsch-Gruppe — Anmerkung des Verfassers) entwickelt, produziert und gewartet werden, betreut PAT das größte zusammenhängende Datenerfassungsnetz"[14] für Verkehrswiegetechnik in der Bundesrepublik Deutschland.

Die Gesellschafter übernahmen das Kapital der Pfaff Pietzsch Industrieroboter GmbH je zur Hälfte. Pietzsch verkaufte an das GU Vertragsschutzrechte über Industrieroboter, die dem GU in der Aufbauphase helfen sollten.

Die Pfaff Pietzsch Industrieroboter GmbH hat einen Kooperationsvertrag mit den Industrie-Werken Karlsruhe Augsburg über den Vertrieb von Robotern abgeschlossen[15]. Die Gesellschafter setzten dabei wahrscheinlich auf die Erfahrungen, die dieses Unternehmen sich in der Zeit erworben hat, als es die Alleinvertriebsrechte für einen bekannten ausländischen Roboterhersteller besaß. Die PPI hat sich ausschließliche Rechte für den Vertrieb von Robotern und Manipulatoren im medizinischen Bereich und in der Textilverarbeitung vorbehalten.

## D. Die Motive der Gesellschafter

### I. Die Aufnahme der Entwicklung von Industrierobotern

Industrieroboter sind angebotsverwandt[16] mit anderen Produkten oder Verfahren, die Pietzsch bereits geschaffen hatte. Angesichts der besonderen Produktionsbedingungen ist der Begriff „Entwicklungsverwandtschaft" zutreffend. Vom elek-

[14] Ebenda.

[15] Vergleiche Werkszeitschrift der G. M. Pfaff AG, „Pfaffianer", 2/1974, S. 6.

[16] Die Angebotsverwandtschaft findet ihren Niederschlag in der „Homogenität in bezug auf das Herstellverfahren". (Grossekettler, H., Macht, Strategie und Wettbewerb, S. 229.)

tronischen Teil her sind Industrieroboter entwicklungsverwandt mit anderen Produkten der Pietzsch-Gruppe aus dem Bereich der Prozeßautomatisierungstechnik. Da dieses Unternehmen außerdem bereits einen medizinischen Manipulator entwickelt hat, bestehen auch für den mechanischen Teil des Industrieroboters Beziehungen ähnlicher Art zu vorangegangenen Arbeiten des Hauses. Deshalb lag es für Pietzsch nahe, sich mit Industrierobotern zu befassen.

Der Entscheidung des Unternehmens Pfaff, Industrieroboter zu entwickeln, mögen Überlegungen verschiedener Art zugrunde liegen[17]. Neben dem Motiv der Diversifikation allgemein ist zu beachten, daß solche Geräte für den Einsatz im eigenen Unternehmen geeignet sind. Hinzu kommt, daß der mechanische Teil angebotsverwandt mit anderen Produkten dieses Unternehmens ist und daß die Erweiterung des Produktionsprogramms vielleicht eine bessere Auslastung der bestehenden Betriebsanlagen in der Feinmechanik versprach.

Schließlich mag auch der Gedanke mitgespielt haben, daß Industrieroboter auch in der Textilbearbeitung Einzug halten werden, wenngleich dem bisher noch ungelöste technische Probleme entgegenstehen. Pfaff kann sich als Hersteller von Textilbearbeitungsmaschinen jedoch einen Vorsprung im Wettbewerb versprechen, wenn das Unternehmen sich intensiv mit den neuesten Entwicklungen der Robotertechnik befaßt. Dadurch kann sich das Unternehmen nämlich vor den Konkurrenten die Möglichkeit erschließen, seine Produkte mit Robotern zu koppeln[18].

---

[17] Vergleiche Werkszeitschrift der G. M. Pfaff AG „Pfaffianer", 2/1974, S. 5.

[18] In einem Aufsatz deutet der von Pfaff bestellte Geschäftsführer der Pfaff Pietzsch Industrieroboter GmbH an, daß der Einsatz von Industrierobotern grundlegende Veränderungen in der Anordnung der Betriebsanlagen zur Folge haben kann, sobald die Probleme, die sich ihrer Verwendung in den Weg stellen, gelöst sind. Gerade unter diesem Gesichtspunkt kann es für einen Anbieter von Textilbearbeitungsmaschinen interessant sein, die neuesten Entwicklungen in der Produktion von Industrierobotern zu kennen. (Vergleiche Röhlke, Gerhard, Industrieroboter für die Bekleidungsherstellung, in: Bekleidung und Wäsche 20/1973, S. 1567 ff.)

## II. Die Zusammenarbeit in der Roboterentwicklung

Anscheinend hat Pfaff sich mit Aufgaben, wie sie die Fertigung des elektronischen Teiles von Industrierobotern aufwirft, vor der Gründung des GU nicht selbst befaßt. Das dürfte in ähnlicher Weise auch in der Zukunft für die Entwicklung von Sensoren gelten. Statt diese Komponenten von Dritten zu beziehen, mag Pfaff in der Zusammenarbeit mit einem geeigneten Partner den Weg gesehen haben, der mehr Erfolg versprach.

Pietzsch andererseits hatte solche Geräte zumindest zu einem Teil bereits geschaffen und verfügte zudem über das know-how für die Fertigung von Industrierobotern. Er sah sich jedoch angesichts der Größe seines Unternehmens[19] dem Problem gegenüber, den zusätzlichen Kapitalbedarf zu decken, den die Aufnahme des Industrieroboters in sein Produktionsprogramm verursachen konnte.

Gutenberg untersucht die Veränderungen des Kapitalbedarfes einer Unternehmung bei Aufnahme eines neuen Erzeugnisses in ein bestehendes Verkaufsprogramm. Ursachen für zusätzlichen Kapitalbedarf sieht er vor allem im Produktions-, im Entwicklungs- und im Vertriebsbereich.

Gerade seine Aussagen über die Veränderungen des Kapitalbedarfs im Vertriebsbereich deuten an, welche Überlegungen ein Unternehmer wie Pietzsch in der gegebenen Entscheidungssituation anstellen mußte:

„Die Ausgaben für Marktuntersuchungen, für Werbemaßnahmen, für die Ausweitung des Vertriebsapparates als solchen steigen unter anderem mit dem Abstand der neuen Erzeugnisqualitäten von der qualitativen Beschaffenheit der bisher durch das Unternehmen verkauften Erzeugnisse. Sie hängen von der Möglichkeit, die Kontakte mit den bisherigen Käuferschichten auszunutzen, von der

---

[19] Um die Größe der Pietzsch-Gruppe anzudeuten, seien einige Zahlen genannt, denen die entsprechenden Angaben von Pfaff gegenübergestellt sind (Stichtag 31. Dezember 1973):

| | Pietzsch-Gruppe | Pfaff |
|---|---|---|
| Kapital (in Millionen DM) | 1<br>(Eigenkapital) | 30<br>(Grundkapital) |
| Beschäftigtenzahl | 100 | 8649 |
| Umsatz (in Millionen DM) | 11 | 405 |

*Quellen:* „Neue Technologien — erfolgreiche Produkte", Prospekt der Forschungsgruppe Pietzsch, und Pfaff-Geschäftsbericht 1973, S. 2.

regionalen Verteilung der für die neuen Erzeugnisse in Frage kommenden Käufer, von der besonderen Konkurrenzsituation gerade für diese neu angebotenen Produkte und von vielen anderen, die Höhe des Kapitalbedarfs von Neueinführungen bestimmenden Umständen ab[20]."

Um das Ausmaß der erforderlichen Mittel anzudeuten, sei auch auf die oben genannten „Komplementärerfindungen" verwiesen, die angesichts der Marktphase notwendig scheinen.

Bei der Abstimmung des Kapitalbedarfs mit den Mitteln, welche zu seiner Deckung tatsächlich zur Verfügung stehen[21], ergibt sich für kleinere und mittlere Unternehmen oft eine „Finanzierungslücke"[22]. Die wettbewerbspolitisch nachteiligen Auswirkungen solcher Marktzugangsschranken sind eindeutig. Um sie abzubauen ist 1975 eine Wagnisfinanzierungsgesellschaft geschaffen worden[23].

Für Pietzsch gab es nach eigenen Angaben vor der Gründung der Pfaff Pietzsch Industrieroboter GmbH im Jahre 1973 keine ausreichenden Anhaltspunkte dafür, daß er angesichts der Marktphase und der unten zu beschreibenden Situation im Parallelprozeß sowie seiner Finanzierungsmöglichkeiten auf mittlere oder längere Sicht auf dem Markt für Industrieroboter erfolgreich würde bleiben können.

---

[20] Gutenberg, Erich, Grundlagen der Betriebswirtschaftslehre, Dritter Band: Die Finanzen, 2. Auflage, Berlin, Heidelberg und New York 1969, S. 91.

[21] Diese Mittel umfassen nach Gutenberg den Kapitalfonds. (Vergleiche Gutenberg, E.)

[22] „Eine Finanzierungslücke besteht vor allem beim Eigenkapital und beim ungesicherten oder nachrangigen Fremdkapital, also beim echten Risikokapital." (Warnking, Gerhard, Die Finanzierungslücke kleiner und mittlerer Unternehmen in der Bundesrepublik Deutschland sowie Möglichkeiten und Grenzen ihrer Schließung unter Berücksichtigung amerikanischer Erfahrungen, Dissertation Münster 1975, S. 91.)

[23] Die Gründung der Deutschen Wagnisfinanzierungs-GmbH wird mit finanziellen Mitteln des Bundes unterstützt, indem nach der Zusage der Bundesregierung 75 Prozent des Geschäftsrisikos dieser Gesellschaft von der öffentlichen Hand getragen werden. Die Bundesministerien für Forschung und Technologie und für Wirtschaft waren in die der Gründung vorangehenden Gespräche eingeschaltet. (Vergleiche Frankfurter Allgemeine Zeitung Nr. 59 vom 11. März 1975, S. 11, und Nr. 132 vom 11. Juni 1975, S. 15.) Zu den Aufgaben und Schwierigkeiten von Wagnisfinanzierungsgesellschaften vergleiche auch Blick durch die Wirtschaft Nr. 234 vom 9. Oktober 1974, S. 1.

## E. Die wettbewerbspolitische Beurteilung der Pfaff Pietzsch Industrieroboter GmbH

### I. Die Pfaff Pietzsch Industrieroboter GmbH als gemeinsame Neuerrichtung

Die Gesellschafter der Pfaff Pietzsch Industrieroboter GmbH haben vor deren Gründung keine Industrieroboter verkauft und in dem GU auch keine Betriebsanlagen zur Fertigung solcher Geräte zusammengefaßt. Vielmehr hatten sie beide höchstens als potentielle Konkurrenten für den Absatz von Industrierobotern zu gelten. Deshalb treffen die Gegebenheiten einer gemeinsamen Neuerrichtung zu.

Wie im zweiten Kapitel beschrieben, versuchen Wettbewerbspolitiker gelegentlich, die Auswirkungen gemeinsamer Neuerrichtungen in der folgenden Weise zu erfassen: Sie gehen der Frage nach, ob die Gesellschafter auch den Alleingang gewagt hätten, wäre die Schaffung des betreffenden GU unterblieben.

Wenn man den Aussagen der Gesellschafter Glauben schenken darf, so hätten sie diesen Schritt mit großer Wahrscheinlichkeit kaum unternommen. Für den Fall eines tatsächlichen Alleinganges bliebe jedoch weiterhin zu fragen, welche Bedeutung den Gesellschaftern im Alleingang auf dem Markt für Industrieroboter zugekommen wäre. Es ist nämlich denkbar, daß von vornherein ihr Scheitern abzusehen gewesen wäre. Andernfalls hätte ihnen aber auch die Kraft zu solchen Vorstößen fehlen können, die die Konkurrenten zu Reaktionen veranlassen und so der Marktgegenseite nützen. Deshalb müßte die Struktur des Robotermarktes bei der Beurteilung der PPI selbst dann herangezogen werden, wenn hinreichende Sicherheit bestünde, daß beide Gesellschafter den Alleingang gewagt hätten.

Wie im ersten Teil dargelegt, lehnt der Verfasser es als wenig sinnvoll ab, das Urteil über gemeinsame Neuerrichtungen weitgehend auf eine Erörterung *der* Frage abzustützen, ob die Gesellschafter den Alleingang gewagt hätten und welche Bedeutung als Wettbewerber ihnen dann in dem einen oder anderen Falle zugekommen wäre.

Die Wirkung der PPI auf den Wettbewerb ist vielmehr in Abschnitt III dieses Kapitels anhand des im ersten Teil erarbeiteten Beurteilungsrahmens zu untersuchen. Auch dafür ist die Struktur des Robotermarktes von entscheidender Bedeutung.

## II. Zur Struktur des Marktes für Industrieroboter

Industrieroboter werden für die Produktion kleiner und mittlerer Losgrößen eingesetzt. Dabei stehen sie in Substitutionskonkurrenz mit anderen Fertigungsanlagen.

1976 war die Marktstruktur erst in groben Konturen erkennbar, da die Hersteller eine Vielzahl verschiedener Konzeptionen anboten, ohne daß klar erkennbar war, welche sich durchsetzen würden[24]. Die Marktanteile der größten Anbieter konnten angesichts dieser Situation nicht festgestellt werden[25].

Das hervorstechende Merkmal der gegenwärtigen Struktur ist der Vorsprung japanischer, schwedischer und US-amerikanischer Unternehmen[26]. Beim Zugang zum deutschen Markt stellen sich diesen Unternehmen keine besonderen Schranken entgegen. Zutrittshemmnisse ergeben sich vielleicht aus der Notwendigkeit, in Deutschland Stützpunkte für den Vertrieb und vor allem für die Wartung zu unterhalten. Einige ausländische Anbieter haben diese Barrieren überwunden, indem sie Vertriebsvereinbarungen mit namhaften deutschen Unternehmen trafen. So nennt Warnecke Bindungen solcher Art zwischen Electrolux und Bosch, zwischen Hawker Siddeley und VFW Fokker und zwischen Unimation und Industrie-Werke Karlsruhe Augsburg[27].

Andere ausländische Anbieter sind beispielsweise ASEA, IBM, Mitsubishi Sanyo und Toshiba.

---

[24] Von den Ansichten einiger Fachleute über die zukünftige Robotertechnik war oben bei der Untersuchung der Marktphase zu berichten.

[25] Die Verteilung der Marktanteile stellt *ein* Merkmal der Marktstruktur dar. (Vergleiche Hamm, W., Wettbewerbspolitische Aspekte genossenschaftlicher Aktivität, S. 471.)

[26] Vergleiche Wirtschaftswoche Nr. 6 vom 31. Januar 1975, S. 48 f. (Protokoll über ein Gespräch mit Hans-Jürgen Warnecke.)

[27] Vergleiche zu den Anbietern von Industrierobotern und den Vertriebsverbindungen Warnecke, H.-J., und Schraft, R.-D., Industrie-Roboter.

Zu den deutschen Unternehmen, die Industrieroboter anbieten oder solches planen, zählen neben kleineren und mittleren Unternehmen mehrere, die nach dem Kapital oder dem Umsatz größer sind als Pfaff und Pietzsch zusammen. Hier sind Bosch, Liebherr, Maschinenfabrik Augsburg Nürnberg, VFW Fokker und das Volkswagenwerk zu nennen.

Gerade der geplante Vorstoß des Volkswagenwerks verdeutlicht die Lage im Hinblick auf den potentiellen Wettbewerb: Dieses Unternehmen hat Industrieroboter für den Einsatz in den eigenen Betrieben entwickelt und beabsichtigt, solche Geräte nun auch anderen Unternehmen anzubieten.

Zu den potentiellen Konkurrenten dürften auch *die* großen deutschen Unternehmen zählen, welche elektronische Anlagen allgemein und Prozeßrechner im besonderen herstellen. Dem Beispiel der IBM folgend, könnten demnach vor allem Siemens oder AEG-Telefunken in der Zukunft die Fertigung von Industrierobotern erwägen.

Neben IBM bieten mit Sanyo und Toshiba bereits heute mehrere Unternehmen Industrieroboter an, die auch elektronische Geräte fertigen. Angesichts der erwarteten zukünftigen Entwicklung der Robotertechnik, nach der solche Geräte in größerem Ausmaß als bisher mit elektronischen Anlagen ausgestattet oder gekoppelt werden, kann gerade solchen Unternehmen eine große Bedeutung für die zukünftige Marktstruktur zukommen.

Die zukünftige Struktur des deutschen Marktes für Industrieroboter dürfte demnach in erster Linie von dem Vorsprung ausländischer Konkurrenten bestimmt sein. Hinzu kommt, daß dazu auch solche Unternehmen zählen, die zugunsten ihrer Stellung auf diesem Markt recht umfangreiche Ressourcen einsetzen können. Das sind ASEA, Mitsubishi und vielleicht auch Hawker Siddeley. Andere verfügen darüber hinaus über besondere Erfahrungen in der Elektronik, die von Bedeutung für den betreffenden Markt werden können. Schließlich sind auch die großen Unternehmen aus Deutschland in Rechnung zu stellen, die Industrieroboter bauen oder solches zumindest planen.

## III. Die Anwendung des vorgeschlagenen Beurteilungsrahmens auf die Pfaff Pietzsch Industrieroboter GmbH

Innerhalb des im fünften Kapitel vorgeschlagenen Rahmens zur Beurteilung von GU sind insgesamt fünf Kriterien anzuwenden. Das erste stellen die Anteile der Gesellschafter auf dem relevanten Markt vor der Gründung des GU dar. Da die PPI als gemeinsame Neuerrichtung zu gelten hat und die Gesellschafter auf dem Markt für Industrieroboter über keine Anteile verfügten, entfällt dieses Kriterium.

Die Marktphase ist als weiteres Kriterium in Rechnung zu stellen. Wie beschrieben, befindet sich der Markt für Industrieroboter in einer der ersten beiden Phasen, und zwar wahrscheinlich auf dem Übergang von der Experimentierungs- zur Expansionsphase. Auch wenn eine Zusammenarbeit in diesem Stadium eher hinzunehmen ist als in den späteren Phasen, so ist doch bei der wettbewerbspolitischen Beurteilung zugleich dem folgenden Gesichtspunkt Rechnung zu tragen: Die Zusammenarbeit darf den Marktzugang für außenstehende Unternehmen nicht über Gebühr erschweren, um Hoffnung auf eine wettbewerbsintensive Marktstruktur in der Zukunft hegen zu können.

Dieser Überlegung tragen das dritte und das vierte Kriterium Rechnung. Das dritte erfaßt die Summe der Ressourcen der Gesellschafter und das vierte die Zugangsbedingungen zu dem relevanten Markt. Die Berücksichtigung beider Kriterien erlaubt es, solche GU als in dieser Hinsicht wettbewerbspolitisch unbedenklich zu bezeichnen, wenn die Zugangsschranken die Ballung der Ressourcen der kooperationsbereiten Partner geradezu voraussetzen. Gehen diese Ressourcen jedoch weit über das Notwendige hinaus, dann sollte das betreffende GU nach diesen beiden Kriterien als wettbewerbspolitisch bedenklich gelten.

Auf dem deutschen Markt für Industrieroboter sind bereits mehrere Unternehmen als aktuelle oder potentielle Anbieter tätig, deren Ressourcen wesentlich größer sind als die von Pfaff und Pietzsch zusammen. Deshalb dürften auch das dritte und das vierte Kriterium nicht gegen die Gründung dieses GU sprechen. Diese Situation und die Marktphase sowie die noch für notwendig gehaltenen Komplementärerfindungen sprechen vielmehr für die Vermutung, daß erst die Zusammenfassung der Ressourcen der beiden Gesellschafter das Tätigwerden eines zusätzlichen Marktteilnehmers gestattet hat. Zumindest dürfte diese Maßnahme auch gesamtwirtschaftlich zweckmäßig gewesen sein, um dem GU in der Zukunft die Kraft zu Aktionen auf dem betreffenden Markt zu geben und Konkurrenten zu Reaktionen zum Nutzen der Marktgegenseite zu veranlassen[28].

Wie im vierten Kapitel beschrieben, können sich als Folge der Zusammenarbeit in einem GU die Ressourcen eines Gesellschafters in wettbewerbsbeschränkender Weise zugunsten des anderen auswirken. Der Verfasser hält diese Gefahr derzeit lediglich bei solchen GU für ausreichend begründet, die im Liefer- und Leistungsfluß zwischen den Gesellschaftern zwischengeschaltet sind[29]. Auch in dieser Hinsicht sind zum gegenwärtigen Zeitpunkt keine Beschränkungen des Wettbewerbs zu sehen.

Zwar wäre es denkbar, daß Pfaff durch die Zusammenarbeit mit Pietzsch in den Besitz solcher Roboterentwicklungen gelangt, die mit Industrienähmaschinen gekoppelt werden können. Angesichts der sich abzeichnenden Zahl der Alternativen auf dem Markt für Industrieroboter ist jedoch anzunehmen, daß sich die anderen Anbieter von Industrienähmaschinen mit angemessenem Aufwand ähnliche Möglichkeiten erschließen könnten.

Mittels des fünften Kriteriums sollen wettbewerbspolitisch bedenkliche marktübergreifende Effekte verhindert werden. Die Gesellschafter stehen aber nach dem derzeitigen Stand der Erkenntnis weder in aktuellem noch potentiellem Wettbewerb miteinander.

Die Pietzsch-Gruppe führt Forschungsaufträge unter anderem auch für Pfaff aus. Wie im vierten Kapitel erwähnt, ist nicht auszuschließen, daß sich aus der gemeinsamen Leitung eines GU die Bereitschaft zu einer ausschließlichen Bindung der Gesellschafter

---

28 Vielleicht weist auch die Tatsache, daß die PPI eine Vertriebsverbindung mit den Industrie-Werken Karlsruhe Augsburg abgeschlossen hat, darauf hin, daß die Mittel der Gesellschafter kaum geeignet sind, Marktzugangsschranken zu schaffen. Diese Vereinbarung könnte das belegen, wenn sie eine Folge der Erwartung der Gesellschafter wäre, nicht über die Mittel zur Errichtung eines eigenen Vertriebsnetzes zu verfügen.

29 Vergleiche dazu die Ausführungen in Abschnitt C des vierten Kapitels. („Gemeinschaftsunternehmen als vertikale Bindeglieder zwischen mehreren Gesellschaften und ihre besonderen Auswirkungen auf die Stellung der Gesellschafter selbst.")

auch in solchen Leistungsbeziehungen erhöht. Selbst wenn man so weit geht, das zu unterstellen, dürften sich gegen die Gründung der PPI kaum Einwände wettbewerbspolitischer Art ergeben, da der betroffene Bereich eine Vielzahl von Alternativen für die Konkurrenten der beiden Gesellschafter zu bieten scheint.

Damit spricht aus heutiger Sicht keines der fünf Kriterien gegen die Gründung der PPI. Eher ist die Zusammenarbeit der beiden Gesellschafter aus wettbewerbspolitischer Sicht zu begrüßen, da sie es Pietzsch erlaubt, auf dem Markt für Industrieroboter tätig zu bleiben. Andernfalls hätte er die von ihm geschaffene Entwicklung eines Industrieroboters vielleicht an Dritte veräußern müssen, und das möglicherweise an einen der großen Konkurrenten, welche auf diesem Markt anbieten. Statt dessen scheint die Gründung dieses GU die Zahl der Alternativen zu erhöhen und so die Wahlfreiheit zu verbessern.

# Schrifttumsverzeichnis

## A. Monographien, Dissertationen und Veröffentlichungen in Sammelwerken


Arbeitskreis Hardach: Gemeinschaftsunternehmen, in: Schmalenbachs Zeitschrift für betriebswirtschaftliche Forschung, Neue Folge 21. Jahrgang, Köln und Opladen 1969, S. 2 ff.

BACKMAN, Jules: Joint Ventures in the Chemical Industry, in: Antitrust Bulletin, Band 10, New York 1965, S. 7 ff.

BARTHOLOMEYCZIK, Horst: Wann aktualisiert sich der potentielle Wettbewerb für die Rechtsanwendung, in: Wirtschaft und Wettbewerb, 21. Jahrgang, Düsseldorf 1971, S. 764 ff.

BENISCH, Werner: Das Gemeinschaftsunternehmen in der zweiten Kartellgesetznovelle, in: Beiträge zum Wirtschaftsrecht, Festschrift für Heinz Kaufmann, herausgegeben von Horst Bartholomeyczik, Kurt H. Biedenkopf und Helmut von Hahn, Köln 1972, S. 73 ff.

— Kooperationsfibel, 4. Auflage, Bergisch Gladbach 1973.

BERGMANN, Ulrich H.: Unternehmensgröße und technischer Fortschritt, Köln 1972.

BERZAU, Heinz: Die Selbständigkeit von Unternehmen im Wettbewerb und ihre Beschränkung durch vertikale Abhängigkeiten, Dissertation Berlin 1969.

BLAIR, John M.: Economic Concentration/Structure, Behavior and Public Policy, New York usw. 1972.

BORCHERT, Manfred: Wettbewerbspolitische Kriterien von diversifizierten Unternehmungszusammenschlüssen, in: Wirtschaft und Wettbewerb, 20. Jahrgang, Düsseldorf 1970, S. 257 ff.

BOTT, Helmut: Zwischenbetriebliche Kooperation und Wettbewerb, Dissertation Köln 1967.

BREITENACHER, Michael, u. a.: Elektrotechnische Industrie, Berlin 1974.

BUSSMANN, Ludwig: Der Einfluß der Konzentration auf Preise und Gewinne, Köln 1965.

DIXON, Paul Rand: Joint Ventures: What is their Impact on Competition? in: Antitrust Bulletin, Band 7, New York 1962, S. 397 ff.

DUBOIS, Jean-Pierre: La position dominante et son abus dans l'article 86 du traité de la CEE, Paris 1968.

Eckstein, Wolfram: Spezialisierung und Unternehmenswachstum, ohne Orts- und Jahresangabe.

— Typen von Gemeinschaftsunternehmen und Motive für ihre Gründung, in: Betriebsberater, Beilage zu Heft 1/1972, Heidelberg 1972, S. 7 ff.

Edwards, Corwin D.: Conglomerate Bigness as a Source of Power, in: Business Concentration and Price Policy/A Conference of the Universities-National Bureau Committee for Economic Research, Princeton 1955, S. 335.

— Maintaining Competition/Requisites of a governmental Policy, New York, Toronto, London 1949.

Eickhof, Norbert: Kooperation, Konzentration und funktionsfähiger Wettbewerb, Tübingen 1975.

Endress, Ruth: Strategie und Taktik der Kooperation/Grundlagen der zwischen- und innerbetrieblichen Zusammenarbeit, Berlin 1975.

Finke, W.: Kernkraftwerke in der Bundesrepublik — Stand, Aussichten und Rahmenprobleme, in: atomwirtschaft/atomtechnik, 14. Jahrgang, Düsseldorf 1969, S. 166 ff.

Freitag, Dieter: Wirksamer Wettbewerb und potentielle Konkurrenz, in: Wirtschaft und Wettbewerb, 21. Jahrgang, Düsseldorf 1971, S. 294 ff.

Fusfeld, Daniel R.: Joint Subsidiaries in the Iron and Steel Industry, in: American Economic Review, Band 48, Stanford 1958, Papers and Proceedings of the Seventieth Annual Meeting of the American Economic Association, S. 578 ff.

Gäfgen, Gérard: Quasimonopole und Pseudomonopole, in: Theoretische und institutionelle Grundlagen der Wirtschaftspolitik, Festschrift für Theodor Wessels zum 65. Geburtstag, herausgegeben von Hans Besters, Berlin 1967, S. 107 ff.

Gandenberger, Otto: Konkurrenzinformation und Wettbewerb, in: Jahrbücher für Nationalökonomie und Statistik, Band 188, Stuttgart 1973, S. 10 ff.

— Was ist ein Unternehmen?/Volkswirtschaftliche Überlegungen zum Gesetz gegen Wettbewerbsbeschränkungen, Veröffentlichungen des Forschungsinstituts für Wirtschaftspolitik an der Universität Mainz, Band 16, herausgegeben von Erich Welter, Heidelberg 1963.

Giesel, Harald B.: Unternehmenswachstum und Wettbewerb, Baden-Baden 1975.

Gröner, Helmut: Die Ordnung der deutschen Elektrizitätswirtschaft, Baden-Baden 1975.

Gröner, Helmut: Ordnungspolitik in der Elektrizitätswirtschaft, in: Ordo Band 15/16, Düsseldorf und München 1965, S. 333 ff.

Grossekettler, Heinz: Die Wachstumselastizität des Angebots/ Eine mikroökonomische Analyse der Programmsteuerung des Kapazitätswachstums durch den Investitionswettbewerb alter und neuer Anbieter, unveröffentlichte Habilitationsschrift, Mainz 1974.

— Macht, Strategie und Wettbewerb/Versuch einer prüfbaren Theorie des Unternehmerverhaltens, Dissertation Mainz 1972.

Gutenberg, Erich: Grundlagen der Betriebswirtschaftslehre, Dritter Band: Die Finanzen, 2. Auflage, Berlin, Heidelberg und New York 1969.

Gutowski, Armin: Konglomerate Unternehmensgröße und wirtschaftliche Macht, Tübingen 1971.

— Wettbewerb in Theorie und Praxis/Die Bedeutung des potentiellen Wettbewerbs und ihre Konsequenzen für die Wettbewerbspolitik, insbesondere die Fusionskontrolle, in: Die Aussprache, 20. Jahrgang, ohne Ortsangabe 1970, S. 110 ff.

Haager, Klaus: Die konglomerate Konzentration als Problem der Wettbewerbspolitik, Dissertation Marburg 1971.

— Kollektiveigentum/Die Rolle öffentlicher Unternehmen in der Marktwirtschaft, Veröffentlichungen des Forschungsinstituts für Wirtschaftspolitik an der Universität Mainz, Band 9, herausgegeben von Erich Welter, Heidelberg 1961.

Hamm, Walter: Wettbewerbspolitische Aspekte genossenschaftlicher Aktivität, in: Genossenschaften-Demokratie und Wettbewerb/ Verhandlungsberichte und Diskussionsergebnisse der VII. Internationalen Genossenschaftswissenschaftlichen Tagung Münster (1972), herausgegeben von Erik Böttcher und Harry Westermann, Tübingen 1972, S. 465 ff.

Harms, Volker: Interessenlagen und Interessenkonflikte bei der zwischenbetrieblichen Kooperation, Würzburg und Wien 1973.

Harms, Wolfgang: Konzerne im Recht der Wettbewerbsbeschränkungen, Köln usw. 1968.

Hayek, Friedrich August von: Der Wettbewerb als Entdeckungsverfahren, Kiel 1968.

Henrichs, Helmut: Sect. 7 Clayton Act und die sog. „joint ventures": Die Behandlung von Gemeinschaftsunternehmen im Antitrustrecht, in: Wirtschaft und Wettbewerb, 16. Jahrgang, Düsseldorf 1966, S. 29 ff.

Heuss, Ernst: Allgemeine Markttheorie, Tübingen und Zürich 1965.

Hirsch, Hans: Systemfehler im Konzept der Fusionskontrolle, in: Wirtschaft und Wettbewerb, 23. Jahrgang, Düsseldorf 1973, S. 311 ff.

Hoppmann, Erich: Die Abgrenzung des relevanten Marktes im Rahmen der Mißbrauchsaufsicht über marktbeherrschende Unternehmen, dargestellt am Beispiel der Praxis des Bundeskartellamtes bei Arzneimitteln, Baden-Baden 1974.

— Zum Problem einer wettbewerbspolitisch praktikablen Definition des Wettbewerbs, in: Grundlagen der Wettbewerbspolitik, herausgegeben von Hans K. Schneider, Berlin 1968, S. 9 ff.

— Zum Schutzobjekt des GWB/Die sogenannten volkswirtschaftlichen Erkenntnisse und ihre Bedeutung für die Schutzobjektdiskussion, in: Wettbewerb als Aufgabe/Nach zehn Jahren Gesetz gegen Wettbewerbsbeschränkungen, Bad Homburg v. d. H., Berlin und Zürich 1968, S. 61 ff.

— Wettbewerbspolitik und Exportkartelle, in: Jahrbücher für Nationalökonomie und Statistik, Band 173, Stuttgart 1961, S. 343 ff.

Huber, Gerhard: Das Entstehen oder Verstärken einer marktbeherrschenden Stellung durch einen Zusammenschluß, insbesondere durch Bildung eines Gemeinschaftsunternehmens — Zur Auslegung des § 24 Abs. 1 GWB, in: Wirtschaft und Wettbewerb, 25. Jahrgang, Düsseldorf 1975, S. 371 ff.

Hüsemann, Frank' Das internationale Joint Venture in betriebswirtschaftlicher Sicht, Dissertation Freiburg/Schweiz 1972.

Johag, Herbert: Gemeinschaftsunternehmen und nationale Fusionskontrolle, Dissertation Köln 1974.

Jüttner-Kramny, Lioba: Zur Bedeutung der Unternehmensgröße für den technischen Fortschritt, Köln usw. 1970.

Kantzenbach, Erhard: Das Konzept der optimalen Wettbewerbsintensität/Eine Erwiderung auf den gleichnamigen Besprechungsaufsatz von Erich Hoppmann, in: Jahrbücher für Nationalökonomie und Statistik, Band 181, Stuttgart 1967, S. 193 ff.

— Die Funktionsfähigkeit des Wettbewerbs, Göttingen 1966.

— Konzentration als Problem der Konkurrenzwirtschaft, in: Die Konzentration in der Wirtschaft, herausgegeben von Helmut Arndt, 2. Auflage, Berlin 1971, 1. Band, S. 159 ff.

Kartte, Wolfgang, und Müller, Klaus: Maßnahmen zur Kooperationsförderung durch das Bundesministerium für Wirtschaft, in: Rationalisierung, 26. Jahrgang, München 1975, S. 209 ff.

Kaufer, Erich: Die Bestimmung von Marktmacht/Dargestellt am Problem des relevanten Marktes in der amerikanischen Antitrustpolitik, Berlin und Stuttgart 1967.

KAYSEN, Carl, and TURNER, Donald F.: Antitrust Policy/An Economic and Legal Analysis, Cambridge/Mass. 1965.

KIRSCHSTEIN, Friedrich: Marktmacht und ihre Kontrolle nach dem Gesetz gegen Wettbewerbsbeschränkungen, München 1974.

KLAUE, Siegfried, u. a.: Zur Problematik der Fusionskontrolle/ Arbeitsunterlage für die Tagung des Arbeitskreises Kartellrecht im Bundeskartellamt Berlin vom 8./9. Oktober 1970, Frankfurt am Main 1971.

KLAUSS, Gert: Die Bestimmung von Marktmacht/Eine Untersuchung von Machtkriterien unter Berücksichtigung der Zusammenschlußkontrolle des „Gesetzes gegen Wettbewerbsbeschränkungen" in der Bundesrepublik Deutschland, Berlin 1975.

KLEIM, Hans-Helmut: Gemeinschaftsunternehmen und Funktionsgemeinschaften im Verhältnis zum Gesetz gegen Wettbewerbsbeschränkungen, Köln usw. 1966.

KOBARG, Bernd: Elektrizitätswirtschaft und Wettbewerb, Dissertation Kiel 1973.

KRUSCHE, Dieter: Marktverhalten und Wettbewerb/Eine Untersuchung zum Gesetz gegen Wettbewerbsbeschränkungen, Berlin 1961.

KRUSE, Julius: Energiewirtschaft, Berlin und München 1972.

LENEL, Hans Otto: Die Problematik der Kartelle und Syndikate, in: Die Konzentration in der Wirtschaft, herausgegeben von Helmut Arndt, 2. Auflage, Berlin 1971, 1. Band, S. 201 ff.

— Unternehmensverflechtungen in der EWG, Frankfurt am Main 1972.

— Ursachen der Konzentration unter besonderer Berücksichtigung der deutschen Verhältnisse, 2. Auflage, Tübingen 1968.

— Walter Euckens ordnungspolitische Konzeption, die wirtschaftspolitische Lehre in der Bundesrepublik Deutschland und die Wettbewerbstheorie von heute, in: Ordo Band 26, Stuttgart 1975, S. 22 ff.

MACHLUP, Fritz: Wettbewerb im Verkauf/Modellanalyse des Anbieterverhaltens, Göttingen 1966.

MANDEL, Heinrich: Strukturen der nuklearen Stromerzeugung in den siebziger und achtziger Jahren, in: atomwirtschaft/atomtechnik, 18. Jahrgang, Düsseldorf 1973, S. 22 ff.

MARKERT, Kurt: Gemeinschaftsunternehmen und Antitrustrecht, in: Außenwirtschaftsdienst des Betriebsberaters, Heidelberg 1964, S. 241 ff.

MARTIN, Ursula: Die volkswirtschaftliche Bedeutung und rechtliche Zulässigkeit von Verkaufssyndikaten, Berlin 1971.

MAURER, Alfons: Die Gemeinschaftsunternehmen im amerikanischen Antitrustrecht, Stuttgart 1969.

MEAD, Walter J.: The Competitive Significance of Joint Ventures, in: Antitrust Bulletin, Band 12, New York 1967, S. 819 ff.

MESTMÄCKER, Ernst-Joachim: Die Beurteilung der Unternehmenskonzentration nach den Wettbewerbsregeln des EWG-Vertrages, in: Die Konzentration in der Wirtschaft, herausgegeben von Helmut Arndt, 2. Auflage, Berlin 1971, 1. Band, S. 733 ff.

— Über Mitbestimmung und Vermögensverteilung/Alternativen zur Umverteilung von Besitzständen, Tübingen 1973.

Monopolkommission: Hauptgutachten 1973/75/Mehr Wettbewerb ist möglich, Baden-Baden 1976.

MÜLLER, Jürgen: Welche Bedeutung haben Fusionen für die wirtschaftliche Konzentration, in: Wirtschaftsdienst, 56. Jahrgang, Hamburg 1976, S. 180 ff.

NAEGELI, Eduard: Die Doppelgesellschaft als rechtliche Organisationsform der Kartelle, Konzerne und anderen Unternehmenszusammenschlüsse nach deutschem und schweizerischem Recht, 1. Band, 1. Teil, Zürich und Berlin 1936.

NAHR, Wilhelm, und ZUBEIL, Gotthold (Bearbeiter der Vorstudie der Prognos AG): Zur Problematik öffentlicher Förderung von Forschung und Entwicklung über Kapitalbeteiligungsgesellschaften und über „joint ventures" öffentlicher Institutionen und Unternehmen mit industriellen Unternehmen in der Privatwirtschaft, 2. Auflage, Bonn 1974.

NEUMANN, Manfred: Konzentration und Kooperation — Betriebswirtschaftlich notwendig? — Volkswirtschaftlich bedenklich!, in: Jahrbuch der Absatz- und Verbrauchsforschung, 20. Jahrgang, Berlin 1974, S. 78 ff.

NEUMARK, Fritz (Herausgeber): Die Konzentration in der Wirtschaft/Verhandlungen auf der Tagung des Vereins für Socialpolitik/Gesellschaft für Wirtschafts- und Sozialwissenschaften in Bad Kissingen 1960, Berlin 1961.

ohne Verfasser: Unternehmensgröße und Wettbewerb/Protokolle der Arbeitsgruppe Wettbewerbspolitik des Bundesministeriums für Wirtschaft, BMWI-Texte, Bonn 1970.

PITOFSKY, Robert: Joint Ventures under the Antitrust Laws: Some Reflection on the Significance of Penn-Olin, in: Harvard Law Review Band 82, Cambridge/Mass. 1968—1969, S. 1007 ff.

Preisinger-Monloup, Madeleine: Strukturpolitische Bedingungen einer europäischen Wirtschafts- und Währungsunion im Industriebereich — Bisherige Erfahrungen und neue Ansätze, Eggenberg 1974.

Röper, Burkhardt (Herausgeber): Technischer Fortschritt und Unternehmensgröße, Düsseldorf 1973.

Rösner, Andreas: Die Wettbewerbsverhältnisse auf dem Markt für elektronische Datenverarbeitungsanlagen in der Bundesrepublik Deutschland, unveröffentlichtes Gutachten des Forschungsinstituts für Wirtschaftspolitik an der Universität Mainz, herausgegeben von Helmut Diederich, Walter Hamm, Otto Gandenberger und Erich Welter, Mainz 1976.

Rosenkranz, Ulrich: Staatliche Preisaufsicht in der Kraftverkehrsversicherung, Veröffentlichungen des Forschungsinstituts für Wirtschaftspolitik an der Universität Mainz, Band 34, herausgegeben von Helmut Diederich, Walter Hamm, Otto Gandenberger und Erich Welter, Berlin 1974.

Sawall, Edmund: Die Unternehmenskonzentration in der Elektroindustrie/Entwicklung, Stand, Motive und Organisationsformen, Dissertation Karlsruhe 1963.

Schaub, Dieter: Motive und Grundlagen einer Zusammenarbeit in Gemeinschaftsunternehmen, in: Wirtschaft und Wettbewerb, 21. Jahrgang, Düsseldorf 1971, S. 175 ff.

Scheib, Hans H.: Branchenbesonderheiten/Falsche und richtige wirtschaftspolitische Argumente, Veröffentlichungen des Forschungsinstituts für Wirtschaftspolitik an der Universität Mainz, Band 22, herausgegeben von Helmut Diederich, Walter Hamm und Erich Welter, Heidelberg 1967.

Scherer, Frederick M.: Marktstruktur, know-how für das Marketing und die technologische Lücke, in: Ordo Band 19, Düsseldorf und München 1968, S. 159 ff.

Schlecht, Otto: Wettbewerb als ständige Aufgabe, Tübingen 1975.

Schmidbauer, Herbert: Allokation, Technischer Fortschritt und Wettbewerbspolitik, Tübingen 1974.

Schmidt, Ingo: US-amerikanische und deutsche Wettbewerbspolitik gegenüber Marktmacht/Eine vergleichende Untersuchung und kritische Analyse der Rechtsprechung gegenüber Tatbeständen des externen und internen Unternehmenswachstums sowie des Behinderungswettbewerbs, Berlin 1973.

Schmidt, Kurt, und Wille, Eberhard: Die mehrjährige Finanzplanung in Wunsch und Wirklichkeit, Tübingen 1970.

SCHMIDT-KÜSTER, W. J.: Zusammenarbeit bei der Urananreicherung mit Gaszentrifugen, in: atomwirtschaft/atomtechnik, 15. Jahrgang, Düsseldorf 1970, S. 290 ff.

SHEPHERD, William G.: Market Power and Economic Welfare/An Introduction, New York 1970.

SOHMEN, Egon: Wettbewerb, Konzentration und ökonomische Effizienz, in: Ordo Band 20, Düsseldorf und München 1969, S. 123 ff.

SPILKER, Hans-Martin: Die Vereinbarkeit von Gemeinschaftsunternehmen mit Artikel 85 EWG-Vertrag, Dissertation Frankfurt am Main 1971.

TABBERT, Jörg: Unternehmensgröße, Marktstruktur und technischer Fortschritt/Eine empirische Untersuchung für die Bundesrepublik Deutschland, Dissertation Frankfurt am Main 1974.

TOLKSDORF, Michael: Hoppmanns neoklassische Wettbewerbstheorie als Grundlage der Wettbewerbspolitik, in: Jahrbücher für Nationalökonomie und Statistik, Band 183, Stuttgart 1969, S. 61 ff.

TRACTENBERG, Paul: Joint Ventures on the Domestic Front: A Study in Uncertainty, Antitrust Bulletin, Band 8, New York 1963, S. 797 ff.

VOGEL, Horst-Detlef: Wettbewerbspolitische und kartellrechtliche Grenzen zwischen Kooperation und Kartell, Dissertation Frankfurt am Main 1970.

WARNECKE, Hans-Jürgen, und SCHRAFT, Rolf-Dieter: Industrie-Roboter, Mainz 1973.

WARNKING, Gerhard: Die Finanzierungslücke kleiner und mittlerer Unternehmen in der Bundesrepublik Deutschland sowie Möglichkeiten und Grenzen ihrer Schließung unter Berücksichtigung amerikanischer Erfahrungen, Dissertation Münster 1975.

WESSELS, Theodor: Zur volkswirtschaftlichen Problematik der Unternehmenskonzentration und der Fusion von Unternehmungen, in: Jahrbücher für Nationalökonomie und Statistik, Band 184, Stuttgart 1970, S. 360 ff.

WÖHE, Günter: Bilanzierung und Bilanzpolitik, 4. Auflage, München 1976.

WOLFF, Jürgen: Die wettbewerbsrechtliche Zulässigkeit von Verträgen über die gemeinsame Errichtung von Produktionsanlagen durch mehrere Unternehmen, Dissertation Bochum 1965.

— Wettbewerbsbeschränkende Wirkungen der Gründung gemeinsamer Produktionsunternehmen und ihre Beurteilung nach den §§ 1, 23 GWB, in: Der Betriebsberater, 21. Jahrgang, Heidelberg 1966, S. 920 ff.

Zohlnhöfer, Werner: Wettbewerbspolitik im Oligopol/Erfahrungen der amerikanischen Antitrustpolitik, Basel und Tübingen 1968.

### B. Gesetze und amtliche Drucksachen

Bundeskartellamt: Bericht über seine Tätigkeit im Jahre 1970 sowie über Lage und Entwicklung auf seinem Aufgabengebiet, Bonn 1971.

— Bericht über seine Tätigkeit im Jahre 1973 sowie über Lage und Entwicklung auf seinem Aufgabengebiet (§ 50 GWB), Bonn 1974.

— Bericht über seine Tätigkeit im Jahre 1974 sowie über Lage und Entwicklung auf seinem Aufgabengebiet (§ 50 GWB), Bonn 1975.

— Bericht über seine Tätigkeit im Jahre 1975 sowie über Lage und Entwicklung auf seinem Aufgabengebiet (§ 50 GWB), Bonn 1976.

— Gutachten über: Die Anwendbarkeit von § 1 GWB auf Gemeinschaftsunternehmen im Sinne von § 23 Absatz 2 GWB neue Fassung, ohne Ortsangabe 1974.

Bundesminister für Forschung und Technologie: Kernenergie/Eine Bürgerinformation, Bonn 1975.

Bundesminister für Wirtschaft: Kooperationsfibel/Zwischenbetriebliche Zusammenarbeit im Rahmen des Gesetzes gegen Wettbewerbsbeschränkungen, Neuauflage, Bonn-Duisdorf, März 1976.

Bundesministerium für Forschung und Technologie: Viertes Atomprogramm der Bundesrepublik Deutschland für die Jahre 1973 bis 1976, ohne Orts- und Jahresangabe.

Bundesregierung: Änderung des Gesetzes gegen Wettbewerbsbeschränkungen/Begründung zum Gesetzentwurf, Deutscher Bundestag, 6. Wahlperiode, Drucksache VI/2520.

— Presse- und Informationsamt: Bulletin Nr. 37 vom 15. März 1975.

Hohe Behörde der Europäischen Gemeinschaft für Kohle und Stahl: 11. Gesamtbericht über die Tätigkeit der Gemeinschaft (1. 2. 1961 bis 31. 1. 1962), Luxemburg 1962.

Kommission der Europäischen Gemeinschaften: Bericht über die Probleme der Nuklearpolitik der Gemeinschaft, von der Kommission dem Rat vorgelegt am 9. Oktober 1968, Sonderbeilage zum Bulletin 9-10/1968 der Europäischen Gemeinschaften.

— Bulletin der Europäischen Gemeinschaft/Kommission, 6. Jahrgang (1973), Nr. 11.

— Lage und Aussichten der Herstellerindustrie von schweren elektromechanischen und kerntechnischen Ausrüstungen für die Energieerzeugung in der Gemeinschaft, Brüssel, den 23. Juli 1975.

Kommission der Europäischen Gemeinschaften: Umstrukturierung der Elektromaschinenbauindustrie in der Gemeinschaft, SEK (70) 613 endg., Brüssel, den 22. April 1970.

## C. Zeitungsartikel und sonstige Veröffentlichungen

Arbeitsgemeinschaft Großanlagenbau/VDMA: Lagebericht 1974.

Blick durch die Wirtschaft Nr. 234 vom 9. Oktober 1974.

— Nr. 258 vom 6. November 1974.

— Nr. 14 vom 17. Januar 1975.

— Nr. 150 vom 3. Juli 1975.

— Nr. 301 vom 31. Dezember 1975.

— Nr. 98 vom 28. April 1976.

Bössenecker, Hermann: Die Partnerschaft der beiden Großen war längst überfällig, in: Die Welt Nr. 255 vom 31. Oktober 1968, S. 26.

Commerzbank AG (Herausgeber): wer gehört zu wem/Mutter- und Tochtergesellschaften von A - Z, 10. sowie 11. Auflage, ohne Ortsangabe 1973 und 1975.

Der Spiegel Nr. 48/1974.

— Nr. 12/1975.

— Nr. 22/1975.

— Nr. 50/1975.

Deutsche Gesellschaft für Anlageberatung: Anlagestudie „General Electric" vom November 1975.

Diebold Deutschland GmbH: Studie über die DV-Förderung der Bundesregierung nach Ablauf des 2. DV-Programms, erstellt für das Bundesministerium für Forschung und Technologie, Frankfurt am Main, im November 1974.

Die Welt Nr. 213 vom 12. September 1968.

— Nr. 255 vom 31. Oktober 1968.

— Nr. 95 vom 24. April 1970.

Fischer, Gerhard: Kernenergie/Branchenbericht der Commerzbank, ohne Ortsangabe, abgeschlossen Mitte Mai 1969.

Frankfurter Allgemeine Zeitung Nr. 213 vom 13. September 1968.

— Nr. 235 vom 9. Oktober 1968.

— Nr. 253 vom 30. Oktober 1968.

— Nr. 234 vom 9. Oktober 1974.

— Nr. 258 vom 6. November 1974.

— Nr. 259 vom 7. November 1974.

— Nr. 277 vom 29. November 1974.

— Nr. 17 vom 21. Januar 1975.

— Nr. 59 vom 11. März 1975.

— Nr. 121 vom 28. Mai 1975.

— Nr. 127 vom 5. Juni 1975.

— Nr. 132 vom 11. Juni 1975.

— Nr. 143 vom 25. Juni 1975.

— Nr. 293 vom 18. Dezember 1975.

— Nr. 98 vom 27. April 1976.

— Nr. 100 vom 4. Mai 1976.

Gemeinsame Presseerklärung von AEG-Telefunken und Siemens vom 29. Oktober 1968.

Gemeinsame Presseerklärung von AEG-Telefunken und Siemens vom 26. März 1969.

Gries, Werner: Hohes Ansehen für den wissenschaftlichen Stand der Kerntechnik/Die staatlichen Ausgaben für Kernenergienutzung belaufen sich auf 15 Milliarden DM, in: Blick durch die Wirtschaft Nr. 106 vom 9. Mai 1975, S. 5.

Gross, Hein: Brennstopp aus USA/Exportpause für nukleare Brennstoffe, in: Deutsche Zeitung Nr. 17 vom 18. April 1975, S. 17.

Handelsblatt Nr. 199 vom 16. Oktober 1974.

— Nr. 214 vom 7. November 1974.

— Nr. 221 vom 18. November 1974.

— Nr. 223 vom 21. November 1974.

— Nr. 32 vom 14./15. Februar 1975.

— Nr. 71 vom 14. April 1975.

— Nr. 73 vom 16. April 1975.

— Nr. 104 vom 4. Juni 1975.

— Nr. 117 vom 24. Juni 1975.

— Nr. 189 vom 2. Oktober 1975.

— Nr. 1 vom 2. Januar 1976.

— Nr. 5 vom 8. Januar 1976.

— Nr. 30 vom 12. Februar 1976.

— Nr. 31 vom 13./14. Februar 1976.

— Nr. 35 vom 19. Februar 1976.

— Nr. 36 vom 20./21. Februar 1976.

— Nr. 39 vom 25. Februar 1976.

— Nr. 40 vom 26. Februar 1976.
— Nr. 62 vom 29. März 1976.
— Nr. 69 vom 7. April 1976.
— Nr. 114 vom 28. Juni 1976.
— Nr. 190 vom 12. Oktober 1976.
— Nr. 193 vom 15./16. Oktober 1976.
— Nr. 211 vom 11. November 1976.
— Nr. 234 vom 15. Dezember 1976.
— Nr. 20 vom 28. Januar 1977.
— Nr. 134 vom 15./16. Juli 1977.

HOSSNER, Rudolf: Ein Beispiel für künftige Partner der Atomwirtschaft/Nuklearabkommen bringt den Technologietransfer auf neue Wege, in: Handelsblatt Nr. 236 vom 9. Dezember 1975, S. V.

Interatom: Werbeschrift des gleichnamigen Unternehmens, ohne Ortsangabe 1974.

Kraftwerk Union/Darstellung eines Unternehmens, Werbeschrift der Kraftwerk Union, ohne Ortsangabe 1974.
— Geschäftsberichte.

MUELLER-HAESELER, Wolfgang: Lehrgeld für Kernkraftwerke, in: Frankfurter Allgemeine Zeitung Nr. 261 vom 9. November 1974.

MÜLLER, Wolfgang D.: „Vertrauen in unsere Zukunft", Bericht über ein Gespräch mit dem Vorstandsvorsitzenden der Kraftwerk Union, in: Handelsblatt Nr. 214 vom 7. November 1974.

Pfaff Geschäftsbericht 1973 und 1975.

Pfaffianer, Werkszeitschrift der G. M. Pfaff AG 2/1974.

Pietzsch-Gruppe: Neue Technologien — erfolgreiche Produkte/ Werbeschrift der Forschungsgruppe Pietzsch.

RÖHLKE, Gerhard: Industrieroboter für die Bekleidungsherstellung, in: Bekleidung und Wäsche 20/1973, S. 1567 ff.

RUDZINSKI, Kurt: Die scheinheile Welt der Kernenergie, in: Frankfurter Allgemeine Zeitung Nr. 83 vom 7. April 1976, S. 27.

SCHAUFUSS, Joachim: Pariser Atompläne, in: Die Welt Nr. 186 vom 13. August 1975.

SCHOCH, Wilhelm: Kernenergie ohne Alternative, Zusammenfassung eines Vortrages, in: Öffentliche Wirtschaft und Gemeinwirtschaft, 24. Jahrgang, Hamburg 1975, S. 72 ff.

Siemens-Geschäftsberichte.

STEINERT, Harald: Flotte auf Schatzsuche, in: Deutsches Allgemeines Sonntagsblatt Nr. 3 vom 19. Januar 1975, S. 11.

TOUSSAINT, Dietrich: Roboter arbeiten klaglos bei Hitze, Schmutz und Lärm/Handhabeautomaten als unermüdliche Helfer, in: Handelsblatt Nr. 30 vom 12. Februar 1975, S. 23.

Universal Oil Products Company: Annual Report 1974.

WARNECKE, Hans-Jürgen: Das Ziel heißt Flexibilität/Entwicklungstendenzen in der Produktionstechnik, in: Blick durch die Wirtschaft Nr. 287 vom 11. Dezember 1975, S. 3.

Wirtschaftswoche Nr. 6 vom 31. Januar 1975.

## SACHWORTVERZEICHNIS

## VERÖFFENTLICHUNGEN DES FORSCHUNGSINSTITUTS FÜR WIRTSCHAFTSPOLITIK AN DER UNIVERSITÄT MAINZ

1. **Falsch und richtig planen.** Von Erich Welter.
2. **Schiene und Straße.** Von Walter Hamm.
3. **Patient — Arzt — Kasse.** Von Werner Bosch.
4. **Die Saarfrage.** Von Werner Bosch.
5. **Investitionslenkung.** Von Ernst-Günter Vetter.
6. **Kollektivmonopole.** Von Werner Fricke.
7. **Die Drucksache.** Von Werner Fricke.
8. **Marktwirtschaft — Befehlswirtschaft.** Von Werner Bosch.
9. **Kollektiveigentum.** Von Walter Hamm.
10. **Der Staat als Kunde.** Von Erich Welter.
11. **Konstruktions- und Entwicklungsaufträge.** Von Armin Gutowski.
12. **Der Kostenpreis bei öffentlichen Aufträgen.** Von Helmut Diederich.
13. **Zentralisierung und Dezentralisierung des öffentlichen Einkaufs.** Von Werner Fricke.
14. **Die Ausschreibung.** Von Otto Gandenberger.
15. **Wirtschaftliche Weinbaupolitik.** Von Armin Gutowski.
16. **Was ist ein Unternehmen?** Von Otto Gandenberger.
17. **Preise als verkehrspolitisches Ordnungsinstrument.** Von Walter Hamm.
18. **Die gemeinwirtschaftlichen Grundsätze in der Tarifpolitik der Deutschen Bundespost.** Von German Wegmann.
19. **Vermögensstreuung.** Von Werner Bosch.

20. **Der Konsument und seine Vertretung.** Von Christa von Braunschweig.

21. **Verkehrspolitik in der SBZ.** Von Horst Demmler.

22. **Branchenbesonderheiten.** Von Hans H. Scheib.

23. **Verkehrswissenschaft.** Von A. F. Napp-Zinn.

24. **Das Finanzmonopol.** Von Otto Gandenberger.

25. **Konjunkturpolitik mit Fernmeldeinvestitionen?** Von Horst Schwedes.

26. **Kapazitätsabbau mit Staatshilfe.** Von Konrad Schulze-Gisevius.

27. **Der Bund am Kapitalmarkt.** Von Horst Schwedes.

28. **Politische Ökonomie staatlicher Preisinterventionen.** Von Dieter Schmidtchen.

29. **Binnenwasserstraßenpolitik.** Von Walter Hamm und Wolfgang Neumann.

30. **Das „Gemeinnützige Unternehmen" als Instrument der Wohnungspolitik.** Von Werner Nowak.

31. **Staatliche Regelungen für Immobilienmakler.** Von Günter Bonnet.

32. **Kassenpraxis und Privatpraxis.** Von Ulf Böge.

33. **Die Arzneimittelversorgung durch Apotheken.** Von Matthias J. Berger.

34. **Staatliche Preisaufsicht in der Kraftverkehrsversicherung.** Von Ulrich Rosenkranz.

35. **Das Arbeitsvermittlungsmonopol.** Von Gisela Rauschhofer.

36. **Der Wettbewerb in der Düngemittelindustrie der Bundesrepublik Deutschland.** Von Bruno Klein.

37. **Dezentrale Vermögensbildungsfonds.** Von Barbara Toillié.

Die Bände 1 bis 24 sind im Verlag Quelle & Meyer, Heidelberg, erschienen. Ab Band 25 erscheint die Schriftenreihe im Verlag Duncker & Humblot, Berlin.